对外汉语选修课教材
A Chinese Textbook for an Elective Course for Foreigners

时 代
高级汉语报刊阅读教程
（下册）

Newspaper Reading Course
of Advanced Chinese（Ⅱ）

吴卸耀　石旭登　编著

图书在版编目(CIP)数据

时代．高级汉语报刊阅读教程．下册 / 吴卸耀，石旭登编著．—北京：北京语言大学出版社，2012.1（2017.3 重印）
对外汉语选修课教材
ISBN 978-7-5619-3225-4

Ⅰ．①时… Ⅱ．①吴… ②石… Ⅲ．①汉语—阅读教学—对外汉语教学—教材 Ⅳ．①H195.4

中国版本图书馆 CIP 数据核字（2012）第 007326 号

书　　名：	时代——高级汉语报刊阅读教程　下册
责任印制：	汪学发
责任编辑：	周婉梅

出版发行：北京语言大学出版社

社　　址：	北京市海淀区学院路 15 号　　邮政编码：100083
网　　址：	www.blcup.com
电　　话：	发行部　82303650/3591/3648
	编辑部　82303647/3592
	读者服务部　82303653
	网上订购电话　82303908
	客户服务信箱　service@blcup.com
印　　刷：	北京联兴盛业印刷股份有限公司
经　　销：	全国新华书店
版　　次：	2012 年 1 月第 1 版　2017 年 3 月第 2 次印刷
开　　本：	787 毫米×1092 毫米　1/16　　**印张**：课本 13/附录册 1.75
字　　数：	289 千字
书　　号：	ISBN 978-7-5619-3225-4/H·12002
定　　价：	42.00 元

凡有印装质量问题，本社负责调换，电话：82303590

目录 Contents

使用说明

人际篇

第 一 课　代际沟通 ·· 2
第 二 课　社会交往 ·· 17
第 三 课　跨文化交际 ·· 32
单元复习一 ·· 46

体育娱乐篇

第 四 课　电影 ··· 52
第 五 课　体育 ··· 67
第 六 课　电视娱乐节目 ······································· 83
单元复习二 ·· 97

教育篇

第 七 课　家庭教育 ·· 104
第 八 课　学校教育 ·· 119
第 九 课　教育国际化 ·· 133
单元复习三 ·· 148

非传统安全篇

第 十 课　食品安全 ·· 154
第十一课　信息安全 ·· 168
第十二课　其他非传统安全因素 ···························· 181
单元复习四 ·· 196

附录（另册）
附录1　各课熟语详解
附录2　练习参考答案

使用说明

《时代——高级汉语报刊阅读教程》分上下册，每册12课，上册分3个单元，下册分4个单元，供已经具有中等水平的汉语学习者使用。

上下册的话题是互补的，重视**时代性**和**国际化**。时代性是为了避免报刊时效性太强的缺点，以期在一个更广大的时代背景下选择一些具有相对经久性的话题；而国际化本身构成了这个时代的背景和整个汉语教学的背景，因此本教材在选篇时重点聚焦在人类的互相融通和共同的关注点，以利于不同文化背景的学习者之间产生共鸣或不同的"意义协商"。下册分"人际篇""体育娱乐篇""教育篇"和"非传统安全篇"。每个大话题下包含3个子话题——"人际篇"包含代际沟通、社会交往和跨文化交际；"体育娱乐篇"包含电影、体育和电视娱乐节目；"教育篇"包含家庭教育、学校教育和教育国际化；"非传统安全篇"包含食品安全、信息安全和其他非传统安全因素。

就某个具体的话题而言，下册选择了4篇报刊文章从不同角度对该话题进行解读（包括课文和练习的阅读文章），以期从不同角度来建构起一个主题意义。这么安排有两个目的：一是让教师在教学时根据不同的教学需要，有更多的选择余地；二是方便分组教学，可以让不同组的学生学习同一话题下的不同材料，然后共同用书面和口头形式来互相叙述篇章内容。

为了帮助学生学习，我们在每个单元前面设计了一个话题导读，在教学中可以从学生对该话题已有的背景知识入手，实现教师与学生、学生与话题或文本的互动。另外，在每个单元后面还设置了单元复习，对本单元学过的课文中一些与话题密切相关的重要词语和语言现象进行复习，以便巩固和提高。同时，我们用实线标示了名称（人名、地名、机构名），用虚线标示出文章中的熟语，这样做的目的是将某些固定的语言范式以**语块**的方式呈现出来，既可以降低阅读难度，减轻学生"工作记忆"的负担，也可以向学生提示出报刊语言的一些固有特点，以此来提高他们的阅读技能。另外，我们还对部分字词标注了拼音。

作为一部高级汉语水平的教材，我们把它看成了内容型语言教学的一个文本，以期使之成为学生的一般语言能力向学术语言能力过渡的一个**桥梁**，并以话题的**开放性**和**可讨论性**、文体的**多样性**来增加课堂教学的弹性和可能性。另外在泛读练习和单元练习中，我们根据高级水平的学生的特点设计了较多的任务，教师可以根据实际情况选择性地使用这些任务。

在练习的设计上，我们采用了**分层阶**的方法，即每篇精读课文后的练习基本上体现了篇章—段落—句子的分层顺序。目的是希望通过这样的练习方式，让学生"自上而下"和"自下而上"的两种认知加工方式产生互动，以期改变某些学生逐字读解的阅读习惯。

本书的练习在题型上参考了高级汉语水平考试阅读部分的形式，因此，对参加高级汉语水平考试的学生来说，本教材也具有相当的阅读练习量和话题的宽度，可以作为高级HSK考试的阅读模拟练习来使用。当然，在作高级HSK考试的实战演练时，教师还可增加速度的要求，对阅读的时间作出限定。

本册教材的话题确定、材料收集和练习编制等均由两位编者发挥各自特长共同完成。

本教材的选文来自国内报刊和网络等新闻媒体，我们在选文后一一标明了出处。由于时间关系，未能与原文作者一一联系上，这里对原文作者表示感谢，请原作者与编者联系，电子邮箱：wxyyan@sina.com。

附录部分包括各课的熟语详解和练习参考答案。为方便使用，附录部分另册装订。

编　者

人 际 篇

话题导图

人际交往

代际沟通	社会交往	跨文化交际
代沟	宅男	礼仪
孝子	宅女	服饰
价值观	寂寞	客套
思维	网络	谦虚
行为	博客	自谦
孝顺	灌水	和谐
赡养	晒	排斥
理解	秀	误解
沟通	熟人	碰撞
顶撞	陌生人	冲突
……	……	……

第一课　代际沟通

话题解读

代际关系（relation between generations），指两代之间的人际关系。通常一代为20年，但代际关系的两代，泛指老年人与年轻人，如家庭中的父母辈或祖父母辈与儿女、孙子女辈的关系。

代际关系既可能发生于家庭中，也可以是社会范围内的。家庭代际关系的表现常常是家庭范围之内的代际交换，即父母一代给予子女一代经济或服务性帮助，而子女则给予父母一代感情上的慰藉和尊重。但是，这种交换往往是不平衡的，会产生代际矛盾。社会范围之内的代际隔阂，往往表现为新意识和旧观念之间的冲突。

沟通是人与人之间、人与群体之间思想与感情的传递和反馈的过程，以求思想达成一致和感情的通畅。

课前讨论

- 你跟父母的生活方式有哪些差别？
- 你认为你了解父母的想法吗？你认为父母了解你的想法吗？请举例说明。
- 用什么样的方法可以让你和父母之间的沟通变得容易一些？

1 代际沟通

课文

　　<u>家境不错</u>的李先生为了让宝贝女儿享受更好的教育，决定把女儿送到国外的名牌大学。前两天，李先生喜滋滋地把女儿从"贵族留学预科学校"接回家度周末。女儿在预科学校一年的花费将近10万元，但是她的成绩并不理想。

　　因此，李先生对女儿进行了<u>语重心长</u>的询问。第二天，李先生出乎意料地看到一段令他心寒的文字："我恨他，我再也不想见到他……"望着女儿稚嫩的笔迹，身为专家的李先生<u>陡</u>（dǒu）生<u>挫败</u>（cuòbài）感，<u>心灰意冷</u>，他不明白：我对她千般<u>呵护</u>（hēhù），万般宠爱，准备花一百万元送她出国读书，就因为批评她几句，她就恨我至此，为什么她一点也不理解我的良苦用心？

　　<u>臧</u>（zāng）女士的儿子读高三，正值高考，一家人对他爱护有加，生怕照顾不周，影响孩子复习。一段时间以来，臧女士发现儿子的手机费猛涨，在家也总是遮遮掩掩地捧着电话唠个没完。臧女士刚劝了儿子一句"时间宝贵，少打几个电话吧"，儿子就勃然大怒："不让打电话，我就从楼上跳下去！"臧女士哑然。她不敢把这事告诉丈夫，怕丈夫发脾气打孩子，儿子真的跳楼。

　　一边是家长们<u>长吁</u>（xū）：现在的孩子太难管，不听话；一边是孩子们<u>短叹</u>：父母怎么不理解我们？他们不也是从我们这个年纪长大的吗？这种相互的不理解就叫代沟。

　　代沟是指两代人因价值观念、思维方式、行为方式、道德标准等方面的不同而带来的思想观念、行为习惯的差异。"代际冲突"即由这一差异而导致的两代人在解决问题方式、评价问题标准等方面产生的分歧和矛盾。

　　进入青春期的青少年因依附性减弱，独立性增强，从而使亲子两代人在对待事物的认识上产生一定的距离。由于态度不同及意见分歧，因此出现了一条心理<u>鸿沟</u>（hónggōu），致使青少年认为父母不了解他们，有事宁可与同学商谈，而不愿向家长诉说，甚至以不满、顶撞、反抗、违法等方式试图摆脱成人或社会的监护，以自己的方式行事，坚持自己的理想和判断是非的标准。

　　从某种意义上说，代沟是时代进步的标志，但也是困扰交流与沟通的难点，且容易增加形成偏见和歧视的可能性，代沟两侧的人轻则互不理解，重则抱有敌意，所以要通过种种途径，做各种努力来跨越代沟、填平代沟。代沟是一种心理存在，良好的沟通方式可以让代际之间曾经断裂的心理联系接续起来，从而达到交流的顺畅和相处的和谐。

代沟是怎样产生的

形成代沟的原因有很多，归纳起来，主要分为生理、心理、社会发展、角色差异等原因。

生理上，青少年正处在发育阶段，体力和智力发展迅速，**好**（hào）运动、敢创新，但却**耐力**（nàilì）不足；成年人的身心已发展到最高峰，对人生、社会已有全面成熟的认识，态度和观念也已基本定型，缺少变化。

心理上，处于青春期的青少年，自我意识日益增强，有独立思考的要求，他们易冲动、易受他人影响，渴望独立、渴望得到成人和社会的承认；恰恰相反，成年人心理上已经完全成熟，个性也趋向稳定，对子女寄托的希望不断升值，他们习惯用自己的生活方式和思维方式去要求子女。现在，一些子女的青春期与母亲的**更年期**（gēngniánqī）重合，处于更年期的母亲们很容易情绪波动、精神紧张，再加上繁杂的工作和家庭重负，使她们成为心理负担**颇**（pō）重的"易燃易爆"体。

从社会发展角度分析，两代人成长的社会环境不同，适应环境变化的能力也不同。父母的世界观和人生观可能与孩子的想法相去甚远。另外，两代人适应环境变化的能力不同，社会观念、社会环境、工作性质、生活方式、人际关系等方面的变化，对上一代人冲击较大，他们不能很快适应这个时代的发展，而正处在这个时代的青少年，能很快融入这个时代，能够迅速接受新鲜事物，两代人之间因此出现摩擦。

再者，二者之间所扮演的角色不同。作为父母，要承担一定的社会责任，需要**履行**（lǚxíng）抚养、教育孩子的义务。他们对子女有很高的期望值，希望孩子听话、有出息。而少年则处于被教育、被保护的地位，他们的要求很容易被忽视，尤其是父母的**溺爱**（nì'ài）常常被他们看成**枷锁**（jiāsuǒ）。

有一种能力叫沟通
——消弭（xiāomǐ）代沟，需要家长做更多努力

可怜天下父母心，做父母的谁不想父爱母**慈**（cí），儿女听话、有出息？要想一家和乐，缩短代沟，需要家长做出更多努力，尤其是精神准备。

承认代沟：面对代沟，不要回避，要迎刃而上。生活中的代沟，其实可以不必计较，正所谓青菜萝卜，各有所爱。而思想上的代沟，需要在沟通中进行碰撞，在碰撞中取得个性的共振。两代之间不能伤感情，不然，不但无法沟通，而且会加深**隔阂**（géhé）。

及时沟通：交谈是最好、最直接的沟通方式，父母应主动创设谈话情境、营造交流氛围，多与子女"以心换心"。这种交谈必须建立在双方平等的基础上，父母最好是以朋友的身份参与其中，**切忌**（qièjì）用封建家长式的态度，居高临下地**训斥**（xùnchì）孩子，否则会使彼此间的距离感

增强。

宽松要求：适当降低对子女的要求。对子女要求过高，会形成孩子心理上的重压，致使孩子把家庭看成"集中营"。家长应争取给孩子创造宽松<u>和睦</u>（hémù）的环境，不能按自己的好恶和标准来评价与要求孩子。

相互尊重：不要给孩子过分的爱，而要给孩子一片"情感<u>自留地</u>"。青春期的少年渴望独立，对事物具有一定的批判、评价能力，因而不愿事事听命于大人，而喜欢批评、反抗权威与传统。他们迫切需要得到父母和周围人的尊重，承认其独立意向和人格尊严。过多的保护会使孩子内心**烦躁**（fánzào），产生抵触情绪，报复和逆反心理也会日趋严重。

学会接纳：对待子女，我们应学会在接纳、容忍的基础上<u>因势利导</u>。在家庭生活中，家长要学会接纳对方的态度和意见。这种接纳不是被动的，而是在真正弄清对方的意见和态度是否合理之后，<u>心悦诚服</u>地放弃自己的见解而接纳对方。或者，将双方的意见<u>取长补短</u>，相互融合，更是一件快事。

由于涉世不深，青少年看待事物经常抱理想主义的态度，遇挫折易<u>沮丧</u>（jǔsàng），也易受他人影响，考虑问题片面，甚至凭冲动办事，理性不足，是非界限不清。做父母的要理解孩子的这些变化，及时调整自己的角色，由"权威式""保姆式"的关系变成"朋友式"的关系。

求同存异：如果两代人之间的某些差异极难协调，那么父母就该求大同、存小异，理解、尊重子女的生活习惯、兴趣爱好，绝不可将自己偏爱的某种模式强加给对方。

<u>与时俱进</u>：现代社会，科技日新月异、信息**瞬息**（shùnxī）万变。青少年没有旧观念、旧模式，凭着对新文化的敏感、认同以及接受能力的优势，必然会走在父母的前面。父母应主动学习、与时俱进，力求与子女建立共同语言。有一位父亲为找到孩子痴迷网络的缘由，和儿子一起上网，发现了其中的乐趣。"贪玩的父亲"获得儿子认同后，对儿子"寓教于玩"，建立了良好的沟通渠道。

尽管不乏成功个例，专家依然提醒，不要指望能彻底填平代沟。代际冲突也有其积极的一面，它是社会进步的产物。当然，这需要家长采用恰当的方式，与孩子<u>和睦相处</u>，让孩子健康成长。

（选自《黑龙江日报》，作者孙玉才、王小平）

练习

一、给本文选择一个最合适的标题

A. 家庭中的代沟

B. 什么是代沟

C. 代沟的成因

二、回答下列问题

1. 本文是怎么定义"代沟"的？

2. 为了消除家长与子女的代沟，本文有什么样的建议？

3. 你认为，每个家庭的父母和子女之间都存在代沟吗？请谈谈你的看法。

三、选择正确答案

1. 本文的主要内容是什么？　　　　　　　　　　　　　　　　　　（　　）

   A. 给代沟下一个定义

   B. 阐述了代沟问题和消除代沟的策略

   C. 提出了消除代沟的具体方法

   D. 阐述了家长和孩子的冲突

2. 根据文中对"代沟"和"代际冲突"的定义，我们可以知道：　　（　　）

   A. 两个概念其实是一样的　　　B. 两个概念之间没有关系

   C. 前者为因，后者为果　　　　D. 前者为果，后者为因

3. 根据文章的意思，当子女的青春期遇到母亲的更年期，也会引发双方的冲突。造成这一情况的主要原因是哪个方面的？　　　　　　　　　　　　　　（　　）

   A. 生理方面　　B. 心理方面　　C. 社会发展方面　　D. 家庭角色方面

4. 根据作者的意思，消除代沟的主动权掌握在谁的手里？　　　　（　　）

   A. 家长　　　B. 子女　　　C. 家长和子女　　　D. 心理医生

5. 这篇文章对什么样的人最有参考价值？　　　　　　　　　　　（　　）

   A. 学生　　　B. 教师　　　C. 心理医生　　　D. 家长

四、理解下列句子或语段，选择正确答案

1. "女儿在预科学校一年的花费将近10万元，但是她的成绩并不理想。"这句话的主要意思是： （   ）
   A. 女儿的花费很高　　　　　　B. 女儿的成绩不好
   C. 预科学校很贵　　　　　　　D. 女儿的学费很高

2. "一边是家长们长吁：现在的孩子太难管，不听话；一边是孩子们短叹：父母怎么不理解我们？他们不也是从我们这个年纪长大的吗？"这段话的主要意思是什么？ （   ）
   A. 父母不理解孩子　　　　　　B. 孩子不理解父母
   C. 父母与孩子之间相互不理解　D. 父母与孩子之间相互谅解

3. "由于态度的不同及意见分歧，因此出现了一条心理鸿沟，致使青少年认为父母不了解他们，有事宁可与同学商谈，而不愿向家长诉说，甚至以不满、顶撞、反抗、违法等方式试图摆脱成人或社会的监护，以自己的方式行事，坚持自己的理想和判断是非的标准。"这段话的主要意思是什么？ （   ）
   A. "心理鸿沟"产生的原因　　　B. "心理鸿沟"导致的后果
   C. "心理鸿沟"存在的方式　　　D. "心理鸿沟"出现的条件

4. "代沟是怎样产生的"这部分中，说明每一个原因时用的写作方法是： （   ）
   A. 对比　　　B. 象征　　　C. 比喻　　　D. 联想

5. "尽管不乏成功个例，专家依然提醒，不要指望能彻底填平代沟。代际冲突也有其积极的一面，它是社会进步的产物。当然，这需要家长采用恰当的方式，与孩子和睦相处，让孩子健康成长。"这段话的目的是： （   ）
   A. 指出代沟问题的复杂性　　　B. 强调代际冲突的积极意义
   C. 总结代沟和孩子成长的关系　D. 提醒家长要注意教育方式

五、给下列句子排序，组成语段

1. A. 再加上繁杂的工作和家庭重负
   B. 使她们成为心理负担颇重的"易燃易爆"体
   C. 现在，一些子女的青春期与母亲的更年期重合
   D. 处于更年期的母亲们很容易情绪波动、精神紧张

2. A. 希望孩子听话、有出息
   B. 作为父母，要承担一定的社会责任
   C. 需要履行抚养、教育孩子的义务
   D. 他们对子女有很高的期望值

3. A. 不能按自己的好恶和标准来评价与要求孩子
   B. 家长应争取给孩子创造宽松和睦的环境
   C. 致使孩子把家庭看成"集中营"
   D. 对子女要求过高，会形成孩子心理上的重压

4. A. 因而不愿事事听命于大人
   B. 对事物具有一定的批判、评价能力
   C. 而喜欢批评、反抗权威与传统
   D. 青春期的少年渴望独立

5. A. 遇挫折易于沮丧，也易受他人影响
   B. 考虑问题片面甚至凭冲动办事
   C. 由于涉世不深，青少年看待事物经常抱理想主义的态度
   D. 理性不足，是非界限不清

六、阅读理解（一）

● 关于"年轻人婚后要不要与老人同住"的问题，有以下几种观点分别代表"赞成派""反对派"和"中立派"的立场：

   A. 住在一起没有自己的空间和自由
   B. 多忍让、多商量可以解决问题
   C. 分还是合，让老人自己选择
   D. 子女与父母之间的亲情很重要
   E. 住在一起会增加矛盾，那样更不孝
   F. 可以试试和父母做邻居

请你阅读下文后，选择最合适的答案填入括号内。

"同住养老"是我国传统的家庭养老模式，然而，两代人（或三代人）同住一屋，免不了要面对难以调适的代际关系，弄得彼此精疲力竭。两代人这种代沟矛盾该如何解决？年轻人婚后要不要与老人同住？现代人该选择何种方式养老？这一切问题，不能不引起全社会的关注和重视。

【赞成派】

观点一：（　　　）

季瑗：新婚时，我虽然不希望二人世界被打扰，但婆婆**寡居**（guǎjū）多年，为了尽孝心，我们还是接她一起同住，但她嫌太清闲，只小住一段就回老家了。直到我们有了孩子后，老人才来帮我们带孩子。

虽然老人带孩子的老方法会与我们有冲突，在日常生活方面也使我们少了些自由，但让老人长期单住或去养老院，在感情上我们和老人都无法接受，他们一定会有种被遗弃的凄凉感。已为人父母的子女又怎能不念及父母的养育之恩，让他们安享儿孙们"承欢膝下"的天伦之乐？更何况老人对孩子那份尽心尽力的爱，是保姆无法比拟的。

观点二：（　　　）

汪霞：我是和公公婆婆在一起住的。我的公公像个老太爷，什么事都得听他的。他说话，我就不发表任何意见。不过我婆婆很好，什么事情都不会**勉强**（miǎnqiǎng）我们，他们在家，我照样可以睡懒觉。

我的经验是，有事就和老人商量，没事就躲在自己房间里上网。其实，父母跟孩子闹矛盾是因为年龄差异造成的观念代沟，年轻人让着点老人就行了。一家人相互计较，不但伤感情，还会落个"不孝"的恶名。

【反对派】

观点一：（　　　）

秦彬：我也面临这样的问题，结婚前从来没有想过要和婆婆住一起，但是公公突然去世，剩下婆婆一个人在外地。老公不放心，很想请她搬过来，又不好直接和我说，但我能明白他的意思。我现在很矛盾，我婆婆虽然对我很客气，但我还是喜欢两个人的天地。

无论是跟自己父母还是对方父母住在一起，在心理上或多或少都有一些压力。新婚夫妻的言语和动作难免有些亲密，两个人的世界无拘无束，一个眼神、一个暗示都是一种难以言传的甜蜜。一旦与父母同住，两个人的世界就多了一道屏障，所有的亲密举止就得悄悄转入地下，无形的压抑会影响新婚夫妇的愉快心情，天长日久，会积压许多不满和怨言，或许矛盾就会由此而生。处理不好，必然影响家庭团结，甚至导致家庭破裂。

1 代际沟通

观点二：（　　）

阿琴： 我不是不想孝顺婆婆，实在是没有办法和婆婆沟通。婆婆是那种思想守旧的人，老想让儿子管住媳妇。我现在就常常为婆婆的事跟丈夫吵架，其实我们以前还是很恩爱的。外面工作忙，回家还要<u>小心翼翼</u>，怕自己不小心说错了什么，做错了什么，<u>久而久之</u>觉得很累。分开过还能保持<u>一团和气</u>，真要住在一起，闹到<u>不可开交</u>再分开，那才是不孝呢。孝顺的方法有很多种，不一定要住在一起。如果住在一起，大家都不愉快，那还谈什么孝顺？

【中立派】

观点一：（　　）

李琳： 在我看来，无论是跟老人一起住，还是分开住，都不完美。第一种忽略了子女的个性，第二种忽略了父母的感受。每个人年轻时都喜欢<u>自由自在</u>、无拘无束，每个人老的时候也都希望儿女围绕身旁，享受天伦之乐，这是人之常情。

是否与父母住在一起，断然选择是**抑或**（yìhuò）不是都有点武断。能否在不破坏大家庭氛围的情况下，照顾一下个人的私密空间？比如，选择与父母居住在同一幢楼的不同单元，或同一居民小区，和父母做邻居。这样，既与老人保持一定距离，没有破坏子女的独立生活空间，又离父母比较近，可以随时照顾日益**年迈**（niánmài）的父母，让他们感受到晚年幸福。

观点二：（　　）

程斐： 无论是哪方的父母，他们辛辛苦苦把我们拉扯大都不容易，为什么要跟自己的父母较劲呢？

当然，是否与父母住在一起，可以先跟老人商量商量，尊重他们的选择。有的老人家爱清静，跟年轻人住反而觉得吵，也看不惯他们的<u>前卫作派</u>；有的老人爱热闹，喜欢一家大小团团圆圆的。不管他们怎么选，咱们晚辈都应该高高兴兴地接受，只要他们开心就好。如果老人爱跟你一起住，你却说让他们单独住，老人会觉得你嫌弃他们，心灵上会很受打击的。我们自己总有一天也会老，多为老人想想吧。

◉ 以下是"未婚派"的观点，阅读后请连线：

徐静　●　　●反对派●　　●用心换心就没问题

小艳　●　　●中立派●　　●可以先试、先约定

方菊　●　　●赞成派●　　●很为难，不知怎么办

秋娟　●　　　　　　　　●妈妈都不行，更不用说婆婆了

【未婚派】

徐静：愿意同住。我妈说：人家的儿子疼他的父母是应该的，难道你想找一个没有孝心的人做自己的老公吗？只要你对公婆好，他们自然也会对你好。如果男友希望我将来和他的父母生活在一起，我会很愉快地答应的。

小艳：我不愿意。我和男友的妈妈一直有矛盾，在一起住她会挑三拣四，我受不了。再说，老人和年轻人的作息规律也不一样，一起住难免会有影响，一定会有很多冲突。两代人之间总是有代沟的，我和我妈妈之间都有，更不要说是与婆婆了。到时候老公会很难做人的。这个问题在结婚前就应该沟通好。

方菊：先试试。婚前和丈夫谈好，和婆婆先住一段时间，比如两三个月，看看相处的结果如何，再商量以后怎么办。还有，婆婆来之前让丈夫和她说好，什么事情她该管，什么事情她别管。比如，不能老觉得媳妇就应该听儿子的，儿子管着媳妇是应该的；如果儿子和媳妇吵架，婆婆不应该掺和（chānhuo）；年轻人晚上都睡得晚，并且周末都有睡懒觉的习惯，婆婆不能看不顺眼。把道理讲清楚了，住在一起就会少很多麻烦。

秋娟：很为难。每次跟男友谈起这个话题，他就回避。我爸妈已经明说不会跟我们同住，可男友的妈妈已经暗示要和我们同住。我怕结婚后和婆婆住在一起肯定会有矛盾，因为我见过别人因此而离婚。我也不知道该怎么处理好。

（选自《南方日报》）

● **小调查：**在你的班里就"年轻人婚后要不要与老人同住"进行调查，根据态度、性别等把结果写在黑板上。

七、阅读理解（二）

● 下面文章的标题是："回家看爹娘"该立法吗？对此问题，人们有不同的看法。

"娘在哪儿，家就在哪儿。"这话说得朴实，但令人深思。短短的春节几天假，却有那么多人跋山涉水，只为回家看老爹老娘。不回家的，回不去家的，也大有人在。

一首《常回家看看》唱了一年又一年，可 2011 年一项新法律草案的出台，却让这再平凡不过的话题掀起波澜（bōlán）。子女"常回家看看"被写入新《老年人权益保障法》修正草案：在"精神慰藉"一章中规定，"家庭成员不得在精神上忽视、孤立老年人"，特别强调"与老年人分开居住的赡养（shànyǎng）人，要经常看望或者问候老人"。中国的传统文化一直倡导"百善孝为先"，如果孝顺真的需要一纸文书来约束，这到底是当今老人晚年生活的保障，还是亲情缺失的悲哀？

正方 "不孝子"就得靠法律管

据统计，由于子女工作、学习、结婚等原因离家后，我国1.67亿老人中，有一半过着"空巢"生活。就"陪父母该不该被写入法律"这个问题，《生命时报》联合"12580生活播报"对6060人进行了调查。其中55%的人认为，该为"子女陪伴父母"立法。这样可以让一些"狠心"的子女受到法律的制裁，让空巢父母能得到些久违的温情。

第一类观点认为，对不孝儿女来说，道德的约束显得苍白无力，一定需要法律管制。北京市公务员郭先生的一位朋友和女儿住在同一个城市，但已经两三年没见过面。女儿一直固执地认为，父母是让丈夫与她离婚的罪魁祸首，所以一直对两个老人怀恨在心。这位老人告诉郭先生："事实并不是女儿所想的那样，可女儿连一个解释的机会都不给我们。"郭先生认为，像他的这位朋友，因为子女的误解而得不到赡养，就应该用法律手段，保证我们老有所养。

第二类观点是，子女主观上并没有抛弃父母，但因为疏于照顾，让父母产生了被遗弃的感觉。山东个体商户张小姐表示，比如有些儿女工作太忙，身不由己，在遥远的城市甚至国外居住，或打起麻将来通宵达旦，喝起酒来从早到晚，外出旅游几天几夜……都造成了"不孝"的客观后果。虽说立法带有硬性强制，但目的却是为唤醒这类儿女的良知，更多的人会从最初的受约束、不习惯，逐渐将"常回家看看"变为一种自觉行为。在某媒体工作的张女士则告诉记者，立法不一定是勒令（lèlìng）孩子回家，而是给孩子探望父母所需的时间、金钱等条件，也需要政府、社会及单位提供一定保障。

采访中，绝大多数人都表示，"常回家看看"立法细则需要完善。比如究竟多长时间为"常"，是一周、一个月，还是一年？"看望"到底该如何界定？在外打工的子女，常常要一两年才能回一次家，是否属于违法？如果子女"常回家看看"立法，回家的成本费用问题、子女工作的假期问题怎么解决？以上问题如果不逐一解决，这样的法规就不具可操作性，容易流于形式。

反方 孝心不是逼出来的

另外45%的被调查者对这则法律条文表示了异议，他们认为，"用法律来规范孝心没有必要，反而会伤害感情"，"陪伴的含义太难界定，法案最终会难以落实"。

瞿（Qú）先生夫妇住在西安，独生女儿在北京工作，并已成家。每年瞿先生和女儿见面的时间很有限，但他仍然认为，没有必要"立法逼子女尽孝"。"作为父母，谁都希望子女守在身旁。但他们有自己的事业、家庭。只要他们平安快乐，父母也就知足了。"瞿先生对《生命时报》记者说："孩子的假期有限，如果强迫他们每个假期都得回家，从经济和安全角度考量都不现实。如果真有了这样的法律，我反而会觉得心里不安。"张阿姨已经两年没有见到在美国工作的儿子，在她看来，"不是孩子不想家，他也要生存，工作的压力根本没给他留出回家的时间。"绝大多数父母都和瞿先生、张阿姨抱有一样的想法，认为子女们也有自己的无奈，做父母的应该体谅。

而在专家看来，这项法案的实施存在两大难。一是孝顺属于道德范畴，很难用法律来规范。这样可能会造成一种形式主义的"伪孝"：一个尽到赡养义务的子女因工作繁忙无法经常回家，是"违了法"；一个经常登门"啃老"的不孝子，倒可能成了"守法"的好公民。二是，条文中的"忽视""孤立""探望"很难用统一的标准来衡量。华南理工大学法学院院长葛洪义认为，法律若规定子女"要经常看望或者问候老人"，这种主观的想法是好的，但写入法律不合适，因为根本没有可操作性。中国科学院老年科学研究会会长熊必俊则提出这样的问题："如果孩子在外地，一年回家一次，算孝还是不孝呢？"北京市东卫律师事务所戴福律师更提出，即使法院做出子女应该看望问候父母的判决，也很难执行，"总不能把子女绑到父母面前去吧。如果子女带着怨气到老人家里，可能会给老人造成二次伤害。"

像对待孩子一样体贴父母

人们常说，"子欲养而亲不待"是人生中最大的遗憾。西南大学心理学院心理咨询中心主任汤永隆和远在台湾的母亲相隔千里，他说："我们长大、工作、成家，相伴父母的时间就开始变为倒计时。虽然我认为不能靠法律让亲情回归，但是，确实每个人都该问问自己：爸妈真的快乐吗？他们孤独的时候我在身边吗？我还能为他们做些什么吗？"

香港城市大学社会心理学副教授岳晓东表示，不论立法与否，孝道缺位都是我们必须面对的问题。换一个角度想，如果你曾因为朋友的邀约，推掉陪父母吃饭的计划；因为想出国旅游，让他们孤独度过一个个假期；因为觉得父母越老越啰嗦，而不愿意接他们的电话……等你老了，希望你的孩子也这样对你吗？

那么，什么叫真正的尽孝呢？

赡养为先。熊必俊说，所谓养，包括物质赡养和精神赡养两层含义。如果父母经济条件不佳，应尽量提供支援，让他们觉得生活、住房、看病的问题没有后顾之忧。有条件的人，可以安排父母和自己住得近一点，平时采购物品、打扫卫生方面多帮忙。岳晓东认为，即便父母有充足的积蓄，孩子也应该定期给父母一些钱，而不要反

1 代际沟通

过来惦记父母的钱和房子，"这是最让老人寒心的事。"

而精神赡养归根结底就是让爸妈觉得还有用、不孤独。老人面临的最大问题，是价值感的丧失。孩子们往往把时间和精力投入到工作和社会交往中，让老人处于"被遗忘的角落"。让老人感到子女是需要他们的，比什么都重要。

顺从为次。所谓的顺，并非指事事听从父母，而是明白他们的心思，多做些他们喜欢的事情。汤永隆说："有些子女，出钱出力毫不含糊，但就是不听话，或者强迫父母接受自己的观点。这种'不顺'的孝，不是真的'孝'。"岳晓东提醒，在向父母表达反对观点时，尤其要注意语气和方式。比如有些老人总愿意买保健品，子女千万不能说"看你又花钱买回一堆破烂，早告诉你吃这些没用了"，最好从体恤的角度来问："您身体有什么不舒服？咱们让医生看看，哪种保健品适合您。"

遇事多哄。所谓"老小孩"是说爸妈老了，性格却容易向"小孩"靠拢。他们有时会任性，有时会较真。"这时候，子女最不该做的就是表现出不耐烦。比如爸妈体检查出了问题，非常担心，子女就别说"你看你老瞎琢磨（zuómo），自己吓唬（xiàhu）自己"，而是要陪父母分析病情、制订治疗方案。熊必俊说："人老了，哪怕买菜买贵了这样的小事，都可能自己赌气半天。子女一定要想办法疏通他们的心结，哄他们开心。"

心思要细。逛街时总走在父母前面，嫌他们做的饭有时淡了有时咸了，都容易让他们觉得自己没用了。生活中类似这些小细节，一定要多加留心。永远走在他们旁边，夸他们做的饭菜是你最喜欢的味道，都是给父母的"定心丸"。

"赡养、顺从、哄逗、心细……我们都会这样对自己的孩子，也应该像对待孩子一样体贴父母。"岳晓东最后说。时间阻不断亲情，距离挡不住感恩。"陪伴父母，不是时间和次数上的硬指标，而是如何拉近心中的距离。"从今天起，多给他们打个电话报平安，多留点时间陪他们聊天。真正的"孝"，无需法律来维护，因为它的力量，远远大于法律。

（选自《生命时报》，作者胡楚青）

● **读后回答问题：**

1. 你如果有投票权，你会赞成"子女陪伴父母"的法律吗？为什么？
2. 你认为子女不管父母的情况在生活中存在吗？原因是什么？
3. 如果真的需要有"子女陪伴父母"的法律，那么立法会有什么困难？
4. 请你总结一下，本文说的"真正的尽孝"需要做到哪几点。
5. 如果父母年老、体弱、孤独，我们需要为他们做些什么？怎么做？

八、阅读理解（三）

● 在下文中，我们可以看到，代沟不只限于家庭，如果你是一个刚开始工作的年轻人，那么在单位里也需要跟比你年纪大的同事保持良好的人际关系。请在阅读完下文后判断文章后句子的正误。

据英国《金融时报》报道，在美国管理学会（American Academy of Management）举办的年会上，有两位学者登台演讲。他们告诉与会的数千名人士：年龄多样化不利于公司，也不利于员工。这两位研究者总共调查了60家公司的8000名员工，发现员工中有老有少的机构，不是令人愉快的工作场所，员工流动率高，工作效率低下，并且充斥着愤怒、焦虑和厌恶等情绪。

虽说偶尔听到有人说一两句多样化的话令人欣喜，但是上述结论还是让人觉得奇怪。历史告诉我们，种族多样化也会引发冲突。但是在年龄多样化问题上，还真不这么简单。

这两位研究者举出了两点理由来支持他们的结论：人们和年龄相当的同事关系更好；年龄参差不齐，则会导致"违反职业生涯时间表规范的现象"。换言之，当年轻一辈得到提拔，职位高于年长者时，年长者会感到不爽；而年轻一辈则会因为年长者占据某个职位，阻挡了他们的升迁而不爽。

虽然这番理论听上去合情合理，却与实际心理波动不符。可以想象，当"我"的"职业生涯时间表"被比"我"年轻一二十岁的人触犯时，"我"的愤怒和憎恨远少于被同龄人触犯。至于关系，虽然说与同龄人交往的确比较容易，可是职场人并无意广交知心朋友。只要在工作中有三两个朋友，就能十分乐意地与所有其他年龄段人和睦相处。

同时，对年轻的职场人士来说，如若只与同龄人共事，会让人觉得厌烦：那就像重返学校。工作中最美好的事情之一在于，这是唯一一个你能够与家人以外不同年龄的人接触的地方。22岁刚刚踏入职场时，就能够和年届30岁的人平等交谈，这是一件令人兴奋的事。同事中一些50多岁的人可以成为"我"的楷模（kǎimó），"我"乐意向他们学习。

而当一个人年龄逐渐增长时，这样的楷模越来越少，直到有一天，情况颠倒了过来。在时间的神奇魔力之下，"我"最终也成了一个样板——年轻人要向"我"借鉴经验，这真是一件乐事。

另外，对于年长的职场人士来说，有这些朝气蓬勃的年轻同事坐在办公室里的普通椅子上，也让人赏心悦目。或许不能成为朋友，但彼此各具其趣，在一起感觉也很新奇，重获活力。

1 代际沟通

因此，如果这就是全部内容，不少人会全然否定这项研究。然而，该研究中包含了一项极有道理的条件。当中指出，年长者与年轻人共事未必会让所有人都感到不快：只有在鼓励员工流露情绪的工作场所才会这样。在情绪受到抑制的公司，不同年龄段的人似乎能够更好地相处。

这正是一切现象的症结所在：问题并不在于年龄，而是直指情绪。

职场中年轻一辈与年长者的最大差异是，年轻人一直是在情绪应当**发泄**（fāxiè）出来的教导之下成长起来的，按照这套理念，披散着头发去上班没有任何问题。

而年长的员工则受过不同的教导："在工作中须有专业精神，努力工作，自我实现**要不得**。而这意味着始终要把头发盘起来"。

在职业发展前景上，我们的老一辈用事实证明，他们的坚持是对的——控制情绪对公司有利，对员工也有利。

因此，在**发飙**（fābiāo）之前，应该"把头发盘起来"。想想一条被人遗忘的真理：如果我们把情绪留在家中，大家就能够极为愉快地共事。我们或者拥有多样性，或者让情绪得到发泄，但是我们不能二者兼具，什么都没做好。

代际问题在当今社会的确值得我们关注。不管是家庭内部的代际问题，还是工作生活中的代际问题，都严峻地摆在我们面前。不同年龄的人所具备的思考问题以及处理问题的方式方法不尽相同，看待同一事物可能会产生很大的偏差，甚至**截然**（jiérán）相反。那么在处理工作的过程中，年轻者与年长者都应该互相理解。时代在变化，我们要与时俱进，年长者可以适当地站在年轻者的角度去审视这个世界，紧随时代潮流；而年轻者，则应更多地站在年长者的角度，多多学习年长者的**深思熟虑**与稳重。世界属于我们每一个人，iPad 不止是为年轻人设计的，地球也不只是年长者的专利。包容，能够使这个世界更和谐；学习，会让这个世界更完美。

（选自中国青年网）

● **读后判断正误：**

1. 作者同意"年龄多样化不利于公司，也不利于员工"这样一个研究结论。　　（　　）
2. 代际问题不仅体现在家庭内部，也体现在工作生活之中。　　　　　　　　（　　）
3. 不同年龄的工作者控制情绪的能力不同。　　　　　　　　　　　　　　　（　　）
4. 根据本文的观点，亚洲国家公司内的代际冲突会比欧洲国家少一些。　　　（　　）
5. 总的来说，年长的员工比年轻的员工要更优秀。　　　　　　　　　　　　（　　）

第二课　社会交往

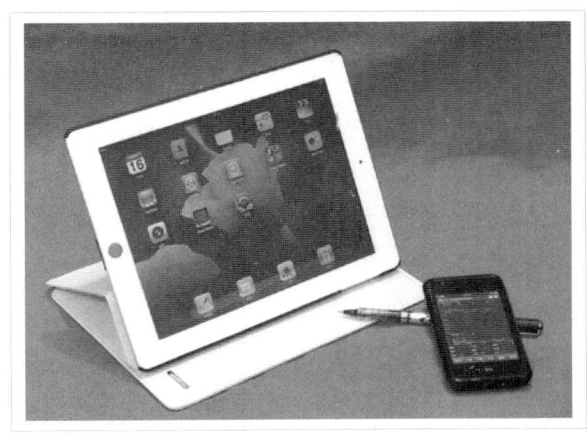

话题解读

社会交往，简称"社交"，是指在一定的历史条件下，人与人之间相互往来，进行物质、精神交流的社会活动。

传统的社会交往主要都是面对面进行，随着科技的发展，如今网络社交越来越流行，而且手机的使用也极为普遍，这样势必会减少人与人之间面对面的交往。于是，出现了"宅生活"和"宅男宅女"等现象。但过分依赖网络和手机也会带来一些交往障碍等心理问题。

课前讨论

- 网络让我们的生活方式发生了哪些改变？
- 如果一个月没有手机，你的生活会受到影响吗？为什么？
- 你觉得通过网络和手机进行交流的感觉比面对面的交流舒服吗？为什么？

2 社会交往

课文

若说有什么给人际交往带来了重要变化，一个是搬进了高楼，另一个就是上网。从刚开始浏览门户网站，"足不出户就能知晓天下事"，到后来冲进论坛或社区灌水（guànshuǐ），"大家一起来畅所欲言"，再到博客横空出世，"秀出我精彩"，然后到现在全民微博，"随时随地分享身边的新鲜事"。网络交流的快捷化、个性化、多元化固然令人欣喜，可当人们越来越习惯于面对电脑敲击键盘时，昔日和家人、朋友促膝长谈的日子也在慢慢远去。

近日，《中国青年报》报道，调查显示，青少年暑期过度依赖网络社交成"宅童"。68%的学生在暑假期间通过QQ、微博、网站等方式进行社交活动，每日上网时间超过6小时。甚至有15%的学生自暑假开始就从未走出过家门，一直"泡"在网上。

然而，沉迷的又何止是孩子！三九健康网调查显示，44%的网民平均每天上网超过8小时，近半数网民热衷于社交网站，五成网民脱离网络两天就会感到躁动不安。而另一项调查显示，从来不用手机上网的网友只有25.7%。

当"无语"变成了一种生活常态，它会带来什么？语言功能的退化，人际关系的疏离，还是自我的封闭？一切皆有可能。而关键是，你如何选择。

【What？】
网络社交改变了什么？

◇ 从"晚上见"到"网上见"
　——社交功能退化

当网络还没普及的时候，传统的社交方式建立在面对面的沟通上。下班了，晚上约上三五知己聚一聚，大家谈笑风生，那是一天中最轻松的时光。然而，当网络走入人们的生活，本应呼朋唤友、肆意（sìyì）狂欢的夜晚却变得静悄悄起来。见面聊天变成网络聊天，上门拜访变成了信息或邮件问候，即使在同一间办公室工作，只有一步之遥，也习惯在网上交流：

"你有明天的会议资料吗？"
"有。"
"给我Q发一份。"

敲击键盘，滑动手机屏幕，轻轻点击，看似用简单的动作就完成了社交，殊不知"用进废退"的状况恐怕将要出现。嘴巴不张了，与人面对面交流的技巧也会退化。在网上无话不谈，见面后却不知道说些什么；难得的同学聚会，却个个成了"闷葫芦"；跟领导汇报工作，远没有写一份意见书来得轻松。网络达人在现实中遭遇**尴尬**（gāngà），出现社交障碍，是宅男宅女越来越多的一个重要原因。

◇ 从"加关注"到"不关注家"
——亲情友情疏远

微博时代，"加关注"是最快也是最没有**门槛**（ménkǎn）的交友方式。某某好友最近在做什么？去了哪些地方？某个大学同学秀了他第几个女友的亲密照片？某名人又出了什么绯闻……只要你拥有自己的微博，这一切都会通过网络展现出来，无论相隔多远，都如同生活在一个**屋檐**（wūyán）下一般。

网络似乎把人与人的关系拉得更近了，但那其实只是海市蜃楼的幻境。恰恰相反，网络正在疏远人们之间的关系。每天的网上见面，没有肢体语言，没有眼神表情，只有简单的文字、搞怪的图片，彼此的了解变得肤浅。人们发布到网络的信息往往经过**过滤**（guòlù）和修饰，愉悦的文字可能隐含着泪水，抱怨的话语背后可能是洋洋得意，而甜言蜜语下很可能隐藏着骗局。没有面对面的交流，仅通过文字信息，我们其实无法了解，更无法信任。

与此同时，真正需要我们去关注和亲近的家人和朋友，却一再被忽视。"老公，一起去看电影吧"，"——没时间"；"爸爸，我想去游乐场"，"——你自己玩吧"；"哥儿们，出来吃个饭如何？"，"——我有事来不了"。一次又一次的拒绝，不过是将亲情友情越推越远，让自己陷入孤立。

【Why？】
网络社交为何"如火如荼"？

◇ 人潜意识里的需求得到了满足

为什么网络会让人沉迷呢？广州医学院第一附属医院心理咨询科副主任医师余金龙说，这往往是人潜意识的需求的表现。

"偷窥"——在别人不知道的情况下，观察别人的一举一动、一言一行，从中获得快感和刺激，网络上经常"潜水"的人恐怕就有这种心态。有的人是纯属好奇，也有的人是自己生活不如意，就上网对别人指指点点，甚至幸灾乐祸。"反正我看你的笑话，你也不知道我是谁。"这种躲在暗处"看热闹"的阴暗心态，在网络上得到了无限放大。

"裸露"——人类的起源本来就是裸体的，只不过随着进化，人才有了道德约束，产生了羞耻之心。虽然"裸露"从此被压抑到潜意识里，但它时不时地都会突然爆发。"裸露"不单是指身体的暴露，也包括把最秘密的东西公开出来。网络上所谓的晒工资、晒年终奖、晒隐私，还有晒富，其实或多或少都存在这种心态。而在旁观者的惊讶和**起哄**（qǐhòng）中，"裸露"者也会获得心理满足。

"发泄"——现实生活中不如意事十之八九，如果不能自我调整，又没有渠道倾诉，上网无疑是发泄痛苦、愤怒、不平、悲伤情绪最理想的地方。嬉笑怒骂、随心所欲，就算是说最难听的话，顶多也就是被删除、被屏蔽。那些在网络上总是扮演"批判者""愤青""**痞子**（pǐzi）"的人，往往是心理压力过大，自我又不够强大，通过打击鄙视（bǐshì）他人来建立一种有利于自尊心的心理平衡，或是因为自我不能接纳而向外投射，都是在网络虚拟世界中寻找心理平衡的典型。

"寂寞"——网上有句话说："哥上的不是网，是寂寞。"内心越孤独的人，越会将情感的宣泄寄托在网络上。他们喜欢灌水，加关注，逛社区、论坛，更喜欢"织围脖"。看上去，他们或许是网络红人，可在现实中，他们缺少和他人的亲密关系。默默无闻，形单影只，不太好相处，在人群中，他们往往被这样形容，是"很没有存在感"的一群人。而越是被忽视，他们越想寻求满足和慰藉，无疑，网络给予了他们最大的温情。

"焦虑"——有些人每天乐此不疲地刷微博，上Q，"抢沙发"，看各种各样的资讯，似乎不第一时间了解网络上的新鲜事，就变成了"奥特曼"（outman）。为此，他们可以不眠不休，就连吃饭、走路、坐车、开会也要通过手机上网。虽然一说起最新的网络用语、网络事件，他们都可以轻松道来，称得上是时尚前沿人物，但他们内心潜藏的焦虑、不自信、害怕往往比一般人更甚，而失落感也会来得更强烈。

"期望被认可"——无论多么平凡，每个人心底都希望体现自己的价值，被他人认可。而人人平等，正是网络最大的吸引力所在。就算没有美貌，没有财富，没有名声，只要引起了网友的关注，就能一夜成为红人、名人。"芙蓉姐姐""凤姐""犀利（xīlì）哥"之所以会受到热捧，很大程度上是寄托了"小人物也有大志向"的集体潜意识心理。在他们身上，草根阶层看到了生活的希望。

◇ 小心"虚拟社交依赖症"

余金龙表示，上网可以及时了解信息，还可以打发时间、放松精神、释放压力，网络的"隐私安全、平等、接纳、可自由交流"等特点在某种程度上是具有心理治疗作用的。如果保持一个适当的度，应该说有积极的一面。但很多情况下，不少人是过度上网，对网络产生了心理依赖，就像染上毒瘾一样，已经失去了自控力，一离开网络就觉得难受，坐立不安，只有回到网上才觉得舒畅，那就是有问题了，可能对身心都会有害了。

"每个人都有多个人格，网络上的那一个或许是你的电子人格，它可能表现得和你平时不一样，有很多潜意识的需要可以由此释放。如果你沉迷于此，久而久之，你的电子人格就会越来越强大，从而超越现实的自我。那个时候，回归现实就变成了一件很痛苦的事，甚至会让你产生逃避、放弃的心态。"

余金龙说，只有现实中的人格强大，才是最健康的。但事实上，越是沉迷于虚拟社交的人，越是在现实中感到压抑的人。而过分沉溺于网络社交容易患上"虚拟社交依赖症"，随之出现焦虑、抑郁、恐惧、强迫、疑病、躯体化等症状。这将影响一个人的社会功能，使其忽略了现实中应负的责任。在家庭里夫妻关系、亲子关系变得冷淡，工作上与领导同事之间也容易产生矛盾，将影响婚姻事业和其他方面。同时，通过虚拟世界"逃避现实"的人往往是不自信的，在现实中会出现孤僻、压抑等性格的偏倚（piānyǐ）。

【How？】
拿什么拯救你失落的世界？

1. 如果发现自己过分依赖网络，且已经影响到自己日常生活和工作，可到医院心理专科求助。在医生的分析下，你会知道是什么在影响、操控你，从而正确认识自我。

2. 经常内省。反问自己"网络社交能满足我什么需要"以及"为什么我有这样的需要""它对我产生什么影响"等，通过不断的反省和思考，正视自己的问题，才能找到相应的处理方法。

3. 回归现实。卸下在网络上的"马甲"，在现实中做一个真实的自己。通过努力，尽量提升自己的事业和人际关系。同时，保持良好的心态，积极参与各种社交活动，多与人沟通交流，塑造健全的人格。

4. 网瘾和"虚拟社交依赖症"往往是并存的，其自我保健的方法有：

● 在上网时间上要自我约束，特别在夜间上网时间不宜过长；

● 平时要丰富业余生活，比如外出旅游和朋友聊天、参加一些体育锻炼等；

● 出现早期症状，应及时停止操作并休息；

● 一旦出现IAD（互联网成瘾综合征，是一种现代的新形式的心理疾病），尽早到医院心理专科求助。

【小贴士】
虚拟社交依赖症如何诊断？

"虚拟社交依赖症"是一种互联网时代才出现的现象，还没有正式的医学诊断名称和标准，从其表现看，有些类似神经症，判断"虚拟社交依赖症"可以参考神经症的诊断标准：

1. 患者由于沉迷于网络社交游戏而导致出现焦虑、抑郁、恐惧、强迫、疑病、躯体化或神经衰弱等症状；

2. 表现出来的症状已经导致社会功能受损或具有无法摆脱的精神痛苦，促使其主动求医；

3. 前面两点的表现和行为至少要有三个月。

（选自《羊城晚报》，作者宋导、张雪梅）

练习

一、给本文选择一个最合适的标题

A. 网络依赖症产生的原因

B. 网络依赖症如何诊断

C. 小心网络依赖症

二、回答下列问题

1. 根据本文观点，网络社交有哪两个方面的负面影响？
2. 本文引用了医师余金龙的观点，他认为一般人有哪些潜意识的需求？
3. 为了脱离虚拟网络社交依赖症，本文有哪几个方面的建议？请简单说明。

三、选择正确答案

1. 本文的主要观点是什么？ （ ）
   A. 网络社交改变了网民的生活方式　　B. 人有各种各样的潜意识需求
   C. 网络社交应该适度　　　　　　　　D. 现实社交才是健康的

2. 下面哪一个不属于"宅男宅女"大量出现的原因？ （ ）
   A. 上网聊天　　B. 参加同学聚会　　C. 沉迷微博　　D. 社交障碍

3. 本文认为最便捷的网络交友方式是什么？ （ ）
   A. 网聊　　　　B. 邮件　　　　　　C. QQ　　　　　D. 加关注

4. 根据医师余金龙的观点，在网络上特别喜欢批评别人或者骂人的人，从心理机制上看有什么样的需要？ （ ）
   A. 裸露　　　　B. 期望被认可　　　C. 发泄　　　　D. 焦虑

5. 关于"电子人格"和"现实人格"的关系，下面哪种看法不符合本文的观点？ （ ）
   A. 有什么样的现实人格就有什么样的电子人格
   B. 电子人格是不太健康的人格
   C. 电子人格会随着上网时间的增加变得越来越强大
   D. 现实人格强大才是心理健康的表现

四、理解下列句子或语段，选择正确答案

1. "从刚开始浏览门户网站，'足不出户就能知晓天下事'，到后来冲进论坛或社区灌水，'大家一起来畅所欲言'，再到博客横空出世，'秀出我精彩'，然后到现在全民微博，'随时随地分享身边的新鲜事'。"这段话说明了： （ ）
   A. 网络社交的各种形式　　　　B. 网络社交的发展过程
   C. 网络社交的各种功能　　　　D. 网络社交的基本情况

2. "敲击键盘，滑动手机屏幕，轻轻点击，看似用简单的动作就完成了社交。殊不知

'用进废退'的状况恐怕将要出现。"这段话的主要意思是： （　　）

A. 完成网络社交可以借助于电脑和手机等工具

B. 完成网络社交的动作很简单

C. 由于一直使用电脑、手机，人们的社交能力越来越强

D. 网络社交使人的社交能力下降

3. "人们发布到网络的信息往往经过过滤和修饰，愉悦的文字可能隐含着泪水，抱怨的话语背后可能是洋洋得意，而甜言蜜语下很可能隐藏着骗局。没有面对面的交流，仅通过文字信息，我们其实无法了解，更无法信任。"这段话说明了： （　　）

A. 网络社交的严肃性　　　　　　B. 网络社交的娱乐性

C. 网络社交的真实性　　　　　　D. 网络社交的虚假性

4. "哥上的不是网，是寂寞。"这句话的意思是说： （　　）

A. 这个人很孤独　　　　　　　　B. 这个人很喜欢当别人的哥哥

C. 这个人常上网　　　　　　　　D. 这个人在网上没朋友

5. "有些人每天乐此不疲地刷微博，上Q，'抢沙发'，看各种各样的资讯，似乎不第一时间了解网络上的新鲜事，就变成了'奥特曼'（outman）。"这段话的意思是： （　　）

A. 一部分人对最新的资讯很感兴趣　　B. 一部分人喜欢把最新的事告诉别人

C. 一部分人把网络社交当做时尚　　　D. 一部分人喜欢抢着在网上发言

五、给下列句子排序，组成语段

1. A. 下班了，晚上约上三五知己聚一聚

   B. 那是一天中最轻松的时光

   C. 大家谈笑风生　　　　　　　　　　　　　　　　_____

   D. 当网络还没普及的时候，传统的社交方式建立在面对面的沟通上

2. A. 只要你拥有自己的微博，这一切都会通过网络展现出来

   B. 微博时代，"加关注"是最快也是最没有门槛的交友方式

   C. 某某好友最近在做什么？去了哪些地方？某个大学同学秀　_____
   了他第几个女友的亲密照片？某名人又出了什么绯闻……

   D. 无论相隔多远，都如同生活在一个屋檐下一般

3. A. 每天的网上见面，没有肢体语言，没有眼神表情
   B. 只有简单的文字、搞怪的图片
   C. 彼此的了解变得肤浅
   D. 网络正在疏远人们之间的关系

4. A. 其实或多或少都存在这种心态
   B. 网络上所谓的晒工资、晒年终奖、晒隐私，还有晒富
   C. 也包括把最秘密的东西公开出来
   D. "裸露"不单是指身体的暴露

5. A. 就算没有美貌，没有财富，没有名声
   B. 无论多么平凡，每个人心底都希望体现自己的价值，被他人认可
   C. 只要引起了网友的关注，就能一夜成为红人、名人
   D. 而人人平等，正是网络最大的吸引力所在

六、阅读理解（一）

● 下面分别是文章的大标题和小标题：
   A. 远离手机的尝试
   B. 手机成为"生活遥控器"
   C. 手机，让人欢喜让人忧
   D. 手机让你更孤独更疲劳

请你在阅读之后把以上标题填在合适的数字旁边。

0（   ）

当第一部电话问世后，人们只需轻按数字就能达到"天涯若比邻"的状态，就此改变了人类的生活。此后，移动电话的发明更是人类历史上一次革命性的进步，人们能够更加无忧无虑、随时随地地沟通。近些年来智能手机的问世，又使得整个互联网都能尽收掌中。手机也越来越成为人们生活中不可或缺的一部分。

但是，<u>美国麻省理工学院信息社会学教授谢里·特克尔</u>在其今年出版的新书《一起孤独》中提到，"我们每日花更多的时间与更多的人联系，这种联系却让我们更孤独。"而近日《日本新华侨报》也刊文说，智能时代的人们比过去任何一个时代的人都感到孤独。智能手机在快速降低人们社交的能力，建起一堵高高的"心墙"。

1 (　　)

　　美国马里兰大学的一项最新调查显示，越来越多的人开始离不开手机并沉迷其中。来自世界上10个国家的1000名学生进行了24小时"无媒体"体验，要求在一天内不使用包括手机在内的任何多媒体设备。结果大部分学生表示，失去了手机让他们"坐卧难安"，很多人甚至都没能完成整个项目。撇开（piěkāi）国籍、文化、生活环境背景等因素，所有的学生在失去常用媒体后都表现出"孤独、烦躁、困惑、焦躁、易怒、不安、紧张"等负面情绪。而跨国市场调查公司思纬公司在对11个国家8000多名受访者进行调查后，得出的结论更让人吃惊：有3/4的人会随身携带手机，1/4的人认为手机比钱包更重要，2/3的受访者在睡觉时并不会关机，超过1/3的人甚至说，他们离开手机无法生活。按照全球33亿手机用户计算，目前已有10亿人掉进了手机的"温柔陷阱"。

　　在我国，手机早已成为不同人群生活中的必需品，对于手机的使用也远远超过了"传递信息"这么简单，人们开始利用手机谈恋爱并用手机结束恋情；用手机上网关注朋友的一举一动，却可能几年都不和他们联系……张小姐是一名普通的上班族，她说，"早上，手机闹铃叫我起床；上班路上，用手机听歌、看电子书；出去玩，用手机拍照、发微博。"虽然手机给生活带来了种种便利，但张小姐也承认，手机似乎让自己和朋友的关系都变疏远了。"大家本来见面的机会就少，偶尔一起吃饭时，都各自玩着手机，似乎没有什么话说。"吴女士则告诉记者："现在本该见面说的事情，想想还是打电话；本该打电话的时候，最后还是发了短信。而且我们家人的交流也少了，老公和孩子经常一人一个手机，各玩各的。其实我特别盼着家人能聚在一起说说话。"

2 (　　)

　　手机的出现，本来是为了让沟通更便利，却使得人们更加孤独，这样的结果也让心理学家和社会学家大为吃惊。中外多名专家均表示，手机带给生活的负面影响主要包括以下几个方面：

　　一、生活圈子变窄。美国社会学家米勒·麦克皮森说，手机使得以往的家庭聚会、同学聚会等传统社交模式变得"不那么重要"。美国心理学家肯纳斯·乔恩也认为，沉溺手机的人们就像"活在气泡里的一代"。"手机和其他多媒体工具像一个气泡把我们包裹起来，让所有的注意力都集中在小小的屏幕上。"

　　二、孤独感增加。手机为人们打造了一个惬意的心理空间，让我们在任何时间、地点都能与外界连接，但是心理上的孤独却不断增加。苏州荣格心理咨询中心高级督导王国荣说："孤独分为两类：一种是没有人在身边，是物理性孤独；另一种是被人群围绕着却仍感孤单，称作哲学性孤独。我们参与社会活动的机会越来越少，能够接触到的人群就会越来越窄，孤独感就会增加。"谢里·特克尔也提醒，科技重新定义我们对"亲密与孤独"的观念，用"伪技术关系"替代"持久的情感联系"是极危险的，这些技术使人们觉得相互间十分亲密，其实却在不断疏离。正如皮尤调查中显示，人们觉得自己认识很多人，但在上千人的通讯录里却找不到一个能谈心的人。

三、影响人际关系。北京大学社会学系教授夏学銮（luán）说，如果你在和家人、朋友交流时，不停地摆弄手机，会让对话产生"延迟"，使对方觉得你缺乏诚意，也更容易引起冲突。在公共社交场合，虽然拿着手机可以缓解社交恐惧，但也会让人觉得你对交谈不够重视，对他人不够尊重。

四、缺乏同情心。谢里·特克尔说，不少研究发现，这一代青少年最缺乏同情心，因为在短信里，你可以回避眼神的交流，可以省却温暖的寒暄，可以不用担心对方看到你的信息后会产生怎样的表情和回应。

五、丧失注意力。西南大学心理学院副教授杨东说，手机等多媒体工具会让人们陷入一种持续的"多任务"状态，甚至会导致"注意力缺失"。斯坦福大学的研究者就发现，经常处在多任务状态的人在处理工作时的注意力显著下降，这大大削减了我们思考的能力，让我们的思维变得更难以深入到复杂的层面。王国荣说，不仅手机让人分心，很多人会发现，就算做别的事情，一样很难集中注意力，效率很低，这就是"注意力缺失"的一种表现。

六、导致疲劳。瑞典哥德堡萨赫尔格芮学院医学博士加比·巴德雷博士发表文章称，青少年频繁地使用手机，将严重影响睡眠质量，引发感应性疲劳和神经衰弱，特别是对于儿童来说，未来手机可能造成的健康危害和烟酒一样重。

3（   ）

那么，如何才能防止对手机过度依赖，并且避免自己被手机"孤立"呢？专家们给出了以下几个方法。

一、把手机装在包里，而不是拿在手上。王国荣说，拿在手上会让人们时刻意识到手机的存在，一旦离开，就会产生较为严重的"分离焦虑"。不妨放在包里，调一个响亮些的铃声，这样既可以避免漏接电话，也可以减轻对手机的依赖。在家时，把手机放在离自己远一点的地方，并且规定手机不能带入卧室这样的私密空间。

二、多和"真人"交流。平时要多培养自己沟通的技巧，多和现实中的人去接触。夏学銮说，这样不仅有助于增加亲密感，也可以改善自己性格上的缺陷。每天留出一定时间和家人交流，规定自己在交谈的时间内，除了接必需的电话，不可以玩手机。多读读书、看看报，从手机上转移注意力也是一种很好的方式。

三、脱敏疗法。如果你真的离不开手机，不妨尝试从短时间的"脱敏疗法"开始。王国荣说，首先尝试散步、逛超市等短时间外出时不带手机。其次，可以尝试周末出门玩不带手机。你会发现，离开手机，地球照样会转。还可以在不影响工作的情况下，每月实行一天"无手机日"，专心陪伴家人，或者做一些自己喜欢的事情。

四、定期整理手机通讯录。有些人的电话你从来没有拨过，也许他们也早已删除了你的电话。不要害怕这样会与某些人失去联系，在意你的人，总会有办法找到你。杨东说，保持手机通讯录的精简，是简化生活的一种方式。

（选自《生命时报》，作者胡楚青）

七、阅读理解（二）

近年来，中央党校针对民企老板的短期培训班办了60多期。一项调查显示，"结交朋友"被许多老板学员视为收获之一，因为"以后到外地办事就有熟人了"。

然而，这套"熟人关系"有时甚至"比制度更管用"的"潜规则"，近来广受质疑。目睹医院红包屡禁不止、司法执法不公、教育招生舞弊等现象，有专家学者急呼：现代社会应是"陌生人社会"，应尽快实现"熟人社会"向"陌生人社会"的转型！

究竟该如何看待当前的争议？近日，记者采访了四川省社科院社会学研究所副所长胡光伟。

"熟人社会"就是"关系社会"

记　者：现实生活中很多人都有这样的经历，子女入托入学、大学生求职就业甚至到医院看病等等，有了熟人不仅可以把事情办好、办快，有时还能减免一些费用。总之，在这个社会中，好像没有关系就寸步难行。你是怎么看待这一现象的？

胡光伟：在我们的传统思维里，"熟人好办事"的观念由来已久，这也可以说是对"熟人社会"的一种朴素的表达。它表明了现代人在激烈的社会竞争中对建立功利性社会关系的努力。

记　者：什么是"熟人社会"？

胡光伟：费孝通先生在上世纪提出"差序格局"的概念，用以说明中国传统社会中社会关系的特点。他认为在中国传统社会，人与人之间的关系就像石头丢入水中，在水面形成的一圈一圈的波纹，被波纹所推及的就产生关系。人与人通过这种关系互相联系起来，构成以人为中心及其血缘关系、地缘关系为纽带的一张张关系网。随着社会的发展，人们为了实际上的功利性，突破了血缘关系，将非亲属也纳入自己的交往范围和圈子。所以，有学者就将这样的社会称为"熟人社会"，更通俗地讲就是"小圈子"社会。

  记　者："熟人社会"有怎样的特点？

  胡光伟：背景和关系是熟人社会的典型话语。所以，有人把"熟人社会"也称为"关系社会""后门社会"。"熟人社会"强调的是人治而不是法治，办事大多凭人与人之间关系的生熟程度、感情深浅程度，关系越亲密就越有可能被中心成员用来实现其实利目标，在这里责、权、利的界线较为模糊，他人的权利容易被侵犯，在公共事务中则容易发生论资排辈、任人唯亲、徇私舞弊等。

"陌生人社会"是"契约社会"

  记　者：中国历来是一个"人情社会"，注重"礼尚往来"，有时甚至是礼大于法，这可能也是"熟人社会"盛行的原因之一。在我们建设法治社会的今天，毫无疑问，这种"关系社会"的行为模式已经阻碍了我国现代化的进程和市场经济的发展。

  胡光伟：是的。首先，它弱化了"法制"的功能，以"关系"代替"契约"，"熟人"的"情感"代替了法律的威严，很容易使得社会正义和公平的天平在"人情"中发生倾斜。其次，以"人情"代替"竞争"，淡化了"竞争"的激励作用，将亲情、交情、友情这种温情脉脉的手段移植到管理企业、管理国家、管理社会中来，导致经济管理中丧失了"利润"的冲动，社会管理丧失积极性和创造性的激励，这会影响正式组织的功能。更为严重的是，它还可能引发社会腐败、寻租行为（rent-seeking）的泛滥，导致整个社会风气败坏。因此，"熟人社会"的过分发育，是对法制社会的**腐蚀**（fǔshí）、市场经济的摧残、和谐社会的瓦解。当前，我们应当实现从"熟人社会"向"陌生人社会"的转型。

  记　者：现代社会，随着经济和科学技术的不断发展，人们的交往不断冲破原有的地域限制，而经常处于一个陌生人构成的环境中。这就是你所说的"陌生人社会"吗？

  胡光伟："陌生人社会"是和"熟人社会"相对而言的概念。有学者这样描述"陌生人社会"："当我们走在大街上，陌生人保护我们，如警察；或陌生人威胁我们，如罪犯。陌生人扑灭我们的火灾、教育我们的孩子、建筑我们的房子、用我们的钱投资；陌生人在收音机、电视或报纸上告诉我们世界上的新闻……如果我们生病进医院，陌生人切开我们的身体、清洗我们、护理我们、杀死我们或治愈我们。如果我们死了，陌生人将我们埋葬……"人与人之间的血缘、亲缘和地缘纽带被斩断后，社会的发展，商品交换的发生，人与人之间的交往和信任靠什么来维系？只能是制度或契约。所以，"陌生人社会"又被称为"法制社会"或"契约社会"，它是传统社会向现代社会发展的必然趋势，是市场化、城市化、全球化的必然结果。

法制与诚信是选择

记　　者：要实现"熟人社会"向"陌生人社会"的转型，关健是什么？

胡光伟：第一是制度建设。在市场经济中，礼俗和关系的作用虽然仍然约束着人们的思想和行为，但在更广泛的社会范围内，还需要制度建设来发挥作用。在"陌生人社会"，制度是种保障，它可以排斥人情纠葛和人情垄断，摒弃（bìngqì）拉关系、走后门等烦琐（fánsuǒ）的环节。

记　　者："陌生人社会"也可以很好地维护社会交往双方或多方的利益，减少在"熟人社会"中的行为成本。

胡光伟：是的。比如，现在为什么有人要给医生送红包？是因为大家普遍认为，医生拿了红包治病会更"上心"。要是有好的制度能确保病人就是不送红包，医生也能一视同仁地医治，我们为什么还要投入"红包"这个成本呢？

记　　者：除了加强制度建设，还应该从哪些方面入手？

胡光伟：第二是信誉前置。所谓信誉前置就是诚信为先。在人际交往中，如果每个人都以诚实守信为荣，以见利忘义为耻，那么交往成本就会大大下降。所以，有了制度，还要有伦理道德。

记　　者：实现"熟人社会"向"陌生人社会"转型，是否意味着对"熟人社会"的全盘否定？

胡光伟：实际上，在"陌生人社会"中、熟人、人情血缘仍然存在，这些是任何社会都不可彻底防除（fángchú）的，关键在于不能用这些来排斥、动摇制度。在"陌生人社会"，我们要建立的是一种新型的人际关系，以打破人们对人情和关系的心理依赖。在这种人际关系中，人们在明确的游戏规划下合作互利，交往的范围更广泛普遍，权责明确，交往的成本降低，效率更高，同时能有效地克服利益冲突，避免相互利用和猜疑。

记　　者：向"陌生人社会"转型，政府有何作为？

胡光伟：要瓦解现在的"熟人社会"，最重要的措施是政府诚信和转变政府职能，弱化政府配置资源的功能，让市场和民间发挥更大的作用，在整个社会营造一种浓厚的"制度文化"。只有更多地发挥市场的基础性作用，才能为法律开辟越来越多的空间，突破"熟人社会"，走向以法律为基础的"法制社会"，让人们适应"陌生人社会"中的制度化生存。

（选自《四川日报》，作者孙琳）

2 社会交往

◉ 读后回答问题或完成任务：

1. 请讨论一下你所在的社会是"熟人社会"还是"陌生人社会"。
2. 请你根据本文观点解释一下为什么会有病人给医生送红包。
3. 请谈谈从"熟人社会"转变为"陌生人社会"有什么好处。
4. 请谈谈一个社会从"关系社会"变成"契约社会"需要哪些条件。
5. 请写出十个小问题，让老师检查，然后找五个中国朋友做一个小调查，了解一下这些朋友的行为符合"熟人社会"的特征还是符合"陌生人社会"的特征。

八、阅读理解（三）

在日常生活中，有一些处世技巧是非常简单，但又是非常实用的，如果能够经常恰当地使用它们，一定会为你的人际关系的<u>融洽（róngqià）</u>度增色不少。例如，老百姓常用的"遇物加钱，逢人减岁"。

"遇物加钱"与"逢人减岁"是两种在交际过程中针对人们的普遍心理而采用的<u>投其所好和讨人喜欢</u>的处世技巧。

1 遇物加钱

买东西是我们每个人日常生活中再平常不过的一种生活行为。人们普遍的购物心理是自己能够用"廉价"购得"美物"，通常那些善于购物的人都具有这样的品格，那是精明人的一种象征。也许我们做不到精明人的精明，也不一定都是善于购物者，但我们还是希望我们的购物能力能够获得别人认可。所以，当我们购买了一件物品后，要是自己花了50元，别人却认为只需30元时，我们往往会有一种失落感，觉得自己不会买东西。相反，当我们花了30元买了一样东西后，别人认为需要50元时，我们又往往会有一种兴奋感，感觉自己很会买东西。正是这种购物心态的存在，"遇物加钱"这种说话技巧便有了<u>用武之地</u>。

例如，<u>张三</u>买了一套样式挺不错的西服，<u>李四</u>知道市场行情，这种衣服两三百元完全能够买得下来。于是李四便在猜测价格时说："这套西服不错呀，至少得花四五百元吧？"张三听后一定会非常高兴，往往会笑着说："你没想到吧，我花200元就买下来了！"

这里李四的说话方式是很有技巧的。他在并不知道张三花了多少钱买下这套衣服的情况下，故意说高衣服的价格，从而令对方产生成就感，当然会使对方高兴了。

"遇物加钱"这个方法很能讨对方欢心，而操作起来又很简单，你只要对对方购

买的东西的价格高估就可以了。当然"价格高估"也要注意,首先你要对商品的物价心里有底,其次是不能过于高估,否则收不到好的效果。

2 逢人减岁

只要是人,又有谁不希望自己永远年轻而不要过早地老去呢?所以,成年人对自己的年龄是非常敏感的。例如,你是一位刚刚30岁出头的小伙子,却被别人看做是中年人了,你的心里面能高兴吗?

出于成年人普遍存在的这种怕老心理,"逢人减岁"这种说话技巧便有了讨人喜欢的"市场"。这种技巧的特征在于把对方的年龄尽量往小处说,从而使对方觉得自己显得年轻、保养有方等,进而产生一种心理上的满足。举个例子,一位30多岁的女人,你说她看上去只有20多岁,一个60多岁的女人,你说她看上去只有四五十岁,这种"美丽的错误",对方是不会认为你缺乏眼力,对你反感的。相反,她会对你产生好感,形成心理上的相容。如此,你又何乐而不为呢?

当然,我们要特别注意的是,"逢人减岁"这种技巧通常只适用于成年人,尤其是中老年人。假如面对的是幼儿或少年,我们就要用"逢人添岁"(即把对方的年龄往大处说)的技巧效果会较好,因为他们往往有一种渴望长大的心理。

礼仪精髓(jīngsuǐ)

"遇物加钱,逢人减岁",说白了就是投其所好。当然,我们的出发点是光明正大的,我们的这种"投其所好",无论是对自己、对对方还是对社会,都是没有害处的。相反,这种说话的技巧往往能给对方、给社会带来欢乐。对于这样"美丽的错误"与"无害的阴谋",我们多说一些又有何妨呢?

(选自中国台湾网)

◉ **读后回答问题或完成任务:**

1. 你认为本文说的交际技巧与诚实、不说谎的为人原则矛盾吗?为什么?
2. 你在生活中使用"遇物加钱"与"逢人减岁"这样的技巧吗?你希望别人对你使用这样的技巧吗?为什么?
3. 根据本文的观点,这两种技巧在中国都可以无条件地使用吗?为什么?
4. 请你谈谈,中国有哪些礼仪和客套与你的国家是不同的,你能不能接受。
5. 请写出两条以上你们国家的交际技巧。

第三课　跨文化交际

话题解读

"跨文化交际"的英语名称是"cross-cultural communication（或 inter-cultural communication）"。它指本族语者与非本族语者之间的交际，也指任何在语言和文化背景方面有差异的人们之间的交际。通俗来说就是，如果你和外国人打交道（由于存在语言和文化背景的差异），应该注意什么问题，应该如何得体地去交流。

课前讨论

- 请大家讨论后写出五项你最不适应的中国人的习惯或中国人的行为方式。
- 不同的人会用不同的方式去适应不同的文化。问一下你的邻桌会用什么样的态度和方法。
- 你觉得一个中国人和外国人结婚以后一起生活，他们可能会碰到哪些问题？请大家讨论后选出五项最重要的问题。

在国际商务界，人们一般都认为，具有绅士（shēnshì）风度美誉的英国交际礼仪是西方社交礼仪的代表。而我们中华文明古国礼仪之邦的礼貌谦和，也一直为世人所称道。

十多年前我第一次去英国，就遭遇了"失礼"和尴尬，至今还让我难以忘怀，这使我深深感到了东西方民族文化的碰撞和交际礼仪的差异。

首先，我们在国内收到礼物时，是不兴当着送礼人的面打开包装的，一般是致谢后收起来。而英国人则相反，他们认为当着送礼人面打开包装，表示欣赏和赞美，是对送礼人的尊重和感谢。也正是他们的欣赏、尊重和坦率，才使我遭遇了难言的尴尬。

后来去英国次数多了，慢慢就发现，英国人也和中国人一样以谦虚为美德，也都讲究一定的客套。但英国人的谦虚与客套，包括商务活动和日常生活中的很多交际礼仪，与我们国内的观念和传统礼貌是大相径庭、差异多多的。这差异因民族文化、传统习俗不同而各式各样，有些还十分有趣。

就说谦虚客套吧。商务会谈、朋友见面，难免互相说些恭维之辞，中英皆然，但被恭维者反应迥然不同。客户说我们团的翻译"你的英文真好！"他连忙回答说"不好！不好！让你见笑了。"反之，你夸英国客户生硬的中国话说得好，他会满脸

堆笑地连声说"谢谢！"好像他真认为他中文好似的，其实他是感谢你对他的鼓励与尊重。一位妇女称羡另一位妇女服饰漂亮，后者是中国妇女，就会说"不好看"，甚至说"这是我上班时才穿的"；如果是英国妇女，则会说"谢谢，真高兴你也欣赏这件衣服"。尽管你的恭维是客套话，英国人也会诚心"领受"的。同样是谦虚，英国人的自谦首先是自信，然后对他人的欣赏和夸赞表示感谢；而我们国人则常用贬低自己的方式表示自谦。就像前文我遭遇的那次尴尬一样。

还有一次，我们从伦敦去外地访问客户，中途经过牛津城，晚上下榻郊外一个很幽静、舒适的酒店。服务台接待我们的值班生去过北京，所以见到我们非常热情。闲谈中，我听说他是牛津大学毕业，大感诧异（chàyì），马上为他大加惋惜（wǎnxī），说："你怎么会干这种工作？"

他听了马上沉下脸来，明显不悦。我感到纳闷，按我们的观念，为他惋惜是高看他，认为他是牛津学子，理应干大事，怎么站服务台呢？第二天早上告别时，我才解开这个迷。原来，他认为我是瞧不起他的工作，也就是瞧不起他了。因为，在英国人看来，无论干什么工作，只要是自己喜欢的就是最好的，就应该受到他人尊重。看来，我对他表示的友好和恭维，却让他感到受贬而不快了。

是啊，有些在我国表示友好和礼貌的词句，对于英国人甚至整个欧洲人来说，未必对方就会感到悦耳愉快。如帮了别人一些忙，对方表示感谢，我们会习惯地说"这是我应该做的"。英国人听了，他的感激之情马上就会打折扣。因为你的这句话他会理解为："这是我的职责，所以不得不这样做。"也就是说，你是迫于职责才不得不为他效劳。而同样情况下，英国人则会说："这（为你效劳）是一件令人愉快的事。"一方面他对感谢表示了<u>还</u>（huán）谢，另一方面也表示给你帮忙做事，是他发自内心的愿望。这使双方都感到了<u>诚挚</u>（chéngzhì）亲和。

在我国，一贯以尊敬老人为美德，以"老"字为尊称。但英国却全然相反，不仅不喜欢你称他"老"，甚至也不能在<u>言谈举止</u>中对他的老暮年龄有所暗示，<u>譬如</u>（pìrú）不必要的搀扶或恭敬。如果你夸他"你这么大年纪了，身子骨还这么结实"，这话要在中国说，对方可能笑眯眯的；而在英国说，对方会大为不快。记得那年在英国访问一家客户时，公司总裁七十多岁的叔叔整天开着大奔驰接送我们去公司谈判和观光游览，他车开得又快又好，我夸他了一句："您老这么大年纪了，开车还真赛过小伙子！"他气得一天没给我好脸儿。

在我国民间，有一个喜欢在朋友、同事、邻居的子女间"论资排辈"的传统礼貌。孩子们一定要称与自己父母年岁相仿的人为"叔叔""阿姨"，再长一辈的要称为"爷爷""奶奶"。英国人可不讲这一套，孩子们只对父母的亲兄弟姊妹才称"叔""舅"（uncle）和"姑""姨"（aunt），对父母的同事、朋友统统称某某先生（Sir）或夫人、女士（Madam、Lady）。并且在一些现代家庭，为了表示亲密，孩子对父亲直呼其名的情形也不少见。这些我们固然不必效仿，但一旦到国外，切不可把中国礼仪习惯照搬。

比如，我们国人爱讲礼貌。朋友、同事、邻居日常碰面，都要说两句客套话，见面时总喜欢问一声"您吃饭了吗？"有时为了多寒暄几句，还要再问一声"您上哪儿？"。这客套话国内人听了很家常，可要是放到英国说，他们听了就会反感了。英国人最不喜欢别人过问和干涉他们的个人生活。你问他上哪儿去，他会认为你这是在打听他的个人私事；你问他吃饭了没有，他会误认为你想请他共进午（晚）餐。而"今天天气怎么样？"才是英国人见面客套时的不变话题。

还有，在我国各地口语中，都有"劳驾""借光""麻烦你啦"之类的客气话，也常用"请"字请人做事，如"请帮我倒杯茶""请把报纸递给我"，但全是命令句式。英国人日常口语中也常常挂着"请""谢谢""对不起"之类的客气话，但在请人做事或提问时，则用疑问句来表达所要求的肯定意思。如上述，英国人就会说："您能帮我倒杯茶吗？""报纸您看完能递给我吗？"虽是疑问句，实际上却不容置疑，既肯定又显得亲切客气，很讲究语气的感情色彩。就像在很多中国人爱用"I'm sorry"的场合，英国人却常用"Excuse me"一样。

英国人的交际礼仪在欧洲是有代表性的：恪守（kèshǒu）礼节，但率真务实；追求个性，但遵守公德。在交际中不喜欢虚假，就是客套，也是实打实地客套。而你要是在英国人面前客套做假，那受苦的就是你自己了。如果英国人请客，点菜决不铺张，够吃即可；若菜少了，你尽管提出再加，他会很乐意的。如果他问你：吃好了吗？你想客套一下，那你饿着吧。就像在宴会上，中国人是劝酒、灌酒、喝醉几个才尽兴；英国人则敬酒不劝酒，宾主饮多少全随自便，若不会喝酒，更不勉强，你提出要果汁，他会很高兴。

英国客户一般不轻易宴请来访者，如果要为你设宴，那就说明他对会谈表示满意，或者是愿意与你进一步交往。你要客套一下"不麻烦了吧"或"不用破费了吧"，他绝不会再说第二遍"请"字，因为他认为你这是拒绝了他。

记得那年第一次去伦敦，我们遇到一场比较艰苦的谈判。几轮会谈后，双方在价格和个别条款上仍僵持不下。后来有天中午谈判暂时休会时，客户邀我们共进午餐。我以为他是在用"糖衣炮弹"，想让我们让步，就谦让了一下。谁知对方马上沉下脸，扭头离开了谈判间。其结果可想而知，这笔业务告吹了。

临回国前我向使馆商务处官员道别时（那次我们就住在伦敦商务处招待所），顺便聊起了这事儿。接待我们的一秘曾先生听了大笑了起来，他说："你们正好想反了。矜持（jīnchí）的英国绅士要请你吃饭，表示友好和合作，很有可能正说明他们准备让步了。你们可倒好，按中国人的思维方式，一多心，一客套，一单生意没了吧！"

在英国的商务交际应酬中，按不同情况和需要，一般有拜会、茶会、宴会等方式，这些都有较为严格的礼仪程序。对预约期、人员数、层次、场合、服装、仪式等都有固定的格式而且较为烦琐。这一般大多用于商务、政务和外交场合。

但除了上述较为正式的以外，英国社会还有一些较为随意的交际应酬方式，如午宴（英国，包括整个欧洲，晚宴是较为正式的应酬，午宴相当于工作餐或快餐）、冷餐会、鸡尾酒会、舞会、游园会等。这些不要预约，不讲排场，服装、礼仪均不如正式场合那么严格，所以更受人们青睐（qīnglài）。但在英国，最简便、最随意、最常见的应酬方式，莫过于约两三个友人到酒吧小酌了。不用事先约定，没有繁文缛节，不讲衣着服饰，不定谈话内容，常常是一杯威士忌落肚之后，大家就云天雾地、开怀畅谈了。但这往往是非正式商务交谈和朋友、同事间的友情相聚。要是恋人和情人相会，那就要到咖啡馆去啜饮（chuòyǐn）浪漫了。

（选自《现代交际》，作者以理）

练习

一、给本文选择一个最合适的标题

A. 中英社交礼仪的差异

B. 中英社交礼仪差异趣谈

C. 中英社交礼仪差异之我见

二、回答下列问题

1. 收到礼物时，中国人和英国人打开的方式有什么不同？
2. 听到恭维话时，中国人和英国人的回应有什么不同？
3. 帮了对方的忙，对方表示感谢时，中国人和英国人的回答有什么不同？
4. 问候寒暄时，中国人和英国人的语言有什么不同？
5. 向别人请求时，中国人和英国人使用的句式有什么不同？

三、选择正确答案

1. 在牛津城遇到的那个服务员不高兴的原因是：　　　　　　　　　　　　（　　）

   A. 他觉得"我"看不起他本人

   B. 他觉得"我"看不起他的工作

   C. 他觉得"我"看不起他毕业的学校

   D. 他觉得"我"很可笑

2. 公司总裁那个七十多岁的叔叔不高兴的原因是：　　　　　　　　　　　（　　）

   A. 他不喜欢每天都开车接送"我们"

   B. 他不喜欢别人认为他车技不好

   C. 他不喜欢别人评论自己

   D. 他不喜欢别人认为自己老了

3. 在伦敦的那笔业务为什么吹了？　　　　　　　　　　　　　　　　　　（　　）

   A. 因为"我们"不愿意和英国人一起吃饭

   B. 因为英国人觉得"我方"的表现不友好

   C. 因为英国人不愿意和"我们"一起吃饭

   D. 因为英国人不满"我方"的不让步

4. 在英国，下面哪一组都属于正式的应酬方式？　　　　　　　　　　　　（　　）
   A. 拜会和舞会　　　　　　　　B. 冷餐会和茶会
   C. 茶会和宴会　　　　　　　　D. 鸡尾酒会和舞会

5. 下面哪一项不符合英国人的礼仪？　　　　　　　　　　　　　　　　（　　）
   A. 当着送礼人的面打开包装　　B. 对恭维话表示感谢
   C. 不喜欢别人帮助自己　　　　D. 不喜欢别人称自己老

四、理解下列句子或语段，选择正确答案

1. "在国际商务界，人们一般都认为，具有绅士风度美誉的英国交际礼仪是西方社交礼仪的代表。而我们中华文明古国礼仪之邦的礼貌谦和，也一直为世人所称道。"这段话的主要意思是：　　　　　　　　　　　　　　　　　　　　　　　　　　（　　）
   A. 英国的交际礼仪是西方社交礼仪的代表
   B. 中国的社交礼仪讲究礼貌谦和
   C. 英国和中国的礼仪各有特点
   D. 英国的社交礼仪是西方礼仪的代表

2. "同样是谦虚，英国人的自谦首先是自信，然后对他人的欣赏和夸赞表示感谢；而我们国人则常用贬低自己的方式表示自谦。"这段话的主要话题是：（　　）
   A. 英国人　　　B. 中国人　　　C. 谦虚　　　D. 自谦

3. "在我国，一贯以尊敬老人为美德，以'老'字为尊称。但英国却全然相反，不仅不喜欢你称他'老'，甚至也不能在言谈举止中对他的老暮年龄有所暗示，譬如不必要的搀扶或恭敬。"这段话的写作手法是：　　　　　　　　　　　　（　　）
   A. 对比　　　B. 比喻　　　C. 象征　　　D. 夸张

4. "记得那年第一次去伦敦，我们遇到一场比较艰苦的谈判。几轮会谈后，双方在价格和个别条款上仍僵持不下。后来有天中午谈判暂时休会时，客户邀我们共进午餐。我以为他是在用'糖衣炮弹'，想让我们让步，就谦让了一下。谁知对方马上沉下脸，扭头离开了谈判间。其结果可想而知，这笔业务告吹了。"请联系上下文判断这段话的主要意思：　　　　　　　　　　　　　　　　　　　　　　（　　）
   A. 谈判的双方都不愿意让步　　B. 谈判双方都没有理解对方行为的真正含义
   C. 谈判的双方都希望对方让步　　D. 由于谈判没有成功，双方关系破裂

5. 文章最后一段说"但除了上述较为正式的以外,英国社会还有一些较为随意的交际应酬方式,如……",其中的"但除了上述较为正式的以外"在文章中的作用是:
( )
   A. 表示排除   B. 表示区别   C. 表示相同   D. 表示连接

五、给下列句子排序,组成语段

1. A. 而英国人则相反
   B. 一般是致谢后收起来
   C. 他们认为当着送礼人面打开包装,表示欣赏和赞美,是对送礼人的尊重和感谢
   D. 我们在国内收到礼物时,是不兴当着送礼人的面打开包装的

2. A. 他会满脸堆笑地连声说:"谢谢!"
   B. 他连忙回答说:"不好!不好!让你见笑了。"
   C. 反之,你夸英国客户生硬的中国话说得好
   D. 客户说我们团的翻译"你的英文真好!"

3. A. 他气得一天没给我好脸儿
   B. 他车开得又快又好
   C. 公司总裁七十多岁的叔叔,整天开着大奔驰接送我们去公司谈判和观光游览
   D. 我夸他了一句:"您老这么大年纪了,开车还真赛过小伙子!"

4. A. 够吃即可
   B. 如果英国人请客,点菜决不铺张
   C. 他会很乐意的
   D. 若菜少了,你尽管提出再加

5. A. 因为他认为你这是拒绝了他
   B. 英国客户一般不轻易宴请来访者
   C. 如果要为你设宴,那就说明他对会谈表示满意,或者是愿意与你进一步交往
   D. 你要客套一下"不麻烦了吧"或"不用破费了吧",他绝不会再说第二遍"请"字

六、阅读理解（一）

● 下面分别是文章的大标题和小标题：

A. 语言藩篱（fānlí）背后的移民辛酸

B. 受欢迎的中文"天书"

C. "天书"话剧在欧洲多国上演　颇受欢迎

D. 老外"猜懂"华人家事

E. 不懂中文的"汉剧"导演

请你在阅读后把以上标题填在合适的数字旁边。

0 (　　)

都说语言是沟通的桥梁，但语言不通怎么办？最近，一部80分钟的汉语小话剧正在欧洲多国上演。没有翻译、没有字幕，讲的是上海一家人移民的故事，观众则都是几乎不懂汉语的外国人。不过，这"天书"般的话剧，竟也在上演地颇受欢迎，现场反响热烈。话剧的演员，都是华人。导演，则是一位匈牙利人，且不会汉语！这到底是怎样一部奇妙的话剧？这位不懂汉语的导演，到底想表达什么？

面对一个几乎不懂中文的老外，你怎么和他(她)沟通？也许，你能比手画脚，让他(她)明白"15""鸡蛋"之类的简单词，但怎么能让他们明白你家里的那本"难念的经"？跨文化交流本不是件简单的事，若语言不通，那更是难上加难，但是，在欧洲，有群人却偏偏要挑战这一"硬骨头"。

1 (　　)

6月26日晚，瑞士弗里堡，一个名为Bollwerk小剧场，挤满了近200名观众，这座由老式堡垒改建的剧场座无虚席，台前地上、楼上站着的，全是老外。这里正上演一部"天书"似的话剧，名为"C'est du Chinois"，这是一句法国俗语，直译为"这听起来像中文"，意思是"我听不懂你在说什么"。

当天晚上，小剧场的大多数观众的确听不懂台上的五位华人演员在说什么，80分钟的话剧没有翻译、没有字幕，全是中文，讲述的也是与瑞士人全然无关的一段故事——上海的一家人移民海外后的家长里短。不过，就是这样"对牛弹琴"似的话剧表演，却在小剧场掀起阵阵高潮。

"演出开始时，演员用中文向观众说'你好！'，随后剧场里将近两百个老外也用中文回答'你好！'，把演员自己都吓了一跳。随后就是一阵快乐的笑声。"瑞士媒体记者宋婷当天在现场观看了这部话剧，对本报记者如此描绘。

这部"天书"般的话剧演员虽然全是华人，但导演却是一名不会中文的匈牙利人卡尔多尔。话剧主要围绕上海的一家人移民海外后发生的生活故事展开。

这个移民家庭成员包括婆婆、公公、大儿子、小儿子和大儿媳。在导演的安排下，在这出戏里，他们要向台下的老外密集灌输"中文"，在 80 分钟内，向他们描述一个中国移民家庭的故事，并用肢体表演教会现场观众约 60 个中文单词！

为了让观众更多的体会语言，卡尔多尔还刻意将舞台特效元素降到最少，促使观众将注意力集中在演员的表演及他们与观众的互动上。

2（　　）

"演出票价 20 瑞郎左右。"宋婷对本报记者介绍说。

"从开场到结束，从"你好！"开始，瑞士观众兴致盎然地重复着演员要求重复的中文词，并跟着剧情爆发出阵阵笑声。"宋婷说，现场比预想的好，观众很投入。

宋婷认为，这也许和观众的心理有关，他们来这里就是准备接受和尝试，而且这些观众都对中国文化很感兴趣。

对于五名旅欧华人而言，在欧洲推广中国文化，也是他们参演这部话剧的重要动机。扮演"婆婆"的陆汝成是荷兰鹿特丹的一名中文老师，她希望将汉语介绍给越来越多的外国人。所以，当卡尔多尔于两年前在荷兰**招募**（zhāomù）演员时，她立即报名参加，并和其他四名演员一起，在 120 多名应征者中脱颖而出。

实际上，不少瑞士观众也正是出于对中文的好奇才走入剧场。26 日当晚，女观众玛瑞尔对瑞士媒体记者说："我非常好奇，其实我早就想学汉语了。"而语言教师梵妮莎则说："我一定要来看这出戏，我从事语言教学，非常想知道如何教那些对这门语言一无所知的学生。"

玛瑞尔看完戏后说："我没有全懂，但大概意思我知道了，这是两个家庭的故事，婆婆不喜欢儿媳妇，因为她不工作；男人工作太多，爱喝酒，这种事发生在世界任何一个角落。"而只上过几节中文课的梵妮莎则说，她把剧情全部搞懂了，她非常开心，觉得自己的中文大有希望。

3（　　）

五名华人希望通过表演推广中国文化，但对导演卡尔多尔而言，制作这样一部自己也听不懂的话剧，还有更深的背景。

卡尔多尔出生于匈牙利布达佩斯，随后在美国、奥地利、荷兰等国旅居。她在匈牙利上了年纪的亲人，觉得匈牙利语是世界上最好的语言，所以当她带着自己的比利时丈夫回家时，家里人总是用匈牙利语大声、慢慢地和**女婿**（nǚxù）交流。她奶奶认为，只要慢一点，讲清楚，对方就一定能听懂。

而这种情况也经常发生在到欧洲探亲或旅游的中国老人身上，他们对侍者或售货员大声地讲着中国话，以为这样外国人就比较容易听懂。

卡尔多尔认为，尽管语言不通，但这也是一种交流，甚至是一种更乐观的交流。这名女导演就产生了将这种交流搬到舞台上的想法。

不过，在语种选择方面，卡尔多尔放弃了自己的母语，而选择了中文。她对瑞士媒体记者称，中文是一种未来的语言，会有越来越多的人对汉语感兴趣，所以在全球范围内也容易获得较大反响。

"西方世界对中国认识之微薄，相较于他们对中国的浓厚兴趣，落差是非常大的。"卡尔多尔说。

此外，她还认为，和匈牙利语相比，中文没有变格，在较短的时间内也比较容易掌握。

瑞士媒体报道，这部听不懂的中文剧受到了多个欧洲戏剧、文化节的欢迎，迄今已在荷兰、法国、比利时、瑞典、葡萄牙、西班牙和巴西上演过。记者发稿时，这部"天书"话剧正在荷兰巡演。

4（　　）

虽然演出的载体用了中文，但卡尔多尔想表达的并不止于这一文化本身，更有语言障碍背后，移民试图融入当地社会的辛酸。

有着多次移民经历的卡尔多尔说，她过去的大部分人生都处在一种与生活地语言不通的状态中。这种切身的疏离感，促使她创作出一系列探索沟通与身份认同的舞台剧。

在话剧中，剧中人多半处在孤独隔离的处境，作为外籍移民，在他们挣扎着向外伸出触角的同时，沟通渠道却总受到某种限制。

对卡尔多尔而言，主角的移民身份凸显了她想表达的东西对沟通的渴望。她说："现代生活迫使我们离开熟悉的环境，置身于陌生、孤单的新环境中。现代社会将自信、**擅长**（shàncháng）社交的人当做成功典范，但事实上没有人真正做得到这一点。我们或多或少都能感受到沟通的困难，感受到因人类情感复杂而带来的冲突。"

"移民初到异地，你必须表现自己，竭尽全力，但却又不能真实、完全地表达，这很痛苦。"

卡尔多尔说，尽管移民可以很轻松地表达"这是桌子""这是苹果"，但很多语言有着深厚的文化底蕴，或许移民注定要永远生活在表层中。

不过，《不识中文》的初步成功，似乎为渴望异文化沟通的卡尔多尔以及其他所有远离家乡的移民们探索到了一条融入当地社会的新路。

"我想要让观众体会到，在语言差异的背后，我们其实是非常类似的。剧中家庭存在的问题，我们其实都非常地熟悉。一旦跨越语言的藩篱，真正的沟通也随之开启。"

"如果对一门语言完全不懂，那么你就会有新的观察角度，而不会纠缠于语言的本身意义，或许，你会有新的发现。"卡尔多尔说。

（选自《新京报》，作者万嘉）

七、阅读理解（二）

● 下面这篇文章是作者给《像中国人一样思考》一书所作的序。书的作者是张海花与杰夫·贝克。张海花在中国成长，杰夫·贝克生活在澳洲，两人都熟识中西方交流之道。这本书向人们展示和澄清了许多因文化差异而引起的交往间的摩擦、碰撞，而它们的起源却只是一些不必要的误会。请你在看完这篇序以后判断一下文后的几个结论是否符合原文的意思。

我非常高兴能为这本出色的书做序，以表达对两位作者的敬意。我读过许多有关中国、中国人的思维方式和中国商务文化的书，可以毫不犹豫地说这一本是最好的。作者对中国和西方两种文化的深刻理解和对东西方差异的观察与洞见令人叹服。

我们不能片面地用自己的方式去看他人的文化。作为一个西方人，如果你认为中国人的思维方式不符合逻辑，甚至"没道理"，很可能是因为你错误地使用了自己的价值和逻辑。中国人的思维方式与我们一样合理，我们应该意识到不要再一厢情愿地用我们的模式套用在别人身上。

几年前有位朋友送给我一幅中国的毛笔字画，上边只有两个大字。她告诉我这两个字的意思是冲突或不同。直到海花给我解释了它们字面的含义时，我才知道其实它们是互补的——"矛"与"盾"是一位勇士缺一不可的两件武器。

我们西方人常常只看到冲突，而中国人则看到和谐。如果要去救一位溺水者，你不仅需要勇气，同时也需要谨慎。否则不但不能救别人，你自己也会被拖下水。如果要创新，你必须同时具备想象力和务实精神，两者缺一不可。你也许会争论说中国人不懂得真正的矛盾，同样的，中国人也可以说我们不懂得什么是阴阳。

这本书非常令人信服地阐释了中国人思维方式的几大元素，包括和谐、整体、关系和群体。而西方则认为与其对立的特质——冲突、部分、竞争和个体——才为西方世界带来了伟大的工业革命,两者不能共存。

我认为争论孰是孰非只是浪费时间。每一种文化都有其特定的历史背景,它的传承都有充足的理由。我们需要了解学习别人的文化,也需要从中汲取新的、所谓对立的元素与我们互补。中国要更尊重个体,美国要更尊重群体。"阴"需要"阳"才能和谐完整。

这是本书中阐述了东西方的两极对比,我选了以下一些放在一个表格中。

西方文化	东方文化
竞争	合作
把整体分成部分分析研究	把部分合成整体
字词	图像
左脑为主	右脑为主
普遍性	特殊性/例外

如果你把这个表对折,从镜子中看上去,左右两行的位置会互换——东方的就变成了西方的!我想说的是东西方的许多不同都是对应的——我们认为非常重要的原则可能在对方看来并不那么重要。其实这两行可以衔接起来,例如竞争会促进合作,合作进一步带来竞争,而竞争再促进合作。

世界经济发展初期,劳动力的分工至为重要,西方文化占了主导地位。而现在我们更需要的是劳动力的整合——使用中国式的价值观更为有效。在商业运作十分简单时,竞争决定一切。而在今天如此复杂的环境中,更需要精密的沟通、和谐与合作。创新需要的是把对立的统一起来。不同文化都对创新越来越重视,而中国的哲学思想将为人们更好更快地去创造提供重要的灵感。

作者在书中还提到了一个有关"形象性思维"(symbolic thinking)的重要概念。"symbol"(符号)这个词源于希腊语,原意是"把什么放在一起"。而汉字正是把形状和其他部分放在一起组成的符号。因此,汉字的书写和中国文化也许蕴涵着其他文化中缺乏的有关和谐共处的秘密。

书中还精彩地描述了中国当代经济飞速发展所采用的不同模式。在中国古代的汉唐全盛时期,有十多万外国人生活在丝绸之路的中国那一端。而今天的中国也是在对外敞开大门后再次开始腾飞。这并不意味着外国的文化比中国的好,而是因为合作需要竞争,整体需要部分,和谐因多元化而更精彩,规定因特例而得到改进,而群体需要个体成为它的一部分。

中国似乎比世界上任何一个国家都善于把外来的文化元素有机地吸收成为自己的一部分。中国人早已证明了他们可以很好地向西方学习。而西方则在这一点上落后太多！如果21世纪真的成为中国的世纪，这将是主要原因之一。中国将成为世界这个"交响乐团"的总指挥吗？我们拭目以待。

（选自经济参考网，作者查尔斯·汉普顿·特纳）

⦿ 读后判断正误：

1. 根据本文观点，我们可以认为有一些文化的思维方式是不合逻辑的。（   ）
2. 对中国人来说，矛盾不仅仅意味着冲突，也意味着互补与和谐。（   ）
3. 根据文中的表格，我们可以看出东方人偏向形象的思维方式，而西方人则偏向抽象。（   ）
4. 除了哲学思想以外，中国当代的经济发展模式也是与西方不同的。（   ）
5. 本文作者认为中国人更重视个体，美国人更重视群体。（   ）

八、阅读理解（三）

⦿ 文化差异不仅体现在不同国度的人之间，即使是同一个人，在两种不同的文化之间转换，也会有内心的冲突。对他们而言，也需要有一个文化适应的过程。

"文化休克"是指一个人进入不熟悉的文化环境时产生的迷失、排斥甚至恐惧的感觉。"重返本文化休克"的副作用可能比"文化休克"更为强烈。

"出过国不再是优势，在我身上反而是坏事。"因未处理好与上司的人际关系，刘思兵遭遇回国3个月后的第6次求职失败，而被淘汰的理由是"性格不合适"。无奈之下，刘思兵只好参加海归就业培训班，以求重新适应中国社会。

与刘思兵有着同样遭遇的海归不在少数，随着海归人数的增加，海归"重返本文化休克"症候群正在形成，海归与本土文化之间的脱节状态愈加（yùjiā）凸显。

"重返本文化休克"这个概念最初用于研究飘零海外多年的士兵回国时遇到的难题。现在，它的含义已发展为归国者重新适应祖国环境，重新融入母文化的艰难历程。当一个人在异国文化环境里生活时，经历的是"文化休克"，当他适应了异国文化再重返祖国时，往往表现出一系列对本国文化不适应的症状。

总体看来，"重返本文化休克"具有普遍性、潜伏性及危害性等特征。留学人员在国外时，会潜移默化地接受当地的风俗习惯。归国后，他们不可避免地产生身心上的不适应，再加上"重返本文化休克"存在一定的发展周期，归国初期，"回归""祖国"这样的字眼往往给人"熟悉""亲切"等心理暗示，处于"蜜月期"的海归对文化差异带来的冲击并不敏感。"蜜月期"一旦结束，文化差异带来的冲击和矛盾就会逐步显现。由于缺乏有效的心理准备，海归在经受"重返本文化休克"考验时，往往伴随着孤独、压抑、郁闷等情感，"重返本文化休克"的副作用可能比"文化休克"更为强烈。

　　产生"重返本文化休克"的原因不一而足。价值观念的冲突、生活习惯的改变、人际关系的疏离……都会引发海归双重思维间的激烈冲突，有些海归经受不住理想与现实的割裂，可能选择再次"背井离乡"。

　　相关研究表明，很多海归对回国后的适应问题缺乏心理和物质上的准备，与之相关的有效指导更显得捉襟见肘。帮助海归尽快实现"本土化"，个人与社会必须双管齐下，给予足够的推力与包容度。

　　一方面，海归个人应及时调整心态、明确角色，主动融入本土环境。海归培训班则是帮助他们再次融入本土文化的途径之一，通过教授人文社科领域的课程，不仅帮助他们了解国情，而且使他们的思维习惯与表达方式趋于"本土化"。

　　另一方面，针对海归面临的生活和家庭的一系列问题，相关政府部门应该进一步探索海归服务的新方式，为他们提供发挥才能的平台，让其体会成就感和归属感。此外，还要加强对海归心理层面的关注，帮助他们缓解和释放压力，驱走"重返本文化休克"的阴霾（yīnmái）。

（选自中新网，作者张林）

● 读后回答问题或完成任务：

1. 什么是"重返本文化休克"？你遇到过这样的情况吗？如果有，请描述一下。
2. 你认为本文所说的"海归"是指在海外生活了多长时间的中国人？
3. 你能具体说明文中说的"重返本文化休克"的普遍性、潜伏性和危害性吗？
4. 导致"重返本文化休克"的原因有哪些？
5. 你认为"海归培训班"这样的课程对解决"重返文化休克"问题有作用吗？你会不会去参加这样的课程？

单元复习一

一 选择合适的动词填空

> 产生　讲究　遭遇　认可　履行　遵守　退化　接纳　沉迷　计较

1. 作为父母，要承担一定的社会责任，需要_____抚养、教育孩子的义务。
2. 生活中的代沟，其实可以不必_____，正所谓青菜萝卜，各有所爱。
3. 在家庭生活中，家长要学会_____对方的态度和意见。
4. 嘴巴不张了，与人面对面交流的技巧也会_____。
5. 人类的起源本来就是裸体的，只不过随着进化，人才有了道德约束，_____了羞耻之心。
6. 无论多么平凡，每个人心底都希望体现自己的价值，被他人_____。
7. 事实上，越是_____于虚拟社交的人，越是在现实中感到压抑的人。
8. 十多年前我第一次去英国，就_____了"失礼"和尴尬。
9. 英国人也和中国人一样以谦虚为美德，也都_____一定的客套。
10. 英国人的交际礼仪在欧洲是有代表性的：恪守礼节，但率真务实；追求个性，但_____公德。

二 选择合适的熟语填空

> 甜言蜜语　精疲力竭　不一而足　海市蜃楼　大相径庭
> 不可或缺　因势利导　闷葫芦　繁文缛节　无拘无束

1. 对待子女我们应学会在接纳、容忍的基础上_____。
2. "同住养老"是我国传统的家庭养老模式，然而，两代人（或三代人）同住一屋，免不了要面对难以调适的代际关系，弄得彼此_____。
3. 新婚夫妻的言语和动作难免有些亲密，两个人的世界_____，一个眼神、一个

暗示都是一种难以言传的甜蜜。

4. 在网上无话不谈，见面后却不知道说些什么；难得的同学聚会，却个个成了"＿＿＿＿"；跟领导汇报工作，远没有写一份意见书来得轻松。

5. 网络似乎把人与人的关系拉得更近了，但那其实只是＿＿＿＿的幻境。

6. 人们发布到网络的信息往往经过过滤和修饰，愉悦的文字可能隐含着泪水，抱怨的话语背后可能是洋洋得意，而＿＿＿＿下很可能隐藏着骗局。

7. 手机也越来越成为人们生活中＿＿＿＿的一部分。

8. 英国人的谦虚与客套，包括商务活动和日常生活中的很多交际礼仪，与我们国内的观念和传统礼貌，是＿＿＿＿、差异多多的。

9. 在英国最简便、最随意、最常见的应酬方式，莫过于约两三个友人到酒吧小酌了。不用事先约定，没有＿＿＿＿，不讲衣着服饰，不定谈话内容，常常是一杯威士忌落肚之后，大家就云天雾地，开怀畅谈了。

10. 产生"重返本文化休克"的原因＿＿＿＿。

三 选择合适的连接词语填空

恰恰相反　归纳起来　换言之　再说
或者　不然　否则　总之　从而　而

1. 进入青春期的青少年因依附性减弱，独立性增强，＿＿＿＿使亲子两代人在对待事物的认识上产生一定的距离。

2. 形成代沟的原因有很多，＿＿＿＿，主要分为生理、心理、社会发展、角色差异等原因。

3. 心理上，处于青春期的青少年，自我意识日益增强，有独立思考的要求，他们易冲动、易受他人影响，渴望独立、渴望得到成人和社会的承认；＿＿＿＿，成年人心理上已经完全成熟，个性也趋向稳定，对子女寄托的希望不断升值，他们习惯用自己的生活方式和思维方式去要求子女。

4. 两代之间不能伤感情，＿＿＿＿，不但无法沟通，而且会加深隔阂。

5. 我和男友的妈妈一直有矛盾，在一起住她会挑三拣四，我受不了。＿＿＿＿，老人和年轻人的作息规律也不一样，一起住难免会有影响，一定会有很多冲突。两代人之间总是有代沟的，我和我妈妈之间都有，更不要说是与婆婆了。

单元复习一

6. 这两位研究者举出了两点理由来支持他们的结论：人们和年龄相当的同事关系更好；年龄参差不齐，则会导致"违反职业生涯时间表规范的现象"。_____，当年轻一辈得到提拔，职位高于年长者时，年长者会感到不爽；而年轻一辈则会因为年长者占据某个职位，阻挡了他们的升迁而不爽。

7. 现实生活中很多人都有这样的经历，子女入托入学、大学生求职就业，甚至到医院看病等等，有了熟人不仅可以把事情办好、办快，有时还能减免一些费用。_____，在这个社会中，好像没有关系就寸步难行。

8. 同样是谦虚，英国人的自谦首先是自信，然后对他人的欣赏和夸赞表示感谢；_____我们国人则常用贬低自己的方式表示自谦。

9. 英国客户一般不轻易宴请来访者，如果要为你设宴，那就说明他对会谈表示满意，_____是愿意与你进一步交往。

10. 如果要去救一位溺水者，你不仅需要勇气，同时也需要谨慎。_____不但不能救别人，你自己也会被拖下水。

四 解释下列句中带点的词语

1. 由于态度不同及意见分歧，因此出现了一条心理鸿沟，致使青少年认为父母不了解他们，有事宁可与同学商谈，而不愿向家长诉说。

    鸿沟：

2. 父母的世界观和人生观可能与孩子的想法相去甚远。

    相去甚远：

3. 他们对子女有很高的期望值，希望孩子听话、有出息。而少年则处于被教育、被保护的地位，他们的要求很容易被忽视，尤其是父母的溺爱常常被他们看成枷锁。

    枷锁：

4. 有的老人家爱清静，跟年轻人住反而觉得吵，也看不惯他们的前卫作派。

    前卫作派：

5. 从刚开始浏览门户网站，"足不出户就能知晓天下事"，到后来冲进论坛或社区灌水，"大家一起来畅所欲言"，再到博客横空出世，"秀出我精彩"，然后到现在全民微博，"随时随地分享身边的新鲜事"。

灌水：   秀：

微博：

6. 网络达人在现实中遭遇尴尬，出现社交障碍，是宅男宅女越来越多的一个重要原因。

宅男宅女：

7. 在别人不知道的情况下，观察别人的一举一动，一言一行，从中获得快感和刺激，网络上经常"潜水"的人恐怕就有这种心态。

潜水：

8. "裸露"不单是指身体的暴露，也包括把最秘密的东西公开出来。网络上所谓的晒工资、晒年终奖、晒隐私，还有晒富，其实或多或少都存在这种心态。

晒：

9. 有些人每天乐此不疲地刷微博，上Q，"抢沙发"，看各种各样的资讯，似乎不第一时间了解网络上的新鲜事，就变成了"奥特曼"（outman）。

抢沙发：   奥特曼：

10. 卸下在网络上的"马甲"，在现实中做一个真实的自己。

马甲：

五 请从前面学习过的语篇中选择材料，做一个口头表达，题目：

交际不比想象的更容易

六 说话练习

1. 如果你老了，你会选择在家养老还是去敬老院养老？你的理由是什么？

2. 如果接下来有一个星期不能上网，请你安排一下这个星期的计划。同学之间交流一下你们的计划。

3. 说一说在中国看到或遇到的与你的国家不同的文化习俗。

七 写作练习

你的学弟学妹们马上要来中国了，请以"注意文化和交际的差异"为题，给他们写一个适应中国交际模式和文化习俗的建议书。

体育娱乐篇

话题导图

体育娱乐

电影	体育	电视娱乐节目
导演	选手	达人秀
演员	金牌	相亲
制作	冠军	观众
拍摄	奥运会	演出
发行	世界杯	小品
动画片	乒乓球	杂技
功夫片	田径	魔术
片酬	设施	字幕
票房	场馆	连续剧
剧情	体质	收视率
……	……	……

第四课 电 影

> 话题解读

  1896年8月11日，上海徐园内的又一村放映"西洋影戏"，是中国第一次的电影放映。1905年，北京丰泰照相馆创办人任景丰拍摄了由谭鑫培主演的《定军山》片断，这是中国人自己摄制的第一部影片。改革开放后，中国电影事业获得大发展。1977年电影生产开始复苏，1980～1984年平均年产量达120部左右，每年观众人次平均在250亿左右，中国电影进入一个蓬勃发展的新时期。2010年，中国电影年产量高达500余部，全年总票房超过100亿人民币。

  中国六代电影导演大盘点：

  第一代　他们是中国民族电影的拓荒者，主要活动在20世纪二三十年代。他们的成就主要表现为无声默片，代表人物有张石川、郑正秋、但杜宇、杨小仲、邵醉翁等。

  第二代　他们是第一代导演的学生辈，主要活动在三四十年代的有声电影时代。他们善于表现较为深刻的社会问题，表达自己对社会的深思，创造了三四十年代中国电影的新成就。代表人物有程步高、沈西苓（líng）、蔡楚生、史东山、费穆（mù）、孙瑜等。

  第三代　他们与第二代导演是师生关系，主要成就在五六十年代，代表了新中国电影的发展方向，他们的电影有着极强的政治性，表现对新中国的态度。代表人物有成荫、谢铁骊（lí）、水华、崔嵬（wéi）、凌子风、谢晋、王炎等。

第四代　他们大多数毕业于"文革"之前的北京电影学院，但是他们的电影生涯是从"文革"之后开始的，他们是正宗的科班出身，他们的电影有极强的政治性和散文诗化的特点。代表人物有：谢飞、郑洞天、张暖忻（xīn）、黄蜀芹、吴贻（yí）弓、吴天明、黄健中、滕文骥（jì）等。

第五代　他们是1982年北京电影学院毕业的本科生。他们的电影事业虽没有受到"文革"的影响，但是经历过"文革"对他们的电影产生了很深的影响。他们运用新的电影语言来表达自己与社会的关系以及对国家、民族命运的探索。代表人物有陈凯歌、张艺谋、吴子牛、田壮壮、黄建新等。

第六代　一般指生于20世纪60年代后期至70年代中后期，在80年代末至90年代进入北京电影学院、中央戏剧学院等高等院校，接受过正规影视教育的青年导演，其中还有一部分热爱电影的自由职业者。代表导演包括张元、王小帅、娄烨（yè）、路学长、司马瑞东、贾樟柯、王一持、李欣、宁浩等。

课前讨论

- 调查一下同班同学看过哪些中国电影，把这些电影名字整理出来，并列表。
- 根据整理出来的电影名字，给每个中国电影打一个分（10分制）。（计算平均分，没看过的人数不计）
- 请你写出五个你认为是最好的电影的名字（不限国家），并评分。

4 电影

课文

新华社西宁9月2日电（记者马勇 顾玲）"在过去不到十年时间里，中国电影的发展，我觉得成绩还是要看到的。2010年，国产电影票房突破100亿元，这是中国电影产业化的阶段性收获。这背后，是国产电影制作、发行等整体水平的提升。"中国电影家协会常务副主席康健民说。

收获

曾几何时，中国电影创作的好坏以及票房收益的高低，与电影创作者没有多大关系。

"以张艺谋的《英雄》为开端，中国电影开始产业化之路，""并在较短的时间里取得不俗的成绩。"康健民说。

国家广电总局电影局的数据对此提供了支持。相关统计显示，2010年，国产故事影片526部。同年，有95部动画片、纪录片、科教片和特种影片诞生。

经过产业化培育，截止到2010年底，全国城市电影院银幕保有量已有6220余块，其中，IMAX银幕和3D银幕快速增长，拥有15个以上放映厅的超级影院甚至出现在二、三线城市。2010年，国产电影实现综合效益157.21亿元。

中国电影艺术研究中心副主任饶曙光认为，中国电影走上产业化之路，其制片主体、投资方式、发行体制均按照社会主义市场经济的基本原则和要求，实行根本性改革，同时其产业整体形态和美学风格发生了巨大变化。

以2010年超百亿票房和年产影片超500部为标志，具有中国特色的现代电影产业体系已初步建立。

困惑

然而，现实的另一面却不得不让中国电影人深思——2010年生产的526部国产故事片中，只有100多部进入观众视野；国产电影95%以上票房，由北京、上海、广州，以及直辖市、省会城市和深圳、青岛、大连等沿海城市创造；350个拥有百万人口的中等城市以及县级市基本上没有多厅影院。

与此同时，2010年岁末上映的中国电影大片中再次出现了"三个葛优、两个范冰冰、两个黄晓明、两个刘德华"的"演员被过度消费"的现象；有的电影创作者脱离社会现实，非理性放大个人偏执感受，以消极虚无的态度架构主题，颠覆主流审美观……

有专家认为，中国电影走上产业化之路，电影成为热钱涌入的"热土"，投资多元化和民营电影制作机构的诞生、成长，无疑为中国电影注入了新活力。可是，急功近利的电影制作动机产生了盲目跟风，在《卧虎藏龙》和《叶问》系列的跟风中，迷失的不仅有大量普通电影人，也包括一些曾经为中国电影赢得荣光的导演。

更有甚者，有煤老板或房地产商为了力捧自己中意的演员，不惜斥资上亿元去拍一部"量身订做"、不遵守电影创作基本规律的影片。如此**乖张**（guāizhāng）之举，不仅"**恶搞**（ègǎo）"了中国电影，也伤害了中国电影观众。

方　向

"中国电影总体制作水平起伏不定，有的甚至在退步。业外资金把投资秩序搞乱了且造成很多笑话。高成本投资大部分是片酬，真正能用于制作的却很少。时下人们愿意用一个概念——'线上线下'，线下部分是电影制作部分，线上部分是片酬。对于业外投资，应当持有保留的接纳态度，中国电影制作需要**甄选**（zhēnxuǎn）合作伙伴。"北京新影联院线有限公司副总经理高军说。

许多电影人认为，给中国电影一个宽松和谐的创作氛围，建立一个规范有序的电影市场运作机制，是中国电影实现由量到质产业升级需解决的两个关键。

北京大学艺术学院李道新教授认为，在基于国情的基础上，政府有关部门需参考借鉴美国、欧洲以及日、韩管理电影的经验，提升自身管理、引导电影发展的能力，进而**赋予**（fùyǔ）电影人更宽松的创作环境和氛围。同时，需要建立体现责任感的电影生产和消费体系，政界、业界、学界和媒体应当互相沟通创造一个平台，通过形成有机的引导、评价和约束机制来推动中国电影的发展。

要解决中国电影发展面临的问题，重要的是要解决人的问题。"目前，中国的艺术教育仅仅是技能化的，还普遍存在着思想上的缺失。"北京电影学院电影学系博士生导师陈晓云教授说，"高层次电影专业人才的**匮乏**（kuìfá），已经严重制约了中国电影的创作和产业的发展进度。"

北京电影学院科技信息化处处长、博士生导师姚国强说，"据不完全统计，国内已有600余所院校开设了与影视类相关的专业或课程，这极大地促进了影视教育的发展势头。但是，基于我国国情和人口基数，电影专业人才的培养亟待加强，这需要政策的大力扶持。其中，加大对青年电影人才和剧作的扶持，应当成为电影人才培养计划的重点。"

康健民认为，尽管中国电影产业还存在不少问题，但毕竟走出了被边缘化的困境，通过产业化取得了电影事业发展的阶段性成效。去年，国务院办公厅下发了关于促进电影产业繁荣发展的指导意见，是一个既宏观又具体的推进措施。同时，中国电影的立法工作也在进行中，这些都将是中国电影产业寻求由量到质**嬗变**（shànbiàn）的产业升级"推手"。

4 电影

体育娱乐篇

▼ 练习 ▼

一、给本文选择一个最合适的标题

  A. 中国电影飞速发展

  B. 中国电影产业的转型

  C. 中国电影产业存在的问题

二、回答下列问题

  1. 从张艺谋的电影《英雄》开始，中国电影发生了什么样的重要变化？

  2. 本文从几方面谈论了中国电影现存的问题？请用最简单的语句总结一下。

  3. 本文倒数第二和第三这两个自然段主要谈论的是什么问题？

三、选择正确答案

  1. 中国电影有几种类型？ （　　）

   A. 两种　　　B. 三种　　　C. 四种　　　D. 五种

  2. 2010年，中国拍摄完成的电影与正式公映的电影的比例大概是多少？（　　）

   A. 2 : 1　　　B. 3 : 1　　　C. 4 : 1　　　D. 5 : 1

  3. 文中提到了"三个葛优、两个范冰冰、两个黄晓明、两个刘德华"的"演员被过度消费"现象。产生这一现象的原因最可能是： （　　）

   A. 因为这些演员的片酬成本较低

   B. 因为这些演员会带来较好的票房收入

   C. 因为中国演员的数量太少

   D. 因为这些演员跟导演关系好

  4. 以下哪一项不是电影产业化以后所带来的结果？ （　　）

   A. 演员的片酬增加了　　　B. 电影制作水平得到了很快的提高

   C. 投资多元化了　　　D. 民营电影制作机构出现了

  5. 下面哪一项在本文谈论中国电影的发展方向时没有被提及？ （　　）

   A. 减少演员的片酬　　　B. 更规范的市场运作机制

   C. 加强人才的培养　　　D. 更宽松的创作环境

四、理解下列句子或语段，选择正确答案

1. "曾几何时，中国电影创作的好坏以及票房收益的高低，与电影创作者没有多大关系。"下面的解释哪一个与这个句子的原意不符？　　（　）
   A. 这个句子说的是中国电影以前的管理制度
   B. 这个句子的意思是说，中国电影的产业化是最近几年的事
   C. 这个句子的意思是说，以前中国电影的质量比现在好
   D. 这个句子的意思是说，中国电影的经济利益一度和电影人没有关系

2. "急功近利的电影制作动机产生了盲目跟风，在《卧虎藏龙》和《叶问》系列的跟风中，迷失的不仅有大量普通电影人，也包括一些曾经为中国电影赢得荣光的导演。"下面哪一项符合这段话的意思？　　（　）
   A. 电影人跟着电影的时尚走　　B. 电影人跟着高水平的演员走
   C. 电影人跟着国家的政策走　　D. 电影人跟着电影的票房走

3. "中国电影走上产业化之路，电影成为热钱涌入的'热土'，投资多元化和民营电影制作机构的诞生、成长，无疑为中国电影注入了新活力。"这段话主要告诉我们：
   　　　　　　　　　　　　　　　　　　　　　　　　　　　　　　（　）
   A. 中国电影产业化的具体过程　　B. 中国电影产业化后的经营体制变化
   C. 中国电影产业化后的投资情况　　D. 中国电影产业化后产生的新问题

4. "在基于国情的基础上，政府有关部门需参考借鉴美国、欧洲以及日、韩管理电影的经验，提升自身管理、引导电影发展的能力，进而赋予电影人更宽松的创作环境和氛围。"这段话的主要意思是：　　（　）
   A. 提出了政府在电影发展过程中的努力方向
   B. 提出了借鉴国外电影管理经验的重要性
   C. 提出了电影管理能力的重要性
   D. 提出了宽松创作环境的重要性

5. "去年，国务院办公厅下发了关于促进电影产业繁荣发展的指导意见，是一个既宏观又具体的推进措施。同时，中国电影的立法工作也在进行中，这些都将是中国电影产业寻求由量到质嬗变的产业升级'推手'。"这段话的主要意思是：（　）
   A. 中国的国务院非常重视电影产业的发展
   B. 中国电影的立法工作正在进行中
   C. 中国电影已经走上法制化道路
   D. 中国政府正在加强电影产业的规范和立法

4 电 影

五、给下列句子排序，组成语段

1. A. 2010年，国产电影票房突破100亿元
   B. 这背后，是国产电影制作、发行等整体水平的提升
   C. 在过去不到十年时间里，中国电影的发展，我觉得成绩还是要看到的
   D. 这是中国电影产业化的阶段性收获

2. A. 如此乖张之举，不仅"恶搞"了中国电影
   B. 不惜斥资上亿元去拍一部"量身订做"、不遵守电影创作基本规律的影片
   C. 也伤害了中国电影观众
   D. 有煤老板或房地产商为了力捧自己中意的演员

3. A. 真正能用于制作的却很少
   B. 高成本投资大部分是片酬
   C. 线上部分是片酬
   D. 线下部分是电影制作部分
   E. 时下人们愿意用一个概念——"线上线下"

4. A. 随着中国经济的发展，这些中国电影人已不满足于用代表传统文化的功夫反映中国
   B. 而是希望反映人们的内心世界和中国当今的社会问题
   C. 尽管功夫电影在海外有一定市场
   D. 寻求创新的中国电影人却不热衷于拍摄此类影片

5. A. 李安导演的《卧虎藏龙》在2001年获得包括奥斯卡最佳外语片奖在内的四项大奖
   B. 功夫片已经成为中国电影的"名片"
   C. 某种程度上反映了功夫片在北美电影市场的地位
   D. 不少中国功夫片成功吸引了众多西方观众

六、阅读理解（一）

● 下面分别是文章的大标题和小标题：
   A. 中国故事和美国故事：讲法差在哪儿？
   B. 京京和阿宝：两只熊猫差在哪儿？

C. 中国市场和美国市场：产业链差在哪儿？

D. 不差熊猫不差钱 我们差什么？

请你在阅读后把以上标题填在合适的数字旁边。

0 ( )

"中国同行讲不出阿宝的故事，主要因为缺乏想象力，我们可不敢给熊猫找个鸭子当爸爸。"

"如何表达一个有趣的故事是中国动画目前最需要向好莱坞学习的。"

"中国目前资金和市场都客观存在，做不好就是自己能力不足。问题是，纯粹的资本是不是真正进入到好项目。"

作为今年最**强悍**（qiánghàn）的电影，《功夫熊猫2》以及神龙大侠阿宝亮相后，马上**斩获**（zhǎnhuò）了好几个桂冠，包括今年第一部4亿元电影、今年第一部在第三周还有过亿收入的电影、内地市场的最卖座好莱坞续集电影等。创下如此多的纪录，《功夫熊猫》引发的争论也是前所未有地热烈，中国有熊猫、有故事、有市场、有资金，为什么却一次次让这些元素变成"他山之石"，被别人拿去"攻玉"？差距到底在哪里？在热议的背后，我们发现，中国动画曾经因为创造出自己的民族特色，有过一段辉煌期，回顾那段历史，或许可以为一些问题找到答案。

1 ( )

"走过草地青青，跨过流水淙淙，世上真情处处，友谊花儿红红……"这是1996年，由中央电视台青少中心制作的动画片《熊猫京京》的片尾曲，也是"80后"回忆童年时的主力曲目。《熊猫京京》讲述了熊猫京京在野猪贝贝的帮助下，逃离竹林，寻找新的熊猫乐园，同时一路遭到疯狂的马尼亚博士捕杀的故事。

《功夫熊猫2》的热映，令人们想起了这只"国产熊猫"。《熊猫京京》的诞生确实意义重大，既是国内各界协作的结果，也是中美艺术家共同努力的结晶，并按商业渠道首次打入国际市场，在世界29个国家放映。那时候，国产动画处境似乎不是那么糟，猴子皮皮、**蝈蝈**（guōguo）人、疯狂博士、葫芦娃、黑猫警长，在国内都极受欢迎。

但是，现在被人们讨论的国产动画越来越少，网友Diaos **唏嘘**（xīxū），"回头看十几年的动画，才发现中国动画业一代不如一代。"更有一位名为肖霄的观众犀利地**诘问**（jiéwèn）："不要功夫熊猫，难道要熊猫京京吗？"他说，"少年熊猫京京，为了寻找新的乐园，毅然踏上旅途，一路上被骗无数次，每次都靠贵人相助，方能脱险。如此疲软的角色，谁会去模仿？"

"京京最多只能勾起同情，而阿宝却在唤醒自身的潜力。这是好莱坞文化，也是美国精神，依靠个人努力来创造和保卫家园。"这是肖霄的观点，也代表了喜欢《功夫熊猫》一方的观点，持这种看法的不在少数。但与此同时，反对的声音也不小，他们认为熊猫阿宝"盗窃了中国的国宝和功夫，编织着美式励志故事，虎视眈眈的还是中国人的钱包"，认为"下一代的头脑被美国快餐麻痹（mábì）"。

抛开这些争议不说，熊猫京京和熊猫阿宝的差别在哪儿？国家一级编剧、曾经制作过《神雕侠侣》的马中骏说："中国同行讲不出阿宝的故事，主要因为缺乏想象力，我们可不敢给熊猫找个鸭子当爸爸。"但《功夫熊猫》不仅敢在第一部里想出来，还紧紧抓住观众在看完第一部后的最大疑问"熊猫的爸爸为什么会是一只鸭子"，将第二部的故事一路铺展开。

2 (　　)

"讲述好故事不是好莱坞独擅，而是戏剧的普遍规律。几分钟一个大高潮，几分钟一个小高潮，《武林外传》当时也是这么做的。"《武林外传》策划、北京联盟影业总裁郝亚宁说，"功夫熊猫的故事确实说得好，不管是不是用中国元素包装下的美国主旋律来收买中国观众，或是本土观众'墙外香'的心态，观众买账，咱就得探究下它到底有怎样的魔力。以前我们的动画不说人话，光喊口号，反感是正常的。"

"寓教于乐"，是"乐"先行，还是"教"打头？这对于国产动画片来说，曾经是十分纠结（jiūjié）的选择。北京电影学院动画学院院长孙立军不赞成过于强调说教，也不赞成完全强调娱乐性。"扔掉教育意义不是不可以，但是你会发现作品空了，笑过去就完了。我担心中国目前走入一个误区，都认为'哪来那么多内涵啊？先笑起来再说'，过于追求粗放式。"孙立军说。他始终认为动画电影的艺术性和画面美感十分重要，笃信（dǔxìn）文化内涵决定作品张力。

"《喜羊羊与灰太狼》最成功的地方，就是它拥有一个放之四海而皆准的开放式故事结构——'狼永远抓不到羊'，其中产生的滑稽（huájī）是观众们永远期待的，而以前的国产动画是没有期待的。"上海文广新闻传媒集团影视剧中心副主任王磊说，"如何表达一个有趣的故事是中国动画目前最需要向好莱坞学习的。"

3 (　　)

《功夫熊猫2》这种完整的产业链运作被票房和观众反馈验证。武汉大学国际软件学院副教授翁子扬将《功夫熊猫2》形容为"产业链出产的一件华丽的商品，一件精心加工的华丽快餐，一次对成功的复制和好莱坞拍续集赚钱的戏法"。那么，国产动画产业链为什么连这样一件华丽的商品都做不出来呢？

"中国目前资金和市场都客观存在，做不好就是自己能力不足。问题是，纯粹的资本是不是真正进入到好的项目，好的项目有没有好的团队参与，而这一切是否有办法良性运转。观众宁可不看电影，也不会去选某些<u>粗制滥造</u>的原创，这才是产业没有后续原动力的根本。"<u>翁子扬</u>说。

<u>北京中少动漫公司总企划马先生</u>也认为，要打造全产业链，内容为王，但"现在的作者写不出好剧本、好故事"。他指出，目前，国产动画占的市场份额也很大，问题是一没精品，二不成大气候，非常分散。"如果形成不了大的产业气候，就很危险了。观众，包括一些影评人的口味都会被市场培养或影响，如果国产的出不了精品，大家长期<u>浸淫</u>（jìnyín）在好莱坞大片，或是日本动漫中，自然以此为标杆。例如之前的《里约大冒险》，从画面到剧情不算惊艳，但同期没有国产高品质电影竞争，这部分市场份额就自动让人了。"

<u>猖獗</u>（chāngjué）的盗版也<u>阻滞</u>（zǔzhì）产业链的顺畅运行。<u>郝亚宁</u>认为，版权管理的不规范打消了国产动画的积极性，"美国有那样的环境，5年让你安安静静编好一部剧，成本收回。国内有时电影刚刚上映，盗版就满地都是，费了半天劲，有时电影还没公映，就给盗了。"《武林外传(动画版)》经由日本ADK公司引入，打入日本动漫市场，这是中国原创动漫首次进入亚洲的主流发行渠道。"在盗版猖狂的情况下，动画版卖了2.2亿元，如果不是盗版，3亿元都没问题。"郝亚宁说。

制作团队的浮躁或许也是一个因素。《功夫熊猫》导演约翰·斯蒂文森曾透露，《功夫熊猫》故事的创意到成形，总共花了13年，其中动画电影的项目从启动到上映，花了4年。相比之下，国产动画却因为急于收回投资成本，把原来需要花三四年才能做出来的动画，一年内就拿出推广。"在浮躁的社会做动漫，一定要静下心来，我希望我的学生，不要热衷于<u>雕虫小技</u>，不要被迷惑。"孙立军说。

（选自《人民日报·海外版》，作者吴杨、郑娜）

七、阅读理解（二）

<u>新华网多伦多9月18日电（报道员胡彦鹏 尤晓航）</u>在18日落幕的第36届多伦多国际电影节上，参加电影节的中国电影受到主办方关注。

今年参加多伦多国际电影节展映的中国电影题材广泛，涉及历史、情感和中国社会变迁等话题，虽然其中不少影片都在国内取得了票房佳绩，但整体而言，中国电影

受关注的程度还是无法与好莱坞电影相提并论。

中国电影如何能对更多的外国观众产生吸引力？如何让更多的中国电影"走出去"？多伦多电影节主办方的负责人和一些中外知名电影人对此发表了看法。

多伦多国际电影节共同主席卡梅伦·贝利从上世纪80年代开始关注中国电影。他在接受新华社报道员采访时说，把中国的电影明星介绍给北美观众，是推广中国电影的一个有效方式。"我认为（中国电影）明星在西方知名度的提高，有利于中国电影的推广。我们已经看到巩俐和章子怡被北美观众接受，范冰冰、汤唯等明星也有能力在北美扩大影迷群体。"

借助明星打造电影知名度，是好莱坞片商常用的手法之一。在本届多伦多国际电影节上，好莱坞的布拉德·皮特、乔治·克鲁尼、裘德·洛等影星，甚至爱尔兰摇滚乐队U2乐队的主唱波诺（保罗·休森）和吉他手"刀刃"（戴维·埃文斯）都携带新片参加了电影节的红毯仪式，但参展的中国电影中，却鲜见演员来到多伦多。错过如此良机很是遗憾。

早期的中国电影演员中，北美观众最熟悉的莫过于成龙和李连杰等武打明星。作为中国文化的标志之一，功夫片已经成为中国电影的"名片"，不少中国功夫片成功吸引了众多西方观众。李安导演的《卧虎藏龙》在2001年获得包括奥斯卡最佳外语片奖在内的四项大奖，某种程度上反映了功夫片在北美电影市场的地位。

贝利认为，今天功夫片在北美仍然很流行。他说："我们的功夫片无法达到中国功夫片的效果，这是中国电影的专长所在。"

但是，尽管功夫电影在海外有一定市场，寻求创新的中国电影人却不热衷于拍摄此类影片。随着中国经济的发展，这些中国电影人已不满足于用代表传统文化的功夫反映中国，而是希望反映人们的内心世界和中国当今的社会问题。参加本届多伦多电影节的中国导演王小帅就是这样的一个代表，他认为，随着中国电影市场日趋商业化，武侠片在某种意义上已经**禁锢**（jìngù）了中国的电影创作。

王小帅说："中国有些导演被某些投资人认为能够赚钱的、能够有市场的方面会越来越狭窄，创作力永远上不去，永远没有后续，结果扔掉大量的其实有中国特色的东西。中国社会这么快的形态变化，人们那种落差、贫富的差距、人性的扭曲、在物质下亲情的缺失，这些东西没有去抓，没人去看，没人去关心，而这些东西如果拍好了恰恰是最容易获得共鸣的。这是我们现在最大的危机。"

王小帅承认，在相当一段时间内，功夫片仍是最能被海外观众接受的题材。"这一点香港做得比较好，所以中国内地的电影想要走出去，可能古装功夫片是必不可少的，其他方面还有待时日。"

携（xié）《Hello，树先生》到多伦多参展的中国导演韩杰也面临电影商业利益和自我创作之间的矛盾，而且他认为这已经影响到他创作的方向。他说："我还在两头选择。一方面，面对现实，你要不要给观众服务？要不要拍商业电影？另一方面，也在准备自己原创的东西，但现在还没有确定。"

值得关注的是，北美观众对中国电影的要求正在慢慢改变。电影节共同主席贝利比较了中国第五代导演和第六代导演的作品，指出中国电影正在经历一场变革。以冯小刚为例，他的电影规模很大，能在国际范围内被观众接受。

多伦多国际电影节艺术总监诺厄·考恩说，随着中国经济的高速发展，越来越多的北美观众开始对中国的现状产生兴趣，希望能观看反映中国当代社会的电影。他认为，人们对当今的中国越来越感兴趣，希望了解中国城市发生的故事和变化。人们在寻找一些能够反映中国现状的电影。

考恩鼓励中国电影人坚持自己的创作方向，通过电影作品表达自己的思想，不要被商业市场所左右。他说："我唯一能给中国导演的建议是保持自我，用艺术家的眼光制作电影，表达自己，这才是能够感动观众的电影。"

贝利还提到在去年的电影节上，观众对《南京！南京！》和《唐山大地震》两部电影反响热烈。他指出，两部影片在多伦多电影节的成功，证明北美观众对中国电影兴趣的转移。"我们播放陆川的《南京！南京！》时，很欣慰地发现，一些从未看过陆川电影的观众被南京大屠杀和那段亚洲的历史所**震撼**（zhènhàn），在电影院里流泪。"

贝利说："我去年看了冯小刚的《唐山大地震》，非常感动。冯小刚讲故事和追溯历史的能力给我留下深刻印象。电影里还有很多特效镜头。整部电影也很**温馨**（wēnxīn）。我认为这类电影能够打开北美电影市场，希望能够看到更多类似的电影在北美播放。"

虽然受到贝利的赞扬，但在中国票房高达6亿多元人民币的《唐山大地震》在美国仅收获相当于60多万元人民币的票房。另外的一些中国电影在海外也面临着叫好不叫座的境地。中国电影海外票房惨淡的背后显示了中国与西方对电影认同感的差异。

贝利提醒说，北美电影业如今改变了很多，海外电影很难像以前那样在这个地区有足够的空间。"我们唯一能做的，是确保让高质量的海外电影在北美播放，同观众进行情感的沟通。"

对于中国电影人，不仅要面对商业电影和个人创作之间的选择，同时还要去了解西方电影市场的风格。因此,中国电影"走出去"是一个长期而复杂的过程。在第68届威尼斯电影节凭借《人山人海》夺得最佳导演"银狮奖"的蔡尚君在谈到未来中国电影的发展之路时,一再强调"自信"是关键。

蔡尚君说:"无论是参加海外电影节,还是在电影节上获奖,这仅仅是中国电影'走出去'的第一步。国家的富强不仅仅是靠经济实力的提高,作为中国文化的一种载体,中国电影在海外的推广十分重要。中国电影人应有足够的自信,把中国电影带入良性的发展道路。"

◉ 读后填空完成相关的信息检索:

1. 在本届多伦多国际电影节上,好莱坞的很多明星都出席了红毯仪式,这其实也是好莱坞片商的常用手法,就是借助明星_____。
2. 作为中国文化的标志之一,_____已经成为中国电影的"名片"。
3. 有些中国电影人已不满足于用代表传统文化的功夫反映中国,而是希望反映人们的内心世界和中国当今的社会问题,中国导演_____就是一个代表。
4. 多伦多国际电影节艺术总监诺厄·考恩说,随着中国经济的高速发展,越来越多的北美观众开始对中国的_____产生兴趣,希望能观看反映中国_____的电影。考恩鼓励中国电影人坚持自己的创作方向,通过电影作品表达自己的思想,不要被_____所左右。
5. 在中国票房高达6亿多元人民币的《唐山大地震》在美国仅收获相当于_____元人民币的票房。另外的一些中国电影在海外也面临着_____的境地。

八、阅读理解(三)

近年来很少看印度电影,可能是因为多年前国内引进的印度片几乎都是千篇一律的爱恨情仇再加大坨(tuó)大坨的歌舞表演。在我的记忆里,当年的国产电影是"戏不够,武打凑",而印度电影则是"戏不够,歌舞凑",所以,这可能也是我对印度电影不感兴趣的原因之一。

之所以找到这部《三个白痴》来看,是因为已经有好几个博友都向我推荐了这部产自宝莱坞的影片。而当我将这张DVD放入碟仓后,很快就被其跌宕起伏却又不乏风趣幽默的剧情所吸引,竟然全然不觉这是一部时长将近三个小时的电影。

这部根据印度作家奇坦·巴哈特的畅销小说《五点人》改编而成的电影,采用倒叙和插叙的电影语言，将现在、过去两条叙事线索交替进行，描写两个好朋友一起结伴而行去寻找另一个失散已久的大学时期的好兄弟的故事。穿插讲述他们的大学时代，经历了从困惑，到叛逆，再到自我解放的认知过程。通过这些情节，本片探讨了印度当代的教育制度、学生压力、贫富差距、医疗状况以及壁垒（bìlěi）森严的等级观念等一系列的社会问题。而衔接（xiánjiē）全片的则是毫不矫揉造作的亲情、友情、爱情、成长、人生观、价值观、理想及困惑……故事虽然并不复杂，情节却剥茧抽丝。

　　这部电影之所以用《三个白痴》来作为片名，无外乎是因为三个好朋友用嬉笑怒骂的行为来对抗填鸭式教育制度的谬况（miùkuàng）。他们顶撞高高在上的老师，质疑传统的教学模式，对成绩只重视过程而不看中结果。这种不按常理出牌的出格行为用墨守成规的眼光来看，无异于"白痴"！

　　当好孩子，上好大学，找好工作，娶好老婆，从而达成理想的人生目标，这种相同的应试教育制度，对于中国观众来讲，应该是感同身受的。但中国观众却不可能在国产电影中，体验到哪怕一丁点儿对这种教育制度的揭露、嘲讽（cháofěng）和抨击（pēngjī）。所以，即便本片充满了异域色彩，但在思想内涵上，带给我们的却是同样的震撼和冲击！我想，这也是我们之所以能和这部印度电影达成共鸣的主要原因。

　　值得一提的是片中主人公兰乔的扮演者阿米尔·汗。作为宝莱坞最著名的男星，阿米尔·汗是印度"国宝级"人物，其经历颇具传奇色彩。8岁的时候，阿米尔·汗便在伯父拍摄的电影中崭露头角，并一举成名；作为网球选手，他曾经获得过印度马哈拉施特拉邦的单打冠军；面对家庭的反对，这个哥儿们曾在21岁生日当天选择和邻家女孩芮娜私奔，并喜结连理；由他制片并主演的《印度往事》荣获2002年奥斯卡金像奖最佳外语片提名；而2009年，由其担任制片的电影《贫民窟的百万富翁》在第81届奥斯卡金像奖斩获包括最佳影片、最佳导演奖在内的8个奖项；作为火炬手，阿米尔·汗还参加了在新德里举行的北京奥运会境外火炬传递仪式。在拍摄本片时，阿米尔·汗已年近44岁，却把一个聪明、顽皮、有独到见解又心地善良的20岁大学生兰乔演绎（yǎnyì）得活力四射、惊为天人。

　　有人认为兰乔在毕业之后便消失的情节显得过于突兀（tūwù），但我却认为这恰恰是本片的点睛之笔。试想，一个富人家的小佣人，从小爱读书，这个富人约定让小佣人用自己儿子的名字"兰乔"考上大学，富人出钱，条件是冒名顶替拿到毕业证书后，小佣人就得消失。这样的情节无论从主人公的个性还是道义上来讲，都显得很符合逻辑。并且，这同时也为影片开场另外两个朋友和那个自以为是的"屁王"为了十年前的赌约而驾车前去寻找兰乔提供了非常合理的解释。

4 电影

虽然在本片中，我们依然会看到大多宝莱坞电影的特点——比如剧情中间穿插了大段的歌舞、一些只可意会的印度特色幽默、个别角色仍存在稍显生硬的脸谱化表演，但这些却都不足以抹杀这部影片的出色和精彩。

本片不同于其他印度电影的地方在于，它带给你的不仅是对青春的感动和回忆，更多的是带给你启迪和引导，让你明白在面对迷茫的时候应该如何应对，在面对人生的时候应该持有什么样的态度。

（选自《北京青年报》）

● **读后判断正误：**

1. 《三个白痴》这部印度电影的主题是关于印度当代社会的。　　　　（　　）
2. 这部电影对印度当代的教育制度有一些揭露、嘲讽和抨击。　　　　（　　）
3. 电影的名字叫《三个白痴》是因为电影的三个主角学习不好。　　　（　　）
4. 在这部电影中，一号男主角是一位20岁的演员演的。　　　　　　（　　）
5. 印度电影的共同特征是剧情中间常常穿插大段的歌舞。　　　　　　（　　）

第五课 体 育

> **话题解读**

　　1949年新中国成立以来，中国体育事业全面发展，竞技体育取得历史性跨越。旧中国的竞技体育水平低，三次参加奥运会，没有任何项目进入决赛。建国以后尤其是改革开放后，中国的竞技体育连续取得历史性突破。1984年，新中国首次参加在洛杉矶举办的夏季奥运会，实现了中国奥运史上金牌"零"的突破；2008年，北京成功举办了第29届夏季奥运会，中国代表团取得了51枚金牌、100枚奖牌的优异成绩。

　　中国7～70岁人群中经常参加体育锻炼的人口占37%，各级各类社会体育指导员达43万余人。根据第五次全国体育场地普查的结果，中国共有各类体育场地85万个，平均每万人拥有体育场地6.58个，人均体育场地面积为1.03平方米。从全民健康的角度出发，国家多次号召要广泛开展群众性体育活动，增强民众的身体健康。

> **课前讨论**

- 了解一下同班同学的运动爱好和平时的运动情况。
- 了解一下每个同学的所在国大概多少人口可以拥有一个室外足球场、一个室内篮球馆和一个50米的标准游泳池，并介绍一下使用费用。
- 谈论一下哪些健身项目不需要场地，可以随时、方便地进行。

竞技体育光环背后的全民健身

2010年11月27日，北京，一个寒冷的周末，张先生一如往常把10岁的儿子送去什刹海体校上课。在这所有着冠军血统的学校里，接受训练的孩子年龄最小的只有6岁，他们的目标是奥运冠军。

与此同时，历时半月的广州亚运会于27日晚落下帷幕。

主场作战的中国军团在16天的征战中，交出了199枚金牌、415枚奖牌的金灿灿（jīncàncàn）的战绩。一切都在意料之中，从1982年新德里亚运会开始一直到2010年的广州亚运会，28年间中国代表团已经连续八次成为亚运会金牌榜第一。

早在2008年北京奥运会，中国的金牌数就首次超越美国成为世界第一，以金牌总数而言，中国的体育大国地位早已被世界认可。

然而，关于体育大国的争论从未停止，另一种声音开始出现。

11月14日，新华社记者杨明的一篇言论一鸣惊人，这篇题为《"一骑绝尘"引发的思考》的文章，将中国在亚运会首日狂扫19金的一骑绝尘视为对"体育强国"的反讽。

杨明认为，中国参加体育运动的人口只有28%，人均体育设施在世界上排百名开外。在亚洲，中国的体育人口和体育设施人均比排不进前10名，就在中国竞技体育取得辉煌成就的这20年中，中国人的体质却有所下降。

他建议，我国从下届亚运开始淡化金牌，从大学或体协中选拔真正的业余选手参赛，这可实现真正的公平参赛。

杨明的言论引发了论战，也引发了共鸣，在诟病（gòubìng）"唯金牌论"的同时，更多的人试图呼唤体育精神的回归，回到"发展体育运动，增强人民体质"的本质上。在各方观点中，中国亚运代表团副团长殷宝林对杨明的观点进行了激烈的反驳，他认为，竞技体育争金牌没有错，竞技体育争金牌和发展群众体育两者并不矛盾。

雨后春笋

2008年北京奥运犹如一夜春风，无论是体育场馆建设，还是全民健身事业的发展，都得到了实惠。

在北京奥运会后，不到半年，国家批

准设立了"全民健身日"。国家体育总局群体司副司长续川在接受媒体采访时表示:"全民健身日的设立既是对北京奥运会的纪念,更体现出中国政府在北京奥运会后对全民健身工作的重视程度显著提升。"

《全民健身条例》也由研讨最终进入国家立法程序,成为中国第一部关于全民健身的专门法规,并于2009年10月1日起正式施行。

这一切,**彰显**(zhāngxiǎn)我国政府在发展群众体育事业方面的信心和决心。

两年之后,广州亚运会的成功举办,再次被看做国家软实力提升的一个有力佐证。

另一方面,建造大型体育场馆的热潮也在各地方兴未艾。

继北京奥运会后,2009年济南承办第十一届全运会,2010年广州主办第十六届亚运会,2011年深圳将承办第二十六届世界大学生运动会,将有数百亿元资金用于场馆建设。投资体育馆建设已不仅是一个经济学话题。

根据2006年第五次全国体育场地普查数据,全国平均每万人拥有体育场地6.58个,人均体育场地面积为1.03平方米,统计结果同时显示,这一数据比上年分别增长31.6%和58.46%。

这一数据在美国、日本等国,为平均每万人拥有200余个体育场地。

金牌总量和体育馆总量的提升并没有为全民体育素质的提升提供必要的支撑,一些人不无忧虑地指出,我们是竞技体育的金牌大国,也是国民肥胖率、心血管疾病发病率、国民亚健康率在世界上高居前列的国家。

一块 短板

如何将竞技体育的成果转化为全民受益,这是一个中国式深刻命题。

中国奥委会名誉主席何振梁指出,奥林匹克运动决不是要培养"竞赛机器",而是通过体育这一载体,通过尊重规则,培养真正有高度公民意识的社会成员。

事实上,新华社分别在2007年城运会、2009年全运会等大型运动会上对中国体育所存在的问题进行了反思,并发表了一系列言论,这些言论和杨明的言论一脉相承。

为大众接受的普遍观点是,当前中国体育应当顺势转型,将更多的投入和关注转移到有利于推动全民健身战略发展实施、有利于提高国民整体素质的运动项目上来,而不是投入甚多,仅为金牌的体育精英化思路,从而让人民群众真正享受到中国体育事业发展的成果。

国务院法制办相关人士曾在《全民健身条例》出台之际公开呼吁,与奖牌数量形成鲜明对比的是,我国对群众体育重视程度不高,全民健身运动开展得不够普遍,亚健康群体不断扩大,青少年的身体素质近20年来持续下降。应加强相关立法,从制度建设入手,推动全民健身工作。

与此同时,在遍地春笋的场馆建设背后,也存在大量问题。场馆建成后由于使用率低、能耗过大而难以运营,制约了体育场馆的可持续发展。

有专家算过一笔账,为全国每5万人建一个规格普通、门类丰富的全民健身中心,需要600亿元。然而现实是,当各地都在依托体育盛会投入几十亿元、上百亿元兴建大型体育场馆时，小型、简单、实用、低造价的社区体育活动室仅以每年几十或几百间的速度建设；当地方政府把全民健身中心当做地标和政绩工程对待后，其最终结果是场馆运营成本对群众体育健身成本的转嫁。

"你可以到<u>五棵松篮球馆</u>里打球，但付得起那个费用吗？"市民常常这样无奈地<u>调侃</u>（tiáokǎn）。

一份 隐忧

从奥运到亚运，从北京到广州，及至<u>回溯</u>（huísù）过去的十几年间，我国的体育环境正在由内而外地发生着巨大变化，竞技体育的明星效应大幅显现，同时也在激发全民参与的热情。

<u>毋庸置疑</u>，随着体育事业社会关注度的空前提高，我国已进入全民体育发展的关键时期。

自1995年国务院颁布《全民健身计划纲要》以来，我国的全民体育事业已历经了15年发展。

在1997年、2001年进行的两次《中国群众体育现状调查》的基础上，自2008年1月，我国又启动了第三次全国群众体育现状调查。这一调查结果的出炉，将为全民健身计划实施效果的评判提供可靠依据。

在统计全民健身成果上，<u>国家体育总局</u>从未停止努力。

国家体育总局公布的《2007年中国城乡居民参加体育锻炼现状调查公报》显示，2007年全国有3.4亿城乡居民参加体育锻炼，其中我国"经常参加体育锻炼"的人数占人口总数的28.2%，这一数据与发达国家存在明显差异。

最近一次国民体质监测结果显示，我国国民体质存在如下四个主要特征和变化趋势：一是国民体质总体水平比2000年略有提高；二是成年男性肥胖率较高，并比2000年有所增长；三是20~69岁所有年龄段乡村人群体质水平比同年龄段的城镇人群要差；四是国民体质水平呈"东高西低"状态。

特色 背后

在北京，继奥运会之后，各种国际赛事还在持续举办，每一次国际赛事的成功举办，都是北京向国际体育中心城市迈进的一个步伐。

和北京一样，打特色体育品牌的城市越来越多。

在国外，许多小城市依托特色赛事成就城市品牌的<u>不乏其例</u>。例如英国的<u>温布尔登网球赛</u>、<u>奥地利滑雪胜地果斯布鲁克的寡多冬季角逐</u>，都因体育赛事的举办而大大提高其知名度。

2008年北京奥运会上，6个协办城市各自展现风采，<u>天津</u>、<u>秦皇岛</u>、<u>上海</u>和<u>沈阳</u>为奥运足球比赛分赛场，<u>青岛</u>承办帆船、帆板比赛项目，马术比赛则在<u>香港</u>进行。

北京、青岛等城市借力奥运的经验无疑为这一思路提供了标本作用，通过承办赛事"打造城市名片"的理念，已经从经济实力雄厚、体育娱乐产业较为发达的大城市，向更多中小城市普及。

普遍的观点认为，体育赛事为城市注

入活力,也为城市带来经济与社会等多重效益。

一个明显的特征是,近年来,部分经济发达地区为承办省运会在场馆设施方面的投入屡创新高。广东省佛山市为承办省运会投资数十亿元,新建了世纪莲体育中心和岭南明珠体育馆。江苏省南通市为承办省运会,投资10多亿元建设了国内第一个带有活动屋顶的体育中心。

新的 商机

与国家倡导全民健身政策相吻合的是,健身正在成为新的消费热点和生活时尚。健身房、大众健身器材、各种体育场馆日益增多。

据国家体育总局群体司司长盛志国介绍,截至2009年底,国家投入11.6亿元,地方投入40.85亿元,共建设完成了约17.71万个农民体育健身场地,已超过国家《"十一五"农民体育健身工程规划》规模。全国各地在"全民健身路径工程"建设中的资金投入达到30多亿元,建设"全民健身路径"30000多条。国家体育总局还投入体育彩票公益金近3亿元,命名资助建设了157个全民健身活动中心和41个全民健身户外活动基地;投入体育彩票公益金近5亿元,在长江三峡库区和老少边穷地区援建小型综合性健身馆318个。

然而,这些建设投入仍远远不足以满足全国人口的需求,体育产业的民营化已成为大势所趋。

民营健身场馆因此受益。在健身俱乐部市场占有一定份额的中体倍力俱乐部和青鸟健身俱乐部,几乎都是在2001年左右开业,契合(qìhé)了《全民健身计划纲要》的发展进程,这两家健身机构的负责人都表示,政策支持对企业发展意义重大。

与国家投资的体育场馆相比,民营和外资健身机构的日子似乎好过得多。10年间,北京、上海、广州等地在连续几年的高档健身馆扩张运动后,高端客户已经达到市场饱和。尽管如此,仍然有大量资金在瞄准这个市场并伺机进入,因为即使是在美国,面向高端客户的高档健身业规模也无法与面向普通人群的大众健身业相比。

开发这一市场,显然商机无限。

体育 经济

在经济产业结构中,将体育产业纳入第三产业的服务业范畴,称为"体育服务业",随之产生的"体育经济"被视为产业结构的新支点,拉动经济增长的新引擎(yǐnqíng)。

在我国,体育经济已经显现勃勃生机,正在发展为庞大的新兴产业。

增强体质、向运动要寿命,已成为越来越多的人的共识。游泳、篮球、乒乓球等传统运动高温不退,网球、棒球、高尔夫球等新近流行的时尚运动也受到越来越多的追捧。

在广州工作的小李每到节假日就约上一些好友去健身,从健身房到户外,从瑜伽到高尔夫,他们的活动内容无所不包,这个圈子里的人从18岁到50岁都有,每当小李试图游说新的朋友加入这个圈子时,他总是这样说:"健身是一种态度,也是一种生活方式。"

上世纪初,毛泽东以"二十八画生"

的笔名**撰写**（zhuànxiě）的《体育之研究》一文中写到，"野蛮其体魄，文明其精神"，"故夫体育非他，养乎吾生，乐乎吾心而已"。九十余年过去，毛泽东对中国体育的深思言犹在耳。

在最近的一次会议上，国家体育总局群体司司长盛志国提出了贯彻落实《全民健身条例》的几点建议：一是进一步深化全民健身对经济社会发展服务作用的认识，努力推进公共体育服务均等化建设；二是以将全民健身事业纳入政府总体规划为重点，推动体育工作纳入政府全局工作通盘考虑；三是各地应因地制宜制订《全民健身实施计划》，科学统筹规划今后五年的群众体育工作；四是进一步加大投入和支持，继续紧抓"场地、组织、活动"三个群众体育的主要工作环节，健全贴近群众身边的全民健身服务体系。

全民健身已不再是一个行政命题，亦是一项惠及民生的国民要义。

（选自《民生周刊》，作者陈晓）

练 习

一、下面哪一项能概括说明本文的内容？

A. 全民健身是体育的要义，也是体育经济和体育产业的潜力所在

B. 既要重视竞技体育，也要重视全民健身

C. 奥林匹克运动不是要培养"竞赛机器"，而是要培养有高度公民意识的社会成员

二、回答下列问题

1. 中国体育代表团在亚运会上的成绩不错，可是一名新华社记者却表达了怎样的不同看法？
2. 北京奥运会对中国全民健身事业的积极影响主要体现在哪个方面？
3. 与奥运奖牌数量形成鲜明对比，中国国民体质存在什么问题？
4. 为什么越来越多的中国城市热心于举办体育赛事？
5. 根据本文观点，民营和外资的健身场馆受欢迎吗？为什么？

三、选择正确答案

1. 下面哪一项不属于杨明《"一骑绝尘"引发的思考》的观点？　　　　（　　）

   A. 中国以后应该从大学等机构选拔业余选手参加亚运会

   B. 中国已经通过奥运会确立了体育强国地位

C. 中国人的体质没有因为竞技体育的成绩而增强

D. 中国应该加强体育设施的建设

2. 杨明《"一骑绝尘"引发的思考》引出的持续讨论不包括以下哪个观点？　　（　　）

   A. 体育精神应该回归到"增强人民体质"的本质上

   B. 竞技体育与发展群众体育并不是矛盾和对立的

   C. 中国应该免费向老百姓开放所有国家建造的体育场馆

   D. 当前中国体育应当顺势转型，更多地投入和关注有利于提高国民身体素质的运动项目

3. 本文最为关注的话题是：　　（　　）

   A. 竞技体育的进步　　　　B. 体育场馆的建设

   C. 体育经济的发展　　　　D. 人民体质的增强

4. 下面哪一项属于中国政府实施全民健身政策的措施？　　（　　）

   A. 加强农村体育场馆建设

   B. 推进网球、棒球、高尔夫球等时尚运动

   C. 鼓励外资投入中国体育产业

   D. 举办高水平的体育赛事

5. 下面哪一项在本文中没有提到？　　（　　）

   A. 国家倡导全民健身

   B. 健身正在成为新的消费热点和生活时尚

   C. 体育教育事业发展迅速

   D. 民营和外资健身机构得到了发展

四、理解下列句子或语段，选择正确答案

1. "杨明的言论引发了论战，也引发了共鸣，在诟病'唯金牌论'的同时，更多的人试图呼唤体育精神的回归，回到'发展体育运动，增强人民体质'的本质上。"这段话的主要意思是：　　（　　）

   A. 有些人反对杨明的观点　　　B. 有些人赞成杨明的观点

   C. 更多的人关注体育精神　　　D. 体育精神与增强人民体质有关

2. "金牌总量和体育馆总量的提升并没有为全民体育素质的提升提供必要的支撑。"这句话是说金牌总量和体育馆总量的提升：　　（　　）

A. 应该为全民体育素质的提升提供必要的支撑
B. 事实上没有为全民体育素质的提升提供必要的支撑
C. 与全民体育素质的提升应当没有很大的关系
D. 与全民体育素质的提升应当具有一定的联系

3. "中国奥委会名誉主席何振梁指出，奥林匹克运动决不是要培养'竞赛机器'，而是通过体育这一载体，通过尊重规则，培养真正有高度公民意识的社会成员。"这段话指的是： （   ）
   A. 奥林匹克运动的结果   B. 奥林匹克运动的出发点
   C. 奥林匹克运动的竞赛规则   D. 奥林匹克运动的影响

4. "与此同时，在遍地春笋的场馆建设背后，也存在大量问题。场馆建成后由于使用率低、能耗过大而难以运营，制约了体育场馆的可持续发展。"这段话说的是： （   ）
   A. 体育场馆的建设问题   B. 体育场馆的质量问题
   C. 体育场馆的规模问题   D. 体育场馆的运营问题

5. "与国家投资的体育场馆相比，民营和外资健身机构的日子似乎好过得多。"这句话与下面哪句话不符？ （   ）
   A. 其实民营和外资健身机构的经营并不比国家场馆好多少
   B. 民营和外资健身机构的经营情况比国家投资的体育场馆好得多
   C. 国家投资的体育场馆的经营情况困难
   D. 民营和外资健身机构的经营情况比较好

五、给下列句子排序，组成语段

1. A. 也引发了共鸣
   B. 回到"发展体育运动，增强人民体质"的本质上
   C. 杨明的言论引发了论战
   D. 在诟病"唯金牌论"的同时，更多的人试图呼唤体育精神的回归

2. A. 当前中国体育应当顺势转型
   B. 从而让人民群众真正享受到中国体育事业发展的成果
   C. 将更多的投入和关注转移到有利于推动全民健身战略发展实施、有利于提高国民整体素质的运动项目上来
   D. 而不是投入甚多，仅为金牌的体育精英化思路

3. A. 地方投入 40.85 亿元
   B. 已超过国家《"十一五"农民体育健身工程规划》规模
   C. 共建设完成了约 17.71 万个农民体育健身场地
   D. 截至 2009 年底，国家投入 11.6 亿元

4. A. 很大一部分来自民间赞助
   B. 是个没有任何官方色彩的民间组织
   C. 由于没有政府拨款，美国奥委会只能自筹资金
   D. 美国奥委会是美国体育的主要管理机构

5. A. 对于一个国家而言，体育政策的首要目的应是保证国民的体质健康
   B. 现在国际上衡量一个国家体育是否成功的标准早已不是奥运金牌的多少
   C. 而是其国民体质的健康程度
   D. 依此为准，美国体育学术界一致认为：美国三分之一的成年人和 16% 的儿童超重或肥胖，美国的体育国策是失败的

六、阅读理解（一）

● 下面分别是文章的大标题和小标题：
   A. 金牌现在还值钱吗？
   B. 我们需要什么样的金牌？
   C. 金牌就那么重要吗？
   D. 金牌是越多越好吗？

请你在阅读后把以上标题填在合适的数字旁边。

0 (　　)

谁也没有想到，中国军团在广州亚运会上的所向披靡竟然引发一场"口水战"。金牌榜上，第二至第八名的金牌数相加，只比雄踞榜首的中国代表团多 1 枚。如此巨大的领先优势，换来的不是"满堂彩"，反倒是针锋相对的争论："一骑绝尘"是该大力赞扬，还是该冷静思考呢？

金牌拿多了也有错吗？不少体育人对此感到委屈和不解。但如果透过表象就会发

现，这场争论的背后其实隐藏着一个更深刻的问题——公众对体育的期待正在转变，传统金牌观与金牌生产方式面临着前所未有的挑战。

我们到底需要什么样的金牌？怎样才能以更合理的方式获取更有含金量的金牌？本期《体坛圆桌》邀请体育业界和学界人士，共同探讨中国体育的金牌之惑。

1（　　）

编　辑：广州亚运会上，中国代表团以199金在金牌榜上一家独大，由此引发争议。从为夺不到金牌而苦恼，到为金牌太多而争论，为什么会出现这种现象？

公冶民：应该说引发的争议局限在业内人士之间，广大民众还是肯定成绩的。业内人士为什么不一致呢？打个比方，过去搞精英教育，大学生很少，国家投入大，社会对大学生普遍赞扬。现在则是大众化教育发展阶段，大学生多了，重点大学的学生可能还赞扬一下，"三本"学生就不看重了。竞技体育大众化发展阶段也同样会遇到这类问题，是发展的必然。

陈立基：金牌多却成了烦恼是好事，这说明国家进步了，体育尤其是竞技体育进步了，国人和社会的期待高了，对金牌的要求不仅在数量上，也在质量上，取得金牌的方式要上水平、上台阶。金牌引发的思考是好事，说明社会各界更关心体育事业。一个系统要有生机和活力，必然要与外部环境不断进行物质、能量和信息的交换。只有多听群众呼声，多看社会诉求，科学决策、合理干事，才能得到最大的支持，达到最好的效果。

易剑东：因为我们自1982年以来已经成为毫无悬念的亚运会金牌榜第一，人们失去了新鲜感，但我们在奥运会上的三大球和基础大项成绩始终不尽如人意；同时，我们的国民体质还很不理想，与一个金牌大国的地位不相称。人们不再为金牌狂喜，而为国民体质担忧。中国经济实力增强后，依靠金牌为国家争光和凝聚人心、振奋精神的社会心理已经逐渐淡漠。

熊晓正：从积极意义上讲，过去我们渴望金牌，是想证明中国人不是"东亚病夫"，今天还需要用"金牌"来证明吗？如果还沿着惯性思维去谋取金牌，显然不会提高大众对金牌的期望，只会造成"审美疲劳"。那么我们今天是否不再需要金牌了呢？倒也不是，争取金牌仍是体育服务于我国社会发展的一个途径。金牌的争论是现象，透露出的是竞技体育"金牌化"的问题。我们现在发展竞技体育的指导思想<u>亟须</u>（jíxū）调整。

2（　　）

编　辑：记得1995年的天津世乒赛，中国队包揽七金，当时可谓举国欢腾；可

如今,一提起乒乓球项目的"包揽",很多人的第一反应是担心"以后没人跟咱们玩了"。这种反差是否表明,竞技体育的金牌不值钱了呢?

公冶民:拿学历举例,现在家里出一个博士生,人们还是会激动、振奋;但如果是一般学校的本科生,也就不激动了。对于大众化程度最高的乒乓球项目,也是如此。

陈立基:反过来假设,如果乒乓球一块金牌也拿不到,大家会怎么看?竞技体育没人愿做败军之将,取胜是竞技体育的最重要特征。不过金牌只是个形式,许多东西比金牌更重要。从某种角度讲,金牌的意义在于国旗飘扬、国歌奏响,这是显示国家威仪、民族尊严的一种表达方式。同时,金牌的含金量又是不同的。我们不能永远满足于"灵、小、巧、轻"项目的金牌,重新思考和部署竞技体育发展战略才是根本。

易剑东:经济学上讲稀缺性决定价值,金牌拿多了当然要贬值。但金牌的价值可以转向,不再是民族自尊心和自信心的象征,而是综合国力、社会活力、文化魅力和民族素质的综合体现。从这个意义上说,金牌又没有贬值,但价值取向有所调整。

熊晓正:金牌值不值钱,是因人而异的。对公众来讲,获得金牌已经成为中国竞技体育的常态,对金牌的热情显然会消退。如果足球能争到一块金牌,我敢预言,那一定会举国狂欢。政府要降低对金牌的热情,把它视为一项常规性工作。只要体育工作总体呈向上趋势,对金牌数量的涨落不必过于"认真"。只有这样,才可能为我国竞技体育的结构调整创造良好环境。

3 (　　)

编　辑:有人说,我们拿了那么多金牌,但却丢了最重要的一块金牌——国民体质的金牌。据 2010 年一组报告显示,我国国民尤其是青少年的体质,连续 10 年下降,肥胖率、亚健康比率等均高居世界前列。如何看待竞技体育强盛而全民健身**疲软**(píruǎn)的矛盾?

公冶民:这是不同领域的问题,涉及一是金牌,二是国民体质,三是青少年体质。这是三个领域的体育,一般老百姓分不清,业内人士应该分清。体育分为学校体育、社会体育,社会体育又分为竞技体育、群众体育、全民健身。用金牌数量去评价其他领域的质量是否下降是不合适的。当前最大问题是学校体育下滑,介于群众体育与竞技体育之间的学校体育担负着增强国民体质和为国家队输送人才的双重任务,它的下滑导致多方面的疲软。

陈立基:国民健康是一个复杂、系统的问题,涉及经济发展水平、发展方式、工作生活条件等,不能归咎于竞技体育。国民健康与竞技体育并不矛盾,也不是此消彼长的问题。提高国民体质，不是体育部门一家能解决的问题，要靠国家、政府、社会、家庭等多方面的努力，更要靠每个人在日常生活中的努力。个人选择健康的生活方式，本身就是对社会的贡献，是一种有责任感的表现。体育部门要做的，是要引导和培养科学的健身理念和方法，引导建立群众身边的健身组织，规划和提供健身场地，组织开展适宜的体育活动。

易剑东：在一定条件下，将过多的人、财、物投向竞技体育，势必造成群众体育发展得到的支持有限。因此，中国无论在政策导向还是经费支持方面，已经到了适当增加对群众体育投入的时候。将资源无限地投入竞技体育用来增加金牌，只会导致国民体质的衰退。

熊晓正：不要将二者对立起来，二者有各自的任务与规律，用目前发展竞技体育的办法去发展群众体育，不会收到好的效果。我们要转变过去发展群众体育的方式，界定好政府、社会和个体各自的责任与义务。至于国民体质调查中提到的问题，并非我国独有的现象，而是一个世界性问题。体育在这方面有需要改善的地方，但不要将解决国民体质问题的"宝"全部压在体育上。

对话人

国家体育总局社会体育指导中心副主任　公冶民
广西壮族自治区体育局副局长、体育学博士后　陈立基
江西财经大学副校长、体育学者　易剑东
北京体育大学教授、博士生导师　熊晓正

（选自《人民日报》）

● 读后回答问题或完成任务：

1. 讨论：你认为竞技体育中含金量最高的金牌是什么？可以选择五个项目，并说明一下理由。
2. 在你的国家，政府在竞技体育方面的投入会不会影响全民健康的增强？政府会不会支持普通民众的体育运动？如果支持，请说明支持的方式。

七、阅读理解（二）

姚明的影响力有多大，看看7月20日那场盛大的发布会就知道了。有哪位运动员的退役仪式能被国家电视台连续直播5个小时？中国没有，似乎国际上也没有。

姚明的影响力为什么这么大？因为他从事的是一项有影响力、国际化的体育运动，如果他只是一名乒乓球运动员，即使拿了再多的金牌，恐怕也不会享受如此高的待遇。不仅如此，姚明还在这个领域作出了杰出的贡献，作为一个东方人，他在欧美人的**世袭**（shìxí）领地，在全世界最成熟、最商业化的职业体育联盟成为状元秀和全明星，这样的表现无疑是开创性的、前无古人的。此外，尤为重要的是，姚明还向世人展示了中国年轻人的崭新形象——谦虚、勤勉、敬业、富于爱心和幽默感。姚明是名优秀的篮球运动员，也是位成功的大使——在中美两国之间架起桥梁的文化大使。姚明干的是体育活儿，但他的影响远远超越了体育。

让人玩味的是，姚明职业生涯最好的成绩也不过是率领火箭队闯进季后赛第二轮，他在国家队的最好成绩也仅是连续两届奥运会获得第八名——不仅没有得到奥运会金牌，甚至连奖牌的边儿也没摸到。但，是姚明，而不是其他明星，成为中国体育最近10年的"名片"。

这说明什么？

说明中国体育正在悄悄转型，中国人的体育观正在发生改变。国人不再唯金牌是**瞻**（zhān），而更加看重体育明星们在最国际性的项目、最热门的职业体育比赛中的表现。很长一段时间，中国体育几乎只有一种尺度，就是奥运会金牌，一切都要服从奥运战略。现在，奥运金牌依然重要，奥运战略还要坚持，但体育的内涵在扩展。从昔日的姚明，到今天的李娜，他们都没有拿到奥运会奖牌，但却得到了从体育高层到普通球迷的一致赞扬和高度评价，**俨然**（yǎnrán）成为民族英雄。体育管理部门也尽量为他们走出国门，到最高水平的职业赛场一显身手创造各种便利条件。这从一个侧面反映了中国体育进一步与国际融合、得到世界承认的渴望，是中国从世界体育大国向世界体育强国迈进的强劲足音。

事实上，这些年来中国体育发生改变的不仅是金牌观。自2008年北京奥运会拿到创纪录的51枚金牌之后，中国体育界对于体育回归教育的反思、对于全民健身的重视，都给世人留下了深刻印象。越来越多的人意识到：体育的目的绝不仅仅是拿金牌。体育有许多功能，激励民族精神是一种，但并非唯一。体育还有强身健体的功能，更有愉悦身心、自我实现的功能。体育属于明星选手，也属于每个人。一句话，体育应该回归教育、回归大众、回归日常生活。

体育从来是社会的一面镜子。今天人们体育观的改变、中国体育的转型，实际上反映了我们这个更加开放、宽松和多元的社会的进步。姚明在退役发布会的致辞中，说的一句"感谢这个伟大、进步的时代"，其实大有深意。因为没有这个时代，姚明就没有机会去实现自己的梦想，开创自己的传奇。姚明是我们这个时代的幸运儿，我们这个时代也因为拥有姚明而变得更加精彩。

不是每一个人都能成为姚明，但千真万确，每个人都能享受到体育所带来的乐趣和成就感。如果姚明能够让更多的人尤其是青少年去关注体育、热爱体育并投身到体育运动中来，那我们就无需为什么时候才能出现下一个姚明而忧心忡忡。

（选自《工人日报》，作者刘颖余）

◉ 读后回答问题：

1. 为什么说如果姚明"只是一名乒乓球运动员，即使拿了再多的金牌，恐怕也不会享受如此高的待遇"？
2. 为什么本文作者会认为"姚明是名优秀的篮球运动员，也是位成功的大使"？
3. 为什么本文说姚明的出现"说明中国体育正在悄悄转型，中国人的体育观正在发生改变"？
4. 关于体育的功能，本文提到了哪几个？
5. 本文作者提到"体育从来是社会的一面镜子"，你同意吗？谈谈你的看法。

八、阅读理解（三）

慎（shèn）学美国"体教结合"

中国代表团在深圳大运会上取得空前成功，"体教结合"的论调听上去更加理直气壮。体育属于教育，"体教结合"本是天经地义的朴素真理，但在中国却变成了伪真理。

"让体育回归教育"的提法没错，但在中国这个回归的目的却颇值得商榷（shāngquè）。大谈特谈"体教结合"的目的何在？让那些四肢发达的运动员头脑也发达起来，在校园里培养高水平的运动员。

说来说去，还是没有跳离"精英体育"这个窠臼（kējiù），背后还是晃动（huàngdòng）着"唯金牌论"的影子。

其实，世界上那些体育发达国家除了美国外，没有一个把大学当做精英体育人才的培养基地。而那些高喊学习美国学校体育"体教结合"模式的人，恐怕多数都不了解美国的体育运行模式。

最近，一些美国学者在反思美国的体育模式，认为存在严重缺陷。世界上只有三个国家的政府不直接投资体育，即没有体育预算，美国是其中之一。美国奥委会是美国体育的主要管理机构，是个没有任何官方色彩的民间组织。由于没有政府**拨款**（bōkuǎn），美国奥委会只能自筹资金，很大一部分来自民间赞助。而赞助商不是慈善家，他们掏钱赞助美国运动员是有条件的，后者必须要用出色的成绩作为回报。因此，美国奥委会为了生存，也在大搞"唯金牌论"，大搞精英体育。这是美国竞技体育的 DNA。美国的高校体育也是如此，门槛很高，多数资金都花在那些体育特长生身上，并没有泽及众多莘莘学子。

正因为此，美国和我们中国一样也面临一个严重的社会问题：庞大的肥胖或超重人群——"唯金牌论"的副产品。

现在国际上衡量一个国家体育是否成功的标准早已不是奥运金牌的多少，而是其国民体质的健康程度。对于一个国家而言，体育政策的首要目的应是保证国民的体质健康。依此为准，美国体育学术界一致认为：美国三分之一的成年人和 16% 的儿童超重或肥胖，美国的体育国策是失败的。虽然他们夺得很多奥运金牌，虽然他们培养出很多身心健康的伟大运动员，但老百姓的身体健康被忽略了，大多数人的利益没有得到保证，这违背了公平民主的原则，因此是失败的。

我们应当慎学美国这种高校体教结合培养高水平运动员的模式。我们应当提倡体教结合，但目的绝对不是仅仅为了培养人格较为完善的高水平运动员，而是为众多体质**孱弱**（chánruò）的学生行使属于他们的体育健身权利创造条件。体教结合的服务对象不应局限于少数精英分子，而应面对广大的草根基层。

与那些需要提高文化素养的运动员相比，大批普通的孩子更需要体教结合。中国有限的体育资金更多应该花到这些孩子身上。大多数百姓的利益永远比少数精英的利益重要。这是维系一个社会健康、正常运行的基本原则。

通过高校培养有学识的金牌选手，这听上去很美，但却难于操作，很容易走上"唯金牌论"的歧途。美国虽然在这方面取得一些成就，但他们的体教结合模式并不值得我们学习。体教结合绝非解决中国专业体育模式深层次问题的终极办法。

（选自《中国体育报》，作者马邦杰）

● 读后回答问题：

1. 根据全文，"体教结合"是什么意思？
2. 根据本文，能不能得出这样的结论：中国和大部分其他国家一样，都依靠大学来培养体育精英？

5 体 育 体育娱乐篇

3. 根据本文的观点,可不可以说奥运金牌越多的国家,人们的身体健康情况就越好?为什么?

4. 本文作者认为中国有限的体育资金应该主要为谁服务?

5. 请谈谈你们国家的体育资金来源。你认为在你的国家最需要投入体育资金的是哪些方面或者哪些体育项目?请列举前三位的用途并说明理由。

第六课　电视娱乐节目

话题解读

　　电视娱乐节目由大众广泛参与，并以审美性、娱乐性、观赏性和趣味性为突出特点。电视娱乐节目可以体现为综艺晚会型、益智型、游戏型、真人秀型、表演秀型等多种节目样式。

　　中国电视在较长一段时间内在形式上过分严肃，显得娱乐不足，说教有余，因此，轻松活泼、自由参与的娱乐节目让广大观众耳目一新，从而引发一轮又一轮的收视高潮。中国电视娱乐节目发展到今天，经历了晚会时期、娱乐时期、竞猜时期、真人秀时期四个时期。

课前讨论

- 调查一下本班同学对综艺晚会型、益智型、游戏型、真人秀型、表演秀型电视娱乐节目的接受程度，通过投票的方式按喜欢的程度排序。
- 介绍一下自己在中国看电视的时间段、时长和喜欢的电视台。
- 谈谈中国的电视节目和你的国家电视节目的相同点和不同点。（可以写下来，让邻桌向大家汇报）

《中国达人秀》何以火了

东方卫视新近推出的平民选秀节目《中国达人秀》，不仅在上海本地收视率排名第一，还稳居全国26个城市同时段收视排名第二。这无异于在近期日渐"冷却"的选秀节目中燃起了一把"火"。

记者在网上随机调查了90位分布在全国各地的观众，其中76人看过，占84%；44人表示"好看"，占58%；16人觉得一般，占21%；表示"不好看"的有16位，占21%。而看过的人大多会这样说上一句：不一样，这个选秀节目不一样。

如何不一样？虽然只播过3期，要从一个未满月的婴儿身上预测未来，也许为时尚早。不过，它所呈现出的新气象，已经耐人寻味。

平凡创造奇迹

正当人们准备接受一些选秀节目的自然疲软时，《中国达人秀》一炮而红，似乎打破了某种平衡。首期节目就以平均8.0的收视率，成为上海地区收视冠军，在全国26个城市同时段收视率达到1.37，排名第二。差不多在同时期，另两档选秀节目，一档10进8直播全国收视率为0.83，一档

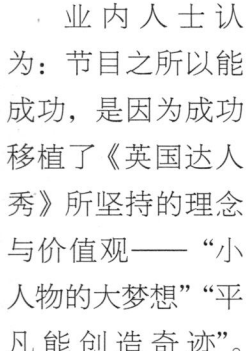

全国总决赛10进8的收视率仅0.09。毫无疑问，《中国达人秀》已经成为选秀节目的收视冠军。

业内人士认为：节目之所以能成功，是因为成功移植了《英国达人秀》所坚持的理念与价值观——"小人物的大梦想""平凡能创造奇迹"。

不同于观众已司空见惯的**偶像**（ǒuxiàng）型选秀节目，在《中国达人秀》的舞台上，观众看到了坚定"自己会幸福"信念的"袖珍女孩"朱洁，看到了为博得瘫痪多年的妻子一笑而"开屏"的"孔雀哥哥"，也看到了为给妻子圆梦而装"猪"的鸭脖子小贩周彦峰……可以说，《中国达人秀》以生动的面目成为小人物实现大梦想的真正舞台，也让选秀节目再度拥有了来自草根的真实力量。

而看似重新出发的选秀节目，只是回到了选秀节目最初的起点而已。

乍（zhà）听下来，《中国达人秀》跟任何一个标榜"草根梦想"的选秀节目并无二致。但事实上，在《中国达人秀》之前，国内选秀节目已经越来越多地成为造星机制的一环。与其说选秀舞台是展示自我的舞台，不如说是打造商业明星的预热。

选秀舞台也成了青春年少和高大俊美的偶像型平民的专属。在商业利益的推动下，原本是普通人的选手在舞台上被华服过度包装，在舞台下又靠各种炒作，甚至不惜以负面新闻求得快速成名。

对于《中国达人秀》，中国传媒大学文科科研处长胡智锋说："它的最大贡献是把真人秀年龄不断下移的观众群拉回到更具有普遍意义的主流观众群中，它满足了更大范围的社会需要。转型期的中国社会，普遍渴望成功，渴望幸福，渴望获得尊重和认可，渴望获得有尊严的生活。无论作为观众还是作为参与者，都能够在这儿释放他们的能量。"

它也并非尽善尽美。比如有人认为，节目存在过度放大选手背景故事的倾向，像选手躯体的残缺、家境的贫寒等；如果观众支持选手仅是出于一种对弱者的怜惜，而非欣赏与众不同的天赋，那岂不成了"感动中国"？相比之下，《英国达人秀》中的手机销售员保罗、47岁其貌不扬的苏珊大妈等，都平凡得不能再平凡，唯一不平凡的就是歌唱才艺。也难怪有人担心，一枝独秀的《中国达人秀》会否只有昙花一现的命运？

《中国达人秀》总导演金磊说过这样一段话："我们还在不断改进，希望每一集做得更好。我曾经收到一个观众发给节目的短信，他说，这个节目呼唤了当代人忽略的传统文化里面的价值观念。所有中国人内心都是向善、向美，真正传播到位了，用最质朴的方式把美的东西传播出去，老百姓就会认同。"

梦想引起共鸣

年龄最大的选手，是一位来自上海的94岁老人，因为迎接世博，刚刚学会了简单的英语。舞台上，她用英语演唱起了《雪绒花》，全场一片欢腾。来自深圳的农民工街舞团，平日里是普普通通的保安、收银员、快递员和建筑工，却依然坚持舞蹈梦想，最终在上海音乐厅表演了一段充满动感和力量的街舞。当失去双臂的刘伟用脚弹出流畅的钢琴曲时，全场起立鼓掌。

节目火了，节目中的人也成了观众热议的"民星"。然而，《中国达人秀》最打动观众的地方，正是那一个个平凡人的梦。对此，金磊有自己的看法："以往，我们觉得选秀要有一个标准，比唱歌，或者比跳舞，但是达人选秀恰恰不具备这个标准。正因为没有标准，反而抓住了选秀节目的一个实质。选秀节目有一个核心理念是共通的：一定是小人物大梦想，平凡人创奇迹。如果说偶像选秀是一群年轻人对一夜成名的渴望，那么达人秀要做到的，是让所有人都有一个狂欢的可能。无论50后、60后、70后，都可以在这里找到共鸣，表达自己的梦想。"

诚然，《中国达人秀》是不折不扣的"舶来品"——不仅节目版权购自英国选秀节目《英国达人秀》，且节目录制全程由《英国达人秀》团队负责"监督"。后者正是全球最知名的选秀节目的打造者。但显然，这并非简单的"拿来主义"——《中国达人秀》的"壳"取自西方电视节目的创意，"芯"却展示了本土化的中国梦。

为了寻找到更多更能让观众有共鸣的

"梦"，节目组透露，许多工作人员往返于全国各地，玩起了"潜伏"，为的是寻找到那些隐藏在民间的中国达人。此前选秀节目会用到类似"星探"，但这一次，和"造星"已经没有任何关系，工作人员更多成为了中国式"寻梦人"。

中国人民大学新闻学院副院长喻国明认为："讲中国梦，讲的就是中国人在实现自己理想过程当中，可能遇到某些精神、道理、生活，包括生理上的困境。实际上，是把生活呈现在这样一个类似于选秀节目的舞台当中，在才艺表演中，对接价值观、呈现文化内涵。可以说，这个节目的真正价值，在于提供了文化鉴别。各种各样东西掺杂（cānzá）在一起的时候，大家都呈现新生活方式的同时，要有一种鉴别力。"

在著名评论家、文化学者张颐武看来，"这个节目最大的成功，就是它守候了中国梦最基本的价值。30年来，人们通过自己的奋斗，改变自己的命运，同时改变国家和社会的命运。《中国达人秀》跟今天的社会价值需要紧密结合。通俗是广大人民群众喜闻乐见的好东西。《中国达人秀》的启发性在于，让节目有更多观众想看的同时，又能寻找到收视率和社会公共价值之间的平衡点。"

娱乐更需人文关怀

其貌不扬的自行车修理工姜仁瑞表演孔雀舞，动作僵硬（jiāngyìng）滑稽，背后的故事却令人动容：他为了逗笑多年瘫痪在床的妻子，熬夜发明了这个独特的孔雀开屏装置。笨拙的舞姿，显示出一个丈夫对妻子不离不弃的深情。"袖珍女孩"朱洁23岁，身高1米28，用甜美的童声演绎《萤火虫》，当她和男友这对幸福的小人儿紧紧相拥时，全场观众含泪鼓掌，为他们送上祝福。

达人秀，首先是一档娱乐节目。无论是选手各式各样的"秀"，还是百姓故事的"包装"表达，又或是评委幽默率真的点评，以及现场观众的舞台互动，都充满了娱乐的元素。

然而，与其他荧屏选秀相比，《中国达人秀》在体现娱乐精神的同时，更有着打动广大观众的人文关怀。有这样一个细节，很多选手不约而同地表示："能站到上海音乐厅的舞台上，我就已经很满足了。"有80年历史的上海音乐厅原先是国家乐团演奏地，如今通过《中国达人秀》走上这个舞台的人，有船头卖唱的船娘、街边修自行车的车工，甚至深圳的拾荒者。"这个节目对广大百姓的这种尊重感，表达了节目透露出来的关怀。什么样的娱乐才是真正的人文娱乐？这是我们一直思考的问题。"金磊说。

北京大学新闻与传播学院教授、博士生导师陆地认为，娱乐节目可以发挥社会功能，不一定非要靠揭丑、揭露隐私，靠恶搞吸引眼球，可以走大道，靠文化魅力、价值观魅力，不煽情、不揭丑，一样可以吸引眼球，震撼观众的心灵。从这一点上来说，《中国达人秀》最重要的是满足了社会精神价值观的积极元素：真、善、美、爱。就比如"善"，"第一是评委的与人为善，评委应该是通过电视，进行专业教育普及，通过点评告诉你差在哪儿，而不是讥笑、侮辱。第二是给善良的人提供舞台。第三是我们的节目要对社会产生正面的作用,这也是善的价值观体现。病妻在床,却不离不弃,甚至不惜到电视上来表演,就是为了让老婆高兴。这种需求多么善良,这种追求多么感动。这正满足了一种稀缺。"

<u>国家广电总局收听收看中心主任金文雄</u>特别提到,"<u>评委伊能静对一位选手说,你让我看到了达人中的达人,我觉得真正的达人就是用生命展示他的才华,而不是</u>一个什么秀。她很感动,她要让她的小孩看这个节目。"《中国达人秀》之前,"达人"系列节目已经走遍世界40多个国家,如今在中国有了更广阔的天地,迎来更多怀**揣**(chuāi)梦想的普通人。而重要的是,向每一个人提供一种梦想实现的可能,本身就是最大的人文关怀。

这也许是包括《中国达人秀》在内的所有选秀节目"何去何从"的方向。

(选自《解放日报》,作者李君娜等)

▼ 练习 ▼

一、下面哪一项可以概括说明本文内容?

A.《中国达人秀》之所以成功,在于有一套成熟的管理方式

B.《中国达人秀》之所以成功,在于吸引了更多的主流观众

C.《中国达人秀》之所以成功,在于展示了一个个中国梦

二、回答下列问题

1.《中国达人秀》与其他选秀节目相比有哪些不同之处?

2.《中国达人秀》从《英国达人秀》节目那儿引入了怎样的理念?

3.《中国达人秀》是怎么体现人文关怀的?

三、选择正确答案

1. 下面哪一项不符合《中国达人秀》的情况? (　　)

　A. 吸引了青少年观众群　　　B. 吸引了不同年龄的观众群

　C. 有很强的娱乐性　　　　　D. 向每一个人提供一种梦想实现的可能

2. 下面哪一点不符合"达人"的共同特点? (　　)

　A. 都是小人物　　　　　　　B. 都有大梦想

　C. 都有过人之处　　　　　　D. 都得到家人的支持

3. 根据《中国达人秀》总导演金磊的观点，选秀节目要抓住的实质是： （   ）
   A. 普通人也能创造奇迹　　　　B. 普通人渴望成功
   C. 年轻人渴望一夜成名　　　　D. 梦想因年龄不同而不同

4. 北京大学新闻与传播学院教授陆地的主要观点是： （   ）
   A. 娱乐节目具有发挥社会功能的能力
   B. 娱乐节目发挥其社会功能的方式有两种
   C. 娱乐节目有时发挥不了社会功能
   D. 娱乐节目采用积极的方式发挥其社会功能比较好

5. 根据本文，《中国达人秀》在什么方面需要改进？ （   ）
   A. 人文关怀不够　　　　　　　B. 娱乐性不够
   C. 背景故事过多　　　　　　　D. 评委水平不高

四、理解下列句子或语段，选择正确答案

1. "这无异于在近期日渐'冷却'的选秀节目中，燃起了一把'火'。"这句话的主要意思是： （   ）
   A. 最近选秀节目不太受欢迎　　B. 达人秀节目很受欢迎
   C. 达人秀是一档选秀节目　　　D. 选秀节目总是热一阵冷一阵的

2. "乍听下来，《中国达人秀》跟任何一个标榜'草根梦想'的选秀节目并无二致。"这句话的主要意思是： （   ）
   A.《中国达人秀》跟别的选秀节目完全一样
   B.《中国达人秀》跟别的选秀节目没有什么不同
   C.《中国达人秀》跟别的选秀节目是一致的
   D.《中国达人秀》跟别的选秀节目其实还是有区别的

3. "与其说选秀舞台是展示自我的舞台，不如说是打造商业明星的预热。"这句话的主要意思是： （   ）
   A. 选秀舞台为的是打造明星
   B. 选秀舞台为的是展示自我
   C. 选秀舞台既展示自我又打造明星
   D. 选秀舞台既不展示自我又不打造明星

4. "许多工作人员往返于全国各地，玩起了'潜伏'，为的是寻找到那些隐藏在民间的中国达人。"这句话说的是： （　　）
   A. 工作人员往返于全国各地的效果
   B. 工作人员往返于全国各地的原因
   C. 工作人员往返于全国各地的结果
   D. 工作人员往返于全国各地的目的

5. "达人秀，首先是一档娱乐节目。"这句话告诉我们"达人秀"节目最重要的目的是什么？ （　　）
   A. 展示自我　　　　　B. 人文关怀
   C. 使人愉快　　　　　D. 表现草根的梦想

五、给下列句子排序，组成语段

1. A. 舞台上，她用英语演唱起了《雪绒花》
   B. 因为迎接世博，刚刚学会了简单的英语
   C. 全场一片欢腾
   D. 年龄最大的选手，是一位来自上海的94岁老人

2. A. 但是达人选秀恰恰不具备这个标准
   B. 以往，我们觉得选秀要有一个标准，比唱歌，或者比跳舞
   C. 反而抓住了选秀节目的一个实质
   D. 正因为没有标准

3. A. 为他们送上祝福
   B. 用甜美的童声演绎《萤火虫》
   C. "袖珍女孩"朱洁23岁，身高1米28
   D. 当她和男友这对幸福的小人儿紧紧相拥时，全场观众含泪鼓掌

4. A. 而重要的是，向每一个人提供一种梦想实现的可能，本身就是最大的人文关怀
   B. 迎来更多怀揣梦想的普通人
   C. 如今在中国有了更广阔的天地
   D. 《中国达人秀》之前，"达人"系列节目已经走遍世界40多个国家

5. A. 目前已在全世界卖出十余个版本，包括由中国文广集团购买版权承制的《中国达人秀》

B.《英国达人秀》由被称为"选秀节目教父"的西蒙·考威尔创造

C. 随后转战英国并一举成名

D. 最早在美国播出《美国达人秀》取得成功

六、阅读理解（一）

● 下面分别是文章的大标题和小标题：

A. 平凡人的成功梦

B. 幻想与现实

C.《英国达人秀》中的主旋律

D. 社会规则的隐喻

请你在阅读后把以上标题填在合适的数字旁边。

0 (　　　)

全球选秀节目的样板之一《英国达人秀》于2011年播出了第五季。比起前作，这一季略显平淡，既没有出现像第一季的歌剧推销员保罗·波茨、第三季的梦想家苏珊大妈等那样红遍全球的平民偶像，也没有打造出像第二季的街舞少年乔治·桑普森、第四季的滑稽舞蹈组合"Twist & Pulse"等充满创意和才华的表演者。但是，本季的冠军扎伊·麦克道，一位来自苏格兰小镇的工人和业余歌剧演员，仍然体现了"小人物变身大明星"的节目特色。这个节目依然保证了自己的收视率排名位居前列，让制作人西蒙·考威尔和他的公司赚得盆满钵满。

任何收视率极高的电视节目，都必然符合大众心理的主流需求，《英国达人秀》也不例外。在这个节目中，随处可见英国式的"主旋律"——它并不是通常政治意义上的主旋律，却能够深刻展现英国的主流意识形态。

1 (　　　)

实际上，所有的选秀节目都隐藏着一个基本的大众心理需求：一夜成名的梦想。从古老的童话中可以发现众多此类心理的原型，灰姑娘即是其中一例。然而，选秀节目将它置于电视的现代舞台上和媒体聚光灯下，为它赋予了新的意义和样貌，但其基本的心理机制与"飞上枝头变凤凰"的古老心理并无二致。

在《英国达人秀》的节目里，通常每一位参赛者都会被问道："你为何会参加这个比赛？"回答自然是五花八门，但总归不过三种类型。

一种是"现实主义"类型。参赛者会直陈，希望借此改变自己和家人的生活。毕竟，这个节目为优胜者提供高达十万英镑的奖金，更何况还有随之而来的演出合约及光明的演艺前途。第二季的冠军乔治·桑普森是一个14岁的男孩，他从小父母离异，通过在街头跳舞赚钱来支付自己舞蹈课的费用。他曾经参加过2007年第一季的选秀但是铩羽而归。当他2008年回到这个节目中来的时候，坦承希望通过参加节目来改变生活。

另一种是"理想主义"类型。不管是否拥有稳定的生活和收入，不知能否在演艺道路上继续走下去，或明明有更紧迫的生活难题需要解决，但有些参赛者却将表演的梦想置于其他事务之前，一心希望在舞台上大放异彩。第三季的苏珊大妈大概是《英国达人秀》有史以来最成功的参赛者，这位47岁的乡村老妇，开口勇敢唱出《我曾有梦》，震惊全场，并名扬天下。这首歌的歌名几乎成为《英国达人秀》的宣传口号。

最后一种类型是"爱国主义"类型。这个节目为优胜者提供的奖励，除了十万英镑奖金之外，更有机会参演"皇家综艺秀"，在王室甚至是女王面前表演。因此很多参赛者讲述理由的时候会说：希望赢得为女王表演的机会。2011年第五季中，一位专程从法国赶来的街舞表演者也曾以此作为自己的参赛理由——这似乎不是"爱国主义"，而是"国际主义"了。

实际上，无论哪一种类型的回答，背后总归暗藏着对"成功"的期望。无论是用社会学理论的"提高社会经济地位"来分析，或是用心理学的"高峰体验"来解释，这种成功之梦是几乎每一个社会成员均体验过的。而《英国达人秀》等选秀节目则利用电视媒介来放大这种心理，成为此种类型节目成功的基础。

2（　　）

在众多选秀节目中，一个特定的节目想要成功脱颖而出，必须设计出合理而富有娱乐性的规则。《英国达人秀》由被称为"选秀节目教父"的西蒙·考威尔（Simon Cowell）创造，最早在美国播出《美国达人秀》取得成功，随后转战英国并一举成名，目前已在全世界卖出十余个版本，包括由中国文广集团购买版权承制的《中国达人秀》。这个节目的参加者来自各行各业，各具才能，无论是唱歌、跳舞，还是杂耍、喜剧表演，均有机会参赛并成为明星。在一个多月的比赛中，通过观众投票和三位评委投票相结合的方式，经海选、半决赛、决赛决出最后的胜者。其中，半决赛中观众投票最多的选手可以直接晋级决赛，而排名第二和第三的选手要由评委投票选择其一进入决赛，决赛中，将由观众投票决定冠军人选。节目的冠军最终可以获得十万英镑的奖励，并将在"皇家综艺秀"上表演节目，获得为王室成员和女王表演的机会。

6 电视娱乐节目

相比较其他选秀节目而言，《英国达人秀》的规则简洁而有效，没有过多的花样和**噱头**（xuétóu），却显得很公平公正。值得玩味的是，其实这个节目的规则，恰恰是社会规则的缩影。

首先，不分阶层、职业、种族、性别、年龄，不管是受过专业训练**抑或**（yìhuò）是纯粹的业余爱好者，也不管特长究竟是什么，这个节目没有任何门槛限制，这就提供了一种"任何人均可成功"的可能性；而这种成功，必须通过比赛和竞争才能获得。这种思路，正是在基本的自由主义理念的指引下形成的。远至亚当·斯密的市场竞争的古典自由主义理论和新大陆的"美国梦"，近至奥巴马作为黑人当选美国总统，选秀节目提供的成功模式不过是自由主义思想的众多表象之一。

其次，这个节目体现了西方现代社会对社会成功的定义。包括奖金、表演机会和一举成名的奖励，正体现了布迪厄所言经济资本、社会资本和文化资本的结合与互相转化。而归根结底，这种成功是一种个人化的成功。

最后，参赛者的成功分别来自评委和公众的许可，这折射了某种社会成功评定的机制。一方面，社会规则由专家、管理者和**舆论**（yúlùn）领袖制订，另一方面，它又来自于社会公共协商。两者互动，达成权威和**民粹**（míncuì）力量的合意。这也成为英国以及西方社会认可的基本机制。

3（　　）

但是在选秀节目中并没有呈现的是，社会个体究竟怎样才能获得成功。评委们会使用"天生才华""坚持梦想""努力进取"等词语来形容优秀的参赛者，这多少界定了成功的要素，但更多的社会进程则形同黑箱。更重要的是，在一个社会结构中，具体限制个体成功的资源分配机制更为重要，但选秀节目对此却语焉不详。因此，与其说选秀节目反映了真实的西方社会成功之路，不如说它提供了一种梦想实现的假象，多少抚慰了渴望改变命运的平凡社会成员，尤其是底层成员。

从某种意义来说，选秀节目的运作也正体现了西方大众文化中唱响的主旋律，它通过电视媒体的造梦，取得社会心理的普遍共鸣，在提供大众满足感的同时，也为自己赢得经济上的成功。

（选自《青年记者》，作者张磊）

七、阅读理解（二）

● 菜花甜妈是《中国达人秀》年度亚军，《送你葱》原唱者。她来自安徽农村，没受过专业训练，却拥有华丽的高音和爆发力，长相甜美，又是菜市场之"花"，故被网友称为"菜花甜妈"。

"那不是菜花甜妈吗？"昨天上午，一位穿着粉红色连衣裙，扎着两条麻花辫的大妈出现在蓝色港湾，一下子就被眼尖的市民认了出来。当然，菜花甜妈可不是来北京逛街的，而是来为达人秀助阵的。由北京电视台文艺中心和东方卫视联合主办的第三季《中国达人秀》北京招募站昨天正式启动，菜花甜妈用一首经典神曲《送你葱》震撼（zhènhàn）了现场围观的人群。

记者：您这身衣服是新买的吗？

菜花甜妈：不是。我很久没买衣服了，这双鞋子穿了好几个月了也没法换。前几天我路过商场想进去逛一逛，结果一下子就被认出来了，大家都抓着我拍照，根本买不了。记得有一次要去外地演出，我想在火车站附近的商店买件羊毛衫，一批营业员追着我一直追到进站口，我差点没赶上火车。

记者：现在成了名人，什么感受？

菜花甜妈：我发现自己真的被很多人认可，我也有"粉丝"了。自从参加"达人秀"之后，我的生活就变了，不再是默默无闻，而是被当做不一般的人，有点受宠若惊的感觉。现在到处都有人找我唱歌，而且他们都很喜欢听我的歌，真的很高兴。

记者：您现在还卖菜吗？

菜花甜妈：最近没时间去了，因为要参加好多的活动。有各个电视台的采访，还有很多地方办文化节、旅游节，都请我去唱歌。现在，"达人秀"第三季又要开始招募了，我也跟着节目组到各个城市去给选手们加油，毕竟我是从"达人秀"出来的嘛。

记者：这种生活变化，能适应吗？

菜花甜妈：一开始不适应，感觉自己就像小老鼠一样，到哪儿都想找个角落躲起来，现在慢慢有自信了。不过，最好私底下的生活不要变，现在我都不敢去批发市场和小店了，就怕被人围着不放。现在我知道了，那些明星也挺不好受的，都没有私生活了。

记者：听说"菜花甜妈"都已经注册商标了？

菜花甜妈：是的，不过不是我注册的，是被别人抢了，我还不知道该怎么要回来呢。不过，别人说，只要我想要，还是能要得回来。上次录一档电视节目，就有专家建议我，要做就要做一个优质的品牌，可以卖有机蔬菜。

记者：家里人支持您唱歌吗？

菜花甜妈：不是很支持。原来我参加"达人秀"的时候，我女儿就没怎么看过，她以为我就是去玩一玩。比赛结束以后，有一次去电视台录节目，他们希望我女儿也能去，我就问她，结果她说不愿意。我说，你就对我表示一下支持。她说，我一直很支持你啊。哦，我这才知道，她并不是对我很冷漠的，她只是觉得母女之间没必要说出来。（拿起身上的彩色披肩）这条披肩就是女儿给我买的。

记者：如果有一天，"粉丝"慢慢遗忘了您，会不会感到失落？

菜花甜妈：不会的。因为我参加"达人秀"就是想实现我的梦想，实现人生的价值，现在这些我都已经做到了，我就很开心了。

（选自《北京晚报》）

◉ 读后回答问题：

1. 参加达人秀后，菜花甜妈的生活发生了哪些变化？
2. 菜花甜妈对别人注册"菜花甜妈"商标有想法吗？为什么？
3. 你认为菜花甜妈的女儿为什么不愿意跟她一起去电视台录节目？
4. 你认为以后菜花甜妈会被"粉丝"遗忘吗？
5. 你认为菜花甜妈将来会做什么？

八、阅读理解（三）

给美剧配上中文字幕的高手不少，可是为中文电视剧配上英文字幕的老外字幕组，你又知道多少？最近，在微博、天涯、豆瓣网上，一股"中剧 fans"风引起了很多网友的追捧，引领这股风气之先的，是那些着迷于中国电视剧的老外。

所谓"中剧 fans"（即 Chinenglish Bilingual，简称 Cfan），就是一帮着迷于中国电视剧的老外，自发成立汉英字幕组，将中国的电视剧台词翻译出来，再配上英文字幕，供美国、英国等英语地区的网友观看。

萌（méng） 老外动手配字幕

在美国，目前汉英字幕组已经有了几队人马。有专门翻译中国古装剧的，有专门翻译偶像剧的，还有什么都翻译的。据四川在线报道，Zily 是字幕组"一个天地"的创建人之一，该字幕组组建不到两年，已经小有名气。

Zily 告诉记者，"一个天地"由负责人、中文翻译、英文编辑等成员构成。Zily 是从事时装承包以及销售工作的，由于业务原因，她和上海有很多贸易交流，所以必须熟练掌握中文。Zily 曾经在中国学习了两年中文，在美国又学习了三年。后来她发现，通过看中国电视剧来提高中文水平最有效果。"我和另外一位创建者在看邓超版

《倚（yǐ）天屠龙记》的时候，发现了一些翻译字幕存在问题，于是产生了自己组建团队来给中文电视剧配上英文字幕的想法。"

共同的爱好——中国电视剧，共同的希望——提高自己的中文水平，使 Zily 的字幕组很快建立起来。她的团队中都是年轻人，有学生、上班族，也有在家待业的；有美国人，也有来自其他国家的。当然，字幕组的人员可是不发工资哟。

趣（qù） 汉译英很贴切

在中国热播的《爱情公寓》、《倚天屠龙记》、《还（huán）珠格格》等连续剧，在老外眼中也是经典外来剧。

老外翻译的字幕充满趣味。《还珠格格》中出现频率最高的"皇阿玛"，被直译成为"huang ah ma"；《倚天屠龙记》中多次出现的称呼"老贼"，被翻译为"old scoundrel"；《爱情公寓》中出现的流行语"我只是来打酱油的"，被翻译为"I only came to get soy sauce"。

由于这些老外组成的字幕组翻译恰当还不失幽默，甚至做到了剧情和时代的完美吻合，在网上引来无数网友"求观看"。这些带有英文字幕的中国电视剧，在外国火完之后，又被神通广大的网友传回中国"交流学习"，完成了一次成功的"出口转内销"。

爽（shuǎng） 一天能看好几集

中文电视剧每天播放两三集，和老外每周一集的观影习惯有很大的差异。也许正是这个差异，激起了很多老外的热情。

豆瓣网上近日出现一个帖子："我确定了：外国也有'中剧 fans'这样的小组或者中剧字幕组！"作者黄挂锄在帖子中展示了外国人看中国剧的心情："Oh，看中剧真太幸福了，一天几集才过瘾啊！为什么我们国家的电视剧一周只有一集？我最近在追的有 New The Pearl Princess（《新还珠格格》）、Silly Spring（《傻春》）和 Family N（《家的 N 次方》），一天简直忙不过来呢。""New the Fantastic Story of 105 Men and 3 Women（《新水浒》）看了三集，简直是侮辱（wǔrǔ）原著，果断弃了……plus，Soldier，GO!（《士兵突击》）真是百看不厌，最近又看了一遍，Sandore XU（许三多）越看越可爱。"网友还在论坛中问："怎么还没有最新一期的 Happy Camp（《快乐大本营》）啊？"

逗（dòu） 老外喜新不厌旧

除了爱看古装剧、偶像剧外，受欢迎的还有综艺节目。真人秀 Happy Girls（《快乐女声》）居于下载榜首位，紧随其后的是 CCTV 的 Walk of Fame（《星光大道》），

6 电视娱乐节目　　　　　　　　　　　　　　　　　　　　　体育娱乐篇

其中毕老师经投票被选为年中最受欢迎主持人。

　　根据外国的中剧迷论坛显示，<u>湖南卫视</u>的自制青春偶像剧很受欢迎，众多Cfan们都在期待 *Gossip Girl CHN Version*（《中国版绯闻女孩》），并表示一出新剧，就果断弃掉CW（<u>哥伦比亚及华纳兄弟联合电视网</u>）的播出，转投湖南卫视。

　　对于能通过网络看到中国电视剧，国外的中剧迷觉得很高兴。<u>资深中剧迷Mallory</u> 表示："中国有很多经典的电视节目，多亏了互联网，才让我们有机会看到它们。"

（选自《北京日报》）

● 读后判断正误：

1. 这篇文章的主题可以简单叫做"老外中文字幕组"。　　　　　　　　（　　）
2. 外国人之所以参加字幕组的翻译工作，是因为爱好中国电视剧和学习中文。（　　）
3. 字幕翻译组主要负责中国古装电视剧的翻译工作。　　　　　　　　（　　）
4. 文中提及的字幕翻译组的翻译工作受到国外和中国国内的普遍肯定。　（　　）
5. 外国人是通过国外的卫星电视频道来收看中文电视节目的。　　　　（　　）

单元复习二

一 选择合适的动词填空

> 实现　移植　充满　突破　打破　设立　建立　演唱　注入　超越

1. 2010年，中国国产电影票房_____100亿元，这是中国电影产业化的阶段性收获。

2. 2010年，中国国产电影_____综合效益157.21亿元。

3. 许多电影人认为，给中国电影一个宽松和谐的创作氛围，_____一个规范有序的电影市场运作机制，是中国电影实现由量到质产业升级需解决的两个关键。

4. 早在2008年北京奥运会，中国的金牌数就首次_____美国成为世界第一，以金牌总数而言，中国的体育大国地位早已被世界认可。

5. 在北京奥运会后，不到半年，国家批准_____了"全民健身日"。

6. 普遍的观点认为，体育赛事为城市_____活力，也为城市带来经济与社会等多重效益。

7. 正当人们准备接受一些选秀节目的自然疲软时，《中国达人秀》一炮而红，似乎_____了某种平衡。

8. 业内人士认为：节目之所以能成功，是因为成功_____了《英国达人秀》所坚持的理念与价值观——"小人物的大梦想""平凡能创造奇迹"。

9. 年龄最大的选手，是一位来自上海的94岁老人，因为迎接世博，刚刚学会了简单的英语。舞台上，她用英语_____走了《雪绒花》，全场一片欢腾。

10. 无论是选手各式各样的"秀"，还是百姓故事的"包装"表达，又或是评委幽默率真的点评，以及现场观众的舞台互动，都_____了娱乐的元素。

二 选择合适的熟语填空

> 方兴未艾　忧心忡忡　小有名气　喜结连理　受宠若惊
> 五花八门　相提并论　不约而同　此消彼长　急功近利

1. 面对家庭的反对，这个哥儿们曾在21岁生日当天选择和邻家女孩芮娜私奔，并

97

单元复习二　　　　　　　　　　　　　　　　　　　　　体育娱乐篇

_____。

2. _____的电影制作动机产生了盲目跟风，在《卧虎藏龙》和《叶问》系列的跟风中，迷失的不仅有大量普通电影人，也包括一些曾经为中国电影赢得荣光的导演。

3. 整体而言，中国电影受关注的程度还是无法与好莱坞电影_____。

4. 建造大型体育场馆的热潮在各地_____。

5. 国民健康与竞技体育并不矛盾，也不是_____的问题。

6. 如果姚明能够让更多的人尤其是青少年去关注体育、热爱体育并投身到体育运动中来，那我们就无需为什么时候才能出现下一个姚明而_____。

7. 很多选手_____地表示："能站到上海音乐厅的舞台上，我就已经很满足了。"

8. 在《英国达人秀》的节目里，通常每一位参赛者都会被问道："你为何会参加这个比赛？"回答自然是_____，但总归不过三种类型。

9. 自从参加"达人秀"之后，我的生活就变了，不再是默默无闻，而是被当做不一般的人，有点_____的感觉。

10. Zily是字幕组"一个天地"的创建人之一，该字幕组组建不到两年，已经_____。

三　选择合适的连接词语填空

| 可以说 | 进而 | 继奥运会之后 | 从这一点上来说 |
| 其中 | 反而 | 例如 | 而是 | 毫无疑问 | 同时 |

1. 经过产业化培育，截止到2010年底，全国城市电影院银幕保有量已有6220余块，_____，IMAX银幕和3D银幕快速增长，拥有15个以上放映厅的超级影院甚至出现在二、三线城市。

2. 基于国情之上，政府有关部门需参考借鉴美国、欧洲以及日、韩管理电影的经验，提升自身管理、引导电影发展的能力，_____赋予电影人更宽松的创作环境和氛围。

3. 去年，国务院办公厅下发了关于促进电影产业繁荣发展的指导意见，是一个既宏观又具体的推进措施。_____，中国电影的立法工作也在进行中，这些都将是中国电影产业寻求由量到质嬗变的产业升级"推手"。

4. 奥林匹克运动决不是要培养"竞赛机器"，_____通过体育这一载体，通过尊重规则，培养真正有高度公民意识的社会成员。

5. 在国外，许多小城市依托特色赛事成就城市品牌的不乏其例。_____英国的温布尔登网球赛、奥地利滑雪胜地果斯布鲁克的寰多冬季角逐，都因体育赛事的举办而大大提高其知名度。

6. 在北京，_____，各种国际赛事还在持续举办，每一次国际赛事的成功举办，都是北京向国际体育中心城市迈进的一个步伐。

7. 差不多在同时期，另两档选秀节目，一档10进8直播全国收视率为0.83，一档全国总决赛10进8的收视率仅0.09。_____，《中国达人秀》已经成为选秀节目的收视冠军。

8. 娱乐节目可以发挥社会功能，不一定非要靠揭丑、揭露隐私，靠恶搞吸引眼球，可以走大道，靠文化魅力、价值观魅力，不煽情、不揭丑，一样可以吸引眼球，震撼观众的心灵。_____，《中国达人秀》最重要的是满足了社会精神价值观的积极元素：真、善、美、爱。

9. 正因为没有标准，_____抓住了选秀节目的一个实质。

10. 在《中国达人秀》的舞台上，观众看到了坚定"自己会幸福"信念的"袖珍女孩"朱洁，看到了为博瘫痪多年的妻子一笑而"开屏"的"孔雀哥哥"，也看到了为给妻子圆梦而装"猪"的鸭脖子小贩周彦峰……_____，《中国达人秀》以生动的面目成为小人物实现大梦想的真正舞台，也让选秀节目再度拥有了来自草根的真实力量。

四 解释下列句中带点的词语

1. 有专家认为，中国电影走上产业化之路，电影成为热钱拥入的"热土"，投资多元化和民营电影制作机构的诞生、成长，无疑为中国电影注入了新活力。

   热土：

2. 有煤老板或房地产商为了力捧自己中意的演员，不惜斥资上亿元去拍一部"量身订做"、不遵守电影创作基本规律的影片。如此乖张之举，不仅"恶搞"了中国电影，也伤害了中国电影观众。

   乖张之举：

3. 高层次电影专业人才的匮乏，已经严重制约了中国电影的创作和产业的发展进度。

   匮乏：

4. 2008年北京奥运犹如一夜春风，无论是体育场馆建设，还是全民健身事业的发展，都得到了实惠。

一夜春风：

5. 两年之后，广州亚运会的成功举办，再次被看做国家软实力提升的一个有力佐证。

软实力：

6. 在1997年、2001年进行的两次《中国群众体育现状调查》的基础上，自2008年1月，我国又启动了第三次全国群众体育现状调查。这一调查结果的出炉，将为全民健身计划实施效果的评判提供可靠依据。

出炉：

7. 在经济产业结构中，将体育产业纳入第三产业的服务业范畴，称为"体育服务业"，随之产生的"体育经济"被视为产业结构的新支点，拉动经济增长的新引擎。

引擎：

8. 在商业利益的推动下，原本是普通人的选手在舞台上被华服过度包装，在舞台下又靠各种炒作，甚至不惜以负面新闻，求得快速成名。

过度包装：

9. 节目火了，节目中的人也成了观众热议的"民星"。

火：

10. 娱乐节目可以发挥社会功能，不一定非要靠揭丑、揭露隐私，靠恶搞吸引眼球，可以走大道，靠文化魅力、价值观魅力，不煽情、不揭丑，一样可以吸引眼球，震撼观众的心灵。

吸引眼球：

五 请从前面学习过的语篇中选择材料，做一个口头表达，题目：

平凡人的梦想

六 说话练习

1. 查找资料后介绍：过去三年里你们国家最好的一部电影，包括简单内容和其艺术特色和艺术成就。

2. 查找资料后介绍：你们国家最近三年来收视率最高的电视节目，并分析一下受欢迎的原因。

3. 在你国家有没有一些民族体育项目不是奥林匹克运动会的竞赛项目，但却很受大家欢迎？请简单介绍一下。

七 写作练习

全班同学分五组分别采访3～5名中国的"50后""60后""70后""80后""90后"调查一下他们观看电视节目的情况。请设计一份调查问卷（包括个人信息和至少10个问题，每个问题应有不同的选项）。

教 育 篇

话题导图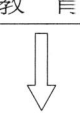

教　育

家庭教育	学校教育	教育国际化
单亲	师资	经费
提倡	测试	学费
争议	评估	贷款
表扬	课程	排名
妥协	专业	排行榜
批评	职校	名校
反驳	培养	课件
宽松	学籍	软实力
提醒	学位	社团
束缚	纪律	合作
……	……	……

第七课　家庭教育

话题解读

　　家庭教育是在家庭生活中，由家长(其中首先是父母)对其子女实施的教育。而按照现代观念，家庭教育既包括生活中家庭成员(包括父母和子女等)之间相互的影响和教育，也包括聘请专门从事家庭教育的教师对子女进行的教育。"家庭教育"对应英语的是 home education, family education, teaching in home。"家庭教育"有时也简称"家教"。

课前讨论

- 在你成长的过程中，父母对你有过什么样的要求？哪些要求令你印象深刻？
- 在学习方面，父母对你有过什么样的要求？
- 在你的印象中，中国的父母对子女在学习方面的要求严格吗？谈谈你的看法。

课文

华裔虎妈登上《时代》封面 严厉教育女儿惹争议

她是虎妈，是美国耶鲁大学的华裔教授蔡美儿，近日她出版了一本名叫《虎妈战歌》的书在美国引起轰动。该书介绍了她如何以中国式教育方法管教两个女儿，她骂女儿垃圾、要求每科成绩拿A、不准看电视、琴练不好就不准吃饭等。

虎妈的教育方法轰动了美国教育界，并引起美国关于中美教育方法的大讨论，如今讨论随着《时代》周刊的参与几乎达到了一个高潮。虎妈的故事登上了最新一期《时代》周刊封面。

英媒评价：中国教育"强度"震惊世界

1月8日，《华尔街日报》刊发了一篇对《虎妈战歌》的书评，题目就有意无意地把东西方教育方式拉到了比武场内——《为何中国母亲更胜一筹》。不过，这并非美媒第一次为了中国教育而紧张。2010年底，中国学生首次参加经济合作与发展组织（OECD）的一个学生评估项目，上海学生取得了所有34个参试国家中最好的成绩，这让美国坐不住了。当时美国在线杂志《石板书》认为，中美青少年成绩的对比让美国暗淡无光，而英国《金融时报》则一语双关地表示，中国的教育"强度"震惊世界。《纽约时报》援引里根政府时代教育部官员切斯特·费恩的话说，这使他又有了当年苏联抢先将人造卫星送入太空时美国人的震撼感。

这一次，《虎妈战歌》再一次刺中了美国人的神经。美国《洛杉矶时报》把蔡美儿的书描绘为"像病毒一样蔓延"。

讨论升级：教育上升到经济

《时代》周刊内文《虎妈的真实故事》写道："用她剃刀般锋利的笔，蔡美儿让整个美国的父母思考这样一个问题：我们是不是就是她所说的'失败者'？"

文章指出，美国经济糟糕得出奇，经济增长2.6%，失业率却能高到9%；而中国却有10%的经济增长，每年还有2500多亿的对美贸易顺差；经济是这样，教育也如此。

英国媒体分析称，美国人如此激烈的反应，其实跟中美表现迥异（jiǒngyì）的经济状况密不可分，当美国遭遇大萧条（xiāotiáo）以来最严重的经济颓势（tuíshì）时，中国却稳步前进在经济增长的道路上，与其向中国领导人寻求答案，还不如去问问虎妈。

7 家庭教育

德国媒体也指出，如果不是因为中国经济奇迹日益受到关注，不是美国害怕中国崛起（juéqǐ），这场争论可能很快就偃旗息鼓。英国《经济学人》杂志总结称，现在美国流行着关于中国崛起的种种"恐慌故事"，文章奉劝美国人：把这种教育方式的比较上升到国与国的高度并不合适。

虎妈澄清：书评断章取义

随着论战日渐激烈，风口浪尖上的蔡美儿日前澄清（chéngqīng），引发论战的书摘是断章取义。蔡美儿强调，东方式的家庭教育如能配合母爱、理解和家长参与，肯定能帮助孩子长大后过幸福生活。她的书不是父母教育儿女指南，而是她为人母十余年的回忆录。《纽约时报》认为，这其实是她已经招架不住批评，从最初的立场上被迫后退。

综合反应：中国妈妈担心"被代表"

不过虎妈的言论并没有得到中国妈妈的认可，著名海归洪晃就直斥蔡美儿的行为简直就像"地狱老母"，她表示："我在中国所认识的诸位母亲中，没人会像她那样对待孩子，身为法学教授的蔡女士在自命不凡这方面，可算是孤芳自赏了。"的确，在中国大陆这个本应是"虎妈"聚居的"野蛮（yěmán）王国"里，很多妈妈却根本不买蔡美儿的账。

反思：教育子女应中西合璧

针对美国媒体一窝蜂似的指责，《新闻周刊》则着力安抚着美国母亲们，报道称，即便虎妈们教育出来的孩子分数高，也并不意味着这个国家经济更强大，国民更有创造性，社会更胜一筹。中国出不了比尔·盖茨，而且，如果有条件，虎妈们还是会把孩子送到美国读哈佛。

中国传媒大学副教授陈凯认为，由于在中国"赢者通吃"，所以父母把太多的压力放在了子女身上。而美国教育却更关注孩子的品质、创新和独立，小孩可以很自由，而这也因此造成了小孩学习太放松，成绩不理想的情况。中美教育可以说是两个极端的教育，一个是"批评太多"，一个是"表扬太多"，而陈凯认为，真正正确的应该是两者的综合体。

（选自《重庆晚报》）

▼ 练习 ▼

一、下面哪一项可以概括说明本文的内容？

A. 本文主要说的是虎妈的教育方式

B. 本文通过虎妈现象来反思中美教育差异

C. 本文主要告诉我们虎妈是怎么成名的

二、回答下列问题

1. 你觉得蔡美儿女士为什么被大家叫做"虎妈"？
2. 美国人对《虎妈战歌》反应强烈仅仅是因为教育的原因吗？为什么？
3. 蔡美儿认为自己的书"不是教育儿女指南"，"而是为人母的回忆录"。你认为"指南"和"回忆录"的意义差别是什么？
4. 中国大陆的妈妈们是否都采用了与虎妈差不多的教育方式？
5. 这篇文章对美国的教育方式有哪些正面评价？

三、选择正确答案

1. 最先报道虎妈的刊物是： （   ）
   A.《石板书》   B.《时代》
   C.《华尔街日报》   D.《洛杉矶时报》

2. 认为教育方式的互相比较和国家之间的互相比较不能相提并论的是哪个国家的媒体？ （   ）
   A. 德国   B. 美国
   C. 中国   D. 英国

3. 本文倒数第二个自然段中，《新闻周刊》的观点可以理解为： （   ）
   A. 表达了对美国教育的自信   B. 表扬中国学生的高分数
   C. 表达了对其他媒体的反感   D. 批评了教育竞赛制度

4. 下面哪种说法不符合陈凯的观点？ （   ）
   A. 中美教育各有所长   B. 中美教育方式需要融合
   C. 美国教育方式比中国好   D. 中美教育差异性很大

5. 下面哪个方面在本文中没有提到？ （   ）
   A. 中美教育方式存在差异   B. 中美父母对子女的要求不同
   C. 中美当前经济表现不同   D. 中美生活水平高低不同

四、理解下列句子，选择正确答案

1. "这一次，《虎妈战歌》再一次刺中了美国人的神经。"这句话的意思是： （   ）
   A.《虎妈战歌》令美国人不安   B.《虎妈战歌》令美国人兴奋
   C.《虎妈战歌》令美国人高兴   D.《虎妈战歌》令美国人开心

2. "与其向中国领导人寻求答案，还不如去问问虎妈。"这句话在文中的真正意思是： （　）
   A. 中国领导人不知道答案　　　　　　B. 虎妈对答案更了解一些
   C. 真正的答案不在官方，而在民间　　D. 虎妈可以代表中国领导人回答

3. "如果不是因为中国经济奇迹日益受到关注，不是美国害怕中国崛起，这场争论可能很快就偃旗息鼓。"这句话的意思是： （　）
   A. 因为这场争论跟中美之间的具体利益有关，所以持续了较长时间
   B. 因为这场争论具有特殊的经济和政治背景，所以持续了较长时间
   C. 因为这场争论具有特殊的经济和政治背景，所以很快就结束了
   D. 因为这场争论跟中美之间的具体利益有关，所以很快就结束了

4. "随着论战日渐激烈，风口浪尖上的蔡美儿日前澄清，引发论战的书摘是断章取义。"这句话的意思是： （　）
   A. 蔡美儿不得不承认自己的教育方法有问题
   B. 蔡美儿认为外界误解了她的意思
   C. 蔡美儿认为自己的教育方法比别人的好
   D. 蔡美儿接受了外界对她的评论

5. "在中国大陆这个本应是'虎妈'聚居的'野蛮王国'里，很多妈妈却根本不买蔡美儿的账。"下面哪句话不符合本句的意思？ （　）
   A. 中国大陆很多妈妈不买蔡美儿的书
   B. 中国大陆很多妈妈对蔡美儿的书不感兴趣
   C. 中国大陆很多妈妈买了蔡美儿的书
   D. 中国大陆很多妈妈完全不接受蔡美儿的观点

五、给下列句子排序，组成语段

1. A. 当美国遭遇大萧条以来最严重的经济颓势时，中国却稳步前进在经济增长的道路上
   B. 美国人如此激烈的反应，其实跟中美表现迥异的经济状况密不可分
   C. 还不如去问问虎妈
   D. 与其向中国领导人寻求答案

2. A. 中国出不了比尔·盖茨
   B. 即便虎妈们教育出来的孩子分数高
   C. 而且，如果有条件，虎妈们还是会把孩子送到美国读哈佛
   D. 也并不意味着这个国家经济更强大，国民更有创造性，社会更胜一筹

3. A. 小孩可以很自由
   B. 而美国教育却更关注孩子的品质、创新和独立
   C. 而这也因此造成了小孩学习太放松，成绩不理想的情况
   D. 所以父母把太多的压力放在了子女身上
   E. 由于在中国"赢者通吃"

4. A. 因为你的教育方式是中国的
   B. 那么，你怎么定义自己是个中国人还是个美国人
   C. 我对你的身份认同感兴趣
   D. 但另外一些人会说你是在美国长大的，完全是个美国人
   E. 一些人说你是"中国妈妈"

5. A. 第一次到中国是1979年
   B. 最近的一次大约是9年前，我带着女儿们一起到中国
   C. 之后还回去了四五次
   D. 今年夏天我们可能还会再回去
   E. 我回去过中国很多次

六、阅读理解（一）

● 下面的文字是《人物周刊》记者对蔡美儿的采访记录。请你在阅读后把所给的标题填在合适的数字旁边：

A. 聚光灯下的家庭
B. 争议、误解与刻板印象
C. 蔡美儿：我并非大家说的那么严厉无情
D. 身份认同

7 家庭教育

0（　　　）
——专访"虎妈"蔡美儿

1（　　　）

《人物周刊》：书稿出版之前，有没有预料到会引起这么强烈的反响、争议和批评？

蔡美儿：没有！绝对没有！对我来说，它更像是一个家庭回忆录。在我写作的时候，我父亲就说：你又不是名人，没有人会读你的回忆录的。书稿出版之后，我的E-mail地址也在网上公开，很多人因此给我写信。真是没有考虑到这个反响和争议。

当然，这个争议也有很大一部分是因为误解。很多人只读了《华尔街日报》上面的那个书稿摘要，以为我在提倡中国的教育方式，但实际上，如果你读了完整的书稿，你会有不同的看法。我在书的封面上就写明了：这里讲述的是我个人的内心过程和转变。

《人物周刊》：那你如何理解这本书引起的关注，或者说它的成功？

蔡美儿：Timing（时机）！我觉得是Timing。

美国人现在对于中国的崛起还是无比焦虑，有一种情绪在那里。另外，更直接的是，前段时间的"PISA"学生知识竞赛，中国上海的孩子获得第一，彻底打败了美国的孩子。美国学生的数学成绩排名好像是31位。

《人物周刊》：你说它是一本回忆录，而不是育儿经？

蔡美儿：它绝对不是一本育儿书。我最大的困难是，大家看完《华尔街日报》的书稿摘要，就觉得我强调中国母亲更出众，并且说我的书就是要向全世界推广这种模式。NO，这个书的内容其实要比一个育儿书远远复杂得多。

它讲述的是一个家庭的教育历程以及我个人的变化，最终我有很多**妥协**（tuǒxié），并不是大家说的那么残酷和严厉无情。在我看来，这本书可能以某种我意想不到的方式切入了全球讨论，这并不是我原来希望的。

《人物周刊》：《华尔街日报》上的那篇摘要并不是你写的?

蔡美儿：不是。不过在发表前我看了。

《人物周刊》：你觉得有不少人是根据这个摘要对你提出批评的?比如说，有人说你在夸大一种东方、西方的刻板印象。

蔡美儿：我绝对没有夸大刻板印象。我有很多理由。首先，我在书中强调我的定义是很宽泛的，一些韩国、印度，甚至美国人，在我看来也是符合这个标准的。我是学法律的，所以对于定义是很敏感的。其次，我最终是向我女儿妥协的，从这个角度说，我是软化某种刻板印象的。我有很多理由。

但我的确是用一种讽刺或者有趣的方式来写作。这是我希望呈现的一种表述方式。

《人物周刊》：你用了多长时间写这本书？

蔡美儿：这本书的前2/3，只用了两个月。后面1/3，用的时间稍微多一点。

2（　　）

《人物周刊》：你的家人呢？在聚光灯下，生活受到什么影响？可以想象你的两个女儿在学校里会遇到同学们的异样眼光。

蔡美儿：真是如此！在《华尔街日报》刊登了书稿摘要的头10天，我们的生活简直糟透了。太多的误解。

我收到很多中国人的来信，他们批评我，"我们并没有要求自己的孩子考试都得A，也没有要求他们每天拉两个小时的小提琴"，"你说的并不是中国现在的教育方式"，等等。不过后来这种批评少了，他们读了我的书，觉得我要表达的内容其实是更为复杂的。

我的信箱，开始收到的读者来信60%以上都是批评的，现在90%以上都是表示理解和支持。

《人物周刊》：你说很多中国人给你写信，他们是美籍华人，还是在中国看到你的中文书之后给你写信的读者？

蔡美儿：两方面都有。开始更多是美籍华人，或者更宽泛地说，是美籍亚洲人。后来因为中文版出来，也有一些中国的读者关注。

中国的出版社采用了另外一种表述方式，那个标题叫做"耶鲁教授的育儿经"。这跟美国很不同，不过我也能理解。哈佛、耶鲁这样的称呼，可能还是与某种成功联系在一起。

《人物周刊》：刚刚说到你家人的回应，你的女儿跟你说了什么？她们喜欢这本书吗？她们现在跟你的关系怎么样？

蔡美儿：我真是很幸运。我的家庭、我在耶鲁大学的学生，都特别支持我。但由于文化的差异，一些美国人的确有不同看法，他们会用一些很严重的话，"你这是**虐待**（nüèdài）儿童啊！"，"你太残忍了！"，很多这样的说法。

但我跟女儿们的关系特别紧密。她们跟我说："现在大家都觉得我们家庭很冲突，但其实不是，咱们很幸福啊，你应该多写我们好的一些内容，"但我就想，"难道我要写我们每天一起吃饭，然后上床睡觉吗？"我的大女儿最近在媒体上发了一篇文章，为我辩护，很有趣，你应该去看看。

她们也常常在网上检索相关的报道和别人的看法，然后转发给我看，挺多好玩的东西。

《人物周刊》：说说其他家庭成员吧。你父母对你要求那么严苛，你跟他们现在关系好吗？还有你丈夫，你在书中并不经常提到他。

蔡美儿：我和家人的关系特别好。很多假期都在陪父母。这是中国教育模式成功之处，他们那么严格，但我们还是爱他们。（笑）也是因为如此，我和丈夫商量，最终决定用相近的方式来教育我们的孩子。只是后来我们遇到了反叛者（指她的小女儿）。

我和我婆婆的关系也很好。她是一个艺术批评家。她跟我完全不同，但有特别多的优点。我的丈夫，出生在一个典型的西方家庭，他们家的教育观念是："只要享受生活，怎么样都好。"但其实他非常希望小时候有人要求自己学钢琴，学第二门外语。我得说，他和我的婆婆，在我们的家庭中扮演了重要的角色，虽然书中描写得不算多。

《人物周刊》：作为第一代的移民，你父母给你的教育，和你给孩子们的教育有何不同？

蔡美儿：第一代移民生活很苦。我的父亲工作特别努力，生活又简朴，一双皮鞋穿了很多年才舍得换。所以他们用很严格的方式要求我们，我们也觉得很自然。因为我们看到他们就是这个样子。

到了我们这一代，通常都会去比较好的学校受教育，经济条件也好一些，因为上一代人已经为我们积累了很多。我们教育的观念也不同，我希望女儿学小提琴和钢琴，并不是希望他们凭这个挣钱或者去名校。

但也没有办法，我的女儿，第三代移民，她们的生活条件太好了，而且她们看到自己的妈妈参加鸡尾酒晚会啊，就会觉得你怎么能对我要求那么严格。

我在书中也写到，这种移民家庭的模式，一代比一代差，这是我想避免的。

《人物周刊》：你认为严格的教育就是好的教育？

蔡美儿：严格的要求，必须和爱相结合。否则你就是很坏的父母。

3 (   )

《人物周刊》：我对你的身份认同感兴趣。一些人说你是"中国妈妈"，因为你的教育方式是中国的，但另外一些人会说你是在美国长大的，完全是个美国人。那么，你怎么定义自己是个中国人还是个美国人？

蔡美儿：我觉得一半一半。我其实并不尝试定义自己。我想，在美国人看来，我是地道的中国人，尊重父母，在儿女身上投入特别多；但在很多中国人看来，可能我是美国人，我让我的女儿穿她们喜欢的衣服，给她们很多选择权，带她们参加鸡尾酒晚会。

我还是要强调，我对于中国妈妈、西方父母等概念的定义是相对宽泛的。这些概念下面有很多不同的内容。有人反驳我，说中国人的教育现在并不如此。我完全认同。从某种程度上说，我在美国接受的家庭教育可能比现在很多中国人还要更加符合中国传统。

《人物周刊》：你在很多地方都表示对于中国身份的骄傲，这种感情是从你的家庭来的吗？你有没有去过中国？

蔡美儿：我非常骄傲自己是一个中国人。我的父母从小不让我们姐妹几个在家中说英文，如果我们说的句子包含一个英文单词，他们就会用筷子打我们一下。

我回去过中国很多次。第一次到中国是1979年，之后还回去了四五次。最近的一次大约是9年前，我带着女儿们一起到中国。今年夏天我们可能还会再回去。

《人物周刊》：你家人说的是福建话（闽南话）吧？你会说普通话吗？

蔡美儿：是的，我和家人说福建话。但我也跟老师学普通话，只是口音不太好。我的女儿普通话就比我好。我要求她们去学。

《人物周刊》：我赞成你刚才的说法，中国妈妈是一个很难定义的概念。从地理内涵说，中国这个概念很宽泛，比如核心大城市和许许多多的小城市或者乡镇，根本不是一种教育观念。在大城市里，更多人开始倾向于采取宽松自由的教育理念了，他们甚至在孩子很小的时候就将他们送出国。对此你怎么看？

蔡美儿：是的，我知道，他们的方法可能是传统的反面。很多人觉得这样的方法会让孩子更加有创造性。在我看来，给孩子更多的选择是好的，但最好是10岁以后，因为在那之前，太多的选择只会让他们学坏。

（选自《南方人物周刊》，记者曾繁旭）

● **读后回答问题或完成任务：**

1. 你认为蔡美儿强调说自己的书"是一本回忆录，而不是育儿经"的原因是什么？请在正课文和此篇课文的相关内容下画线并回答。
2. 有人说"蔡美儿的教育最成功的经验就是严格"，这样的看法对不对？请说明理由。
3. 请采访一位中国大学生和他的妈妈，看看这位妈妈的教育经验、教育方法以及子女对妈妈教育的评价和看法。记录他们所在的城市、妈妈的职业、年龄、教育水平等

7 家庭教育

因素，并互相交流采访结果。

4. 根据此篇课文和正课文的信息，简单介绍一下蔡美儿（口头或书面都可以）。

七、阅读理解（二）

◉ 以下这篇文章是作者给《解放父母　解放孩子——快乐家庭气氛指南》这本书所作的书评。

英文当中有句**谚语**（yànyǔ）"The apple doesn't fall far away from the tree." 翻译过来就是："苹果总是落在离果树不远的地方。"如果把这句话用在家庭教育方面，将孩子比作苹果，那么父母就是那棵苹果树。我们总会希望自己能将枝叶伸远，给孩子更广阔的发展空间，但是，如何突破自己的束缚去努力伸展呢？《解放父母　解放孩子——快乐家庭气氛指南》一书或许可以帮助我们找到答案。

市面上有很多优秀的家庭教育书籍，教给我们如何有智慧地与孩子沟通。但是，在日常生活的实践过程中，做父母的又常常发现这些方法和技巧只有在自己理智和冷静的情况下，才能起到非常好的效果。我们能做到蹲下身子，<u>心平气和</u>地与孩子交谈；我们可以用描述性的语言提醒孩子没有做对的地方，而不去论断责问；我们甚至在孩子<u>无理取闹</u>的时候，能安静地陪伴他们。可是，当我们自己处在负面情绪当中，或者孩子的行为已经触及我们承受的底线，让我们<u>忍无可忍</u>的时候，所有的理念、方法和技巧似乎都被抛在了脑后。一向温和的我们也会<u>歇斯底里</u>地对孩子吼叫，也会让最能释放自己愤怒的话语<u>脱口而出</u>。然而，在暴风雨之后，一切都归于平静之时，我们又开始自责和愧疚："我怎么可以这样对待孩子？我学了那么多的方法，简直是白学了！"于是，在心里暗下决心：下次绝不会再这样了！但是，孩子总是会找到机会来触碰到我们心里最脆弱的开关。于是，又一个"战争与和平"的循环开始了。就这样，我们不断地在"平和安静——<u>怒不可遏</u>——自责不安——<u>痛改前非</u>"的怪圈中打转。我们纠缠在其中，不知所措。

该书作者阿黛尔·法伯和伊莱恩·玛兹丽施则从一个全新的角度告诉我们："父母要接受自己的感觉，接受自己枯萎消沉的负面情绪，并且随时调整，才能更好地爱护家人。"针对父母容易陷入的怪圈，作者给出了很多有帮助的提醒，比如，我们可以表现得比自己感觉的更和蔼，但不要过度；无视自己的负面情绪，会让全家人跟着**遭殃**（zāoyāng）；坦白自己糟糕的感觉其实就是一种释放；不必恐惧自己的愤怒，没有人会被愤怒**摧毁**（cuīhuǐ），即使完全失去控制，也不会失去所有，总会有一条返回的路……

这些提醒让我们深得安慰：父母也是人，我们也有自己的喜怒哀乐，接纳自己，学习用正面的语言表达负面的情绪，不再自责和愧疚，父母才能真正被"解放"，而只有父母得到"解放"之后，孩子才能得到真正意义上的"解放"。另外，书中还教给了我们表达愤怒和面对负罪感的具体方法。在表达愤怒的时候，用"一旦……就……"代替"如果你不……"。例如，"一旦喂完了鸟，你就可以看自己最喜欢的电视节目。"或者给孩子选择，"你有选择权：第一，你现在就喂鸟；第二，你来应付一位生气的妈妈。"当我们与孩子这样沟通的时候，会发现他们更愿意尊重我们所立定的界限。另外，面对负罪感的时候，可以找能够**倾听**（qīngtīng）而不做出评判的人诉说，并学习积极的"自我对话"，告诉自己："我可以自己克服负罪感，不用孩子的帮助。我不需要他们的宽恕，我不需要听一个小孩子说：'我原谅你，妈妈。'"

当我们慢慢学会从自己的束缚中挣脱出来的时候，才发现束缚之外有更广阔的天空。原来我们不必给自己贴上"好父母"的标签，只要做真实的自己就够了，因为只有真实而放松的父母，才可能培养出真实而放松的孩子；原来我们可以温和而坚定地对孩子说"不"，因为"不"也是一种爱的表达。

（选自《中国教育报》，作者安燕玲）

◉ **读后选择正确答案：**

1. 本文的主要观点是： （　　）
   A. 应学会怎么关心孩子
   B. 应学会用正面语言表达负面情绪
   C. 父母应该尽量不让自己有负面的情绪
   D. 父母不要随便对孩子说"不"

2. 作者引用英语中的谚语"The apple doesn't fall far away from the tree."，其目的是为了说明： （　　）
   A. 父母对孩子有很大的影响力　　B. 父母不用那么担心孩子的成长
   C. 父母要给孩子更多的帮助　　　D. 父母不要让孩子离自己太远

3. 本文提到了"平和安静—怒不可遏—自责不安—痛改前非"的怪圈，这个怪圈的意思是： （　　）
   A. 父母控制自己负面情绪的一种方式
   B. 父母与孩子之间"战争与和平"的循环关系
   C. 父母教育孩子的一种特别的模式
   D. 父母生气时很常见的一种行为方式

4. 下面哪一项不符合《解放父母 解放孩子——快乐家庭气氛指南》一书的观点？
（　　）

A. 父母要尽量把自己的情绪释放出来

B. 父母要调整好自己的情绪，更好地爱护家人

C. 父母要让自己既真实又放松

D. 父母要学习用正面的语言表达负面的情绪

5. 关于《解放父母 解放孩子——快乐家庭气氛指南》这本书，下面哪个说法是正确的？
（　　）

A. 这是一本关于如何与孩子沟通的书　　B. 这是一本关于调整控制情绪的书

C. 这是一本市面上常见的书　　D. 这是一本用英文写的书

八、阅读理解（三）

◉ 家庭教育通常总是妈妈们的责任，其实父亲的作用也是很大的。下面的文章就是关于父亲在家庭教育中的重要性的。

父亲的教育对于孩子树立自信心非常重要，但由于工作忙碌等原因，现在的"隐性单亲"家庭越来越多。

暑假到来，一些关心孩子心理素质、树立儿童自信的亲子夏令营越来越火暴。但是有一个现象却引起了心理学家的关注，就是在来参加亲子夏令营的家长中，很少能看到父亲的身影。

专家表示，父亲角色在家庭生活中的缺失在近几年越来越严重，甚至出现了父亲常年不能陪孩子的"隐性单亲"家庭。父亲因为工作或者其他原因，长期不能和孩子有良好的互动，是造成孩子不自信的一个重要原因，而这种不自信将表现在孩子与社会、家庭接触的过程中，对孩子的性格发育造成一定的不良影响。

影响　"对爸爸来说，我无足轻重"

一些父亲抱怨说，每天工作很累，回家以后不想陪孩子玩，周末还要加班；认为家里孩子的事都是老婆的责任，一星期和孩子接触的时间不超过两个小时。当妈妈们辛苦地陪孩子四处参加各种亲子班，希望能培养孩子自信的同时，父亲在亲子教育中的缺失却已经成了社会的普遍现象之一。

中央电视台少儿频道特约心理专家、中国心理健康协会会员肖峰表示，"隐性单

亲"家庭和真正的单亲家庭并不相同。如果是真的单亲家庭，父爱的缺失是既定的事实，孩子还能在一定程度上理解。而在"隐性单亲"家庭里，孩子在有父亲的情况下却没有机会和父亲接触，这就会在孩子心里形成"对爸爸来说，我是无足轻重的"这样一种想法。而在遇到问题时，这样的孩子会更加迷茫，往往表现出"不敢""犹豫"等等不自信的情况，这也是因为父亲形象的缺失让孩子觉得没有安全感。

分析　父亲对培养自信举足轻重

肖峰表示，一方面父亲平时在家的时间不长，经常会冷落了孩子；另外一方面父亲对孩子的爱是建立在一定条件上的，他们往往希望孩子去继承他的成就和荣誉，在父亲面前孩子经常受到否定，这对孩子今后的影响也可想而知。

所以，父亲在孩子自信的培养中其实是处于一个举足轻重的地位。亲子教育很需要父亲走进来，比起一直在身边的母亲来说，很多孩子更渴望和父亲玩耍。在玩耍的过程中就可以做到多方面的亲子交流，让孩子学会如何面对挫折，正确认识自己，从而培养出对于自己的自信心来。

而另一方面，如果父亲缺失的这种情况不能改变，父亲对孩子的要求又比较高，那就需要尽量避免父亲给孩子继续施加负面的影响。因为这时候父亲本身就成了一个"伤害源"，一见面就说孩子的表现哪里都不像他，打击孩子，这些都是不良的心理营养，都是负面的刺激。所以如果父亲没有办法承担起亲子教育的责任，不如和孩子保持一定的距离，对孩子树立自信还会有一点好处。

建议　放下外界评价，在家只做父亲

虽然工作比较忙碌是造成"隐性单亲"家庭的主要原因，但是对于一部分男性来说，心理上的隔阂也使得他们不愿意和孩子多接触。对于这个问题，肖峰表示，一些男性把"隐形爸爸"当做一种骄傲，谁要是回家陪孩子就会被人看成是失败者。面对这样的情况，父亲首先应该放下外界对自己的评价。

肖峰说，男性本身离生活比较远，平时和孩子接触的机会也不多，所以更应该创造机会和孩子有更多的接触。在家庭生活中忘记外界对自己的评价是第一步，男性往往把自己在社会上的地位带入家庭生活，这种身份的带入本身就是不对的，是不利于自己和孩子的心理健康的。"在西方国家里，无论是高官还是明星，在家里的身份都很明确，就只是父亲。在国内就不是这样，即使在家里也还是要保持自己的形象。所以忘记自己的形象是融入亲子关系的第一步，也是最关键的一步。"

（选自《新京报》，作者贺潇）

◉ **读后回答问题或完成任务:**

1. 本文说的"隐性单亲家庭"中的"隐性"有什么意思?"隐性单亲家庭"是不是比"真正的单亲家庭"好一些?
2. 本文认为"隐性单亲家庭"对孩子的性格特征带来的最大的负面影响是什么?
3. 为什么会有一些男性觉得自己成为"隐形爸爸"是一种骄傲?
4. "男性往往把自己在社会上的地位带入家庭生活。"对这句话应该怎么理解?这样的男性跟自己孩子交流会有什么样的问题?
5. 请写出这篇文章的内容提要(100字左右)。

第八课　学校教育

话题解读

　　学校教育是与社会教育相对的概念，专指受教育者在各类学校内所接受的各种教育活动。一般说来，学校教育包括初等教育、囗等教育和高等教育。

　　学校教育是个人一生所受教育中最重要的组成部分，从某种意义上讲，决定着个人社会化的水平和性质，是个体社会化的重要基地。知识经济时代要求社会尊师重教，学校教育越来越受重视，在社会中起到举足轻重的作用。

课前讨论

- 学校教育在哪些方面是家庭教育不能代替的？
- 在你的成长过程中，学校教育给了你哪些重要的影响？
- 你认为学校教育最重要的是要教给学生什么？

课文

三年一次的经济合作与发展组织（OECD）国际学生评估项目（PISA）调查结果日前公布。首次参加PISA的上海15岁在校生，在阅读素养、数学素养和科学素养全部三项评价中，均排首位。

这一结果立即引起国内外教育界及媒体的广泛关注。欧美多家媒体惊呼"意外"，并追踪分析上海及亚洲教育的成功经验。对比本国学生在测评中的表现，美国联邦教育部部长阿尔尼·邓肯表示，这是一个"警醒"。

而在国内，却引来诸多争议。有评论说，这"不能遮蔽中国教育的落后"。

上海学生三项测试第一

2009年4月，根据OECD的技术标准要求，上海152所学校的5115名学生，代表全市各类中学约10万名15岁在校生参加测试，参与率和覆盖率分别达到97.8%和98.6%。

测试结果显示，在全球约47万名接受测试的15岁学生中，上海学生的阅读素养得分为556分，高出第二位的韩国学生17分；数学素养和科学素养得分为600分和575分，分别高出第二位38分和21分。

上海学生的阅读素养表现良好。精熟度最高的"6级"中，上海占2.4%，仅低于新加坡的2.6%，"5级"占17%，具有明显优势。学生在访问和检索、整合和解释、反思和评价三个认知方面的表现较好，反映了上海课程内容比较均衡。此外，上海有92%的学生每天进行趣味性阅读，对阅读的喜爱程度指数为0.57，显著高于OECD平均值。

在这份成绩单上，阅读素养前五位的国家和地区依次为中国上海、韩国、芬兰、中国香港、新加坡，数学素养前五位为中国上海、新加坡、中国香港、韩国、中国台北，科学素养前五位为中国上海、芬兰、中国香港、新加坡和日本。除了芬兰之外，亚洲国家和地区可谓独占鳌头。

不能代表全国水准

"这只是一个全球教育研究项目，测试结果并不具备可比性。"面对"优异的成绩"，PISA中国上海项目组负责人张民选出乎意料地冷静。

他解释，除了中国上海和港澳台是以地区为单位参加之外，其他地方多以国家名义参与测试，抽样的学生覆盖面更广，差异更大。而上海的测试结果，也远不能代表地区差异巨大的中国教育发展的整体水准。

据介绍，上海完全遵循了经合组织统一的二次分层抽样办法，既有高中生也有初中生，有重点与非重点，有公办校、民办校，有普通高中、职业学校，有市区校和郊区校，样本名额完全按照在校生总人数比例分配。项目组将样本学校名单上报国际学生评估项目组，由各国研究者采用等距抽样法共同确定测试学生名单。试卷则由世界范围内的300个科学家进行最终评估。

"学校对哪些学生接受测试、测试什么内容都一无所知，无从准备。"闸北八中校长刘京海说，测试全球同步进行，共两小时。该校有182名学生被抽中参加，共有10多套编排方式各不相同的测试卷。虽然坐在一间教室里，也不可能抄袭、复制，应该反映了学生的真实水平。

"测试前，我们都先签了保密协议，不能说的。现在过去一年半，具体题目记不清了。出题和我们的考试完全不同，没什么知识范围，题目很有趣，考试像玩儿，大家出来时都是笑嘻嘻的。"一位参加过测试的学生回忆说。

中国教育积累自信

OECD秘书长安格尔·古里亚在此次项目报告中说："中国上海在此次测评的各项中都以明显优势领先，这表明了在多元社会背景中，凭借中等经济资源也可以取得令人瞩目的教育成就。"

12月7日OECD正式公布结果之后，包括《纽约时报》、美国公共电台等在内的多家欧美媒体纷纷提出采访要求，将打量、探究的目光对准了上海学生和学校。一位美国记者甚至将其意义与当年苏联发射第一颗人造卫星相提并论，并认为，相对于过分散漫自由、校际差异巨大的美国教育，中国学校注重课堂纪律和课程安排、教师有责任心、学生付出更长的学习时间和更多的努力等做法，自有可取之处。

考了第一名的上海，究竟有什么"成功"经验？

张民选将其归纳为四点：其一，得益于中国社会重视学习的文化传统，百姓对子女教育抱有很高期望，相信只要努力学习就会有好的结果。其二，改革开放30年，中国教育一直保持着开放态度，不断学习吸收发达国家的先进经验，"现在美国、英国、日本等国当代教育界有哪些知名专家、新理念，我们甚至比他们本国人知道得更多"。其三，花大力气推动教育均衡发展。上海先后进行了薄弱学校改造、中小学标准化建设、中心区与郊区结对、名校托管弱校等工程，使得薄弱学校教育质量迅速提高。这次测试结果，上海不同学校学生的成绩分布差异远远小于OECD国家的平均水平。其四，上海学校有完备的教师在职培训措施，有独特的教研室、年级组等教学研讨体系，提倡教师经验分享。而在欧美国家，教学更多是教师的个人行为。

测试影响教改决策

比起"第一"的成绩，张民选更看重PISA考试的评价理念和技术，他称之为"借用国际的眼光给我们的教育做体检"。他透露说，从2006年参加这一项目起，不少理念已被吸收进上海教育发展的"十二五"规划。

中国教育学会副会长、上海教育学会会长张民生表示，"PISA结果证明了上海的课改卓有成效。我们应当客观、理智、全面地看待测试结果，审视我们的教育，以便改进工作。"

PISA调查结果，也折射出上海学生学业负担偏重、缺乏自我调控学习策略等"**软肋（ruǎnlèi）**"。比如，与国内"阅读"考试不同，PISA的阅读材料非常丰富，有私人信件、小说、传记，也有政府文件、公告、报纸招聘广告等。上海学生在阅读图表、表格、清单等非连续文本上相对薄弱。在学习策略运用中，虽然都接近或高于OECD平均值，但自我调控策略却为负值。这表明，上海学生的大部分阅读材料由老师直接提供，而非自己搜集而来。此外，在65个国家和地区中，上海学生每周校内上课时间位于第十四位，校外上课时间为第九位，学生课业负担偏重。

教育专家熊丙奇（微博）认为，PISA注重基础知识和学习能力，反映的仍旧是知识教育的结果，而这恰是中国学生的强项。这一成绩，不应遮蔽我们在个性培育、人格教育、创造力教育等方面远远落后于其他国家的事实。

张民选表示，调查结果对基础教育改革有颇多启示。在政府方面，除了继续推进教育均衡、教育公平外，还应努力改进基础教育质量检测体系；学校方面，应关注和培养学生对概括、自我调控等高级学习策略的掌握与运用，并切实减轻学生学业负担；学生及家长则应当在趣味性阅读当中养成正确的学习习惯，并运用知识去解决各种实际问题，提高应对未来社会挑战的能力等。

据透露，2012年，上海学生还将参加PISA数学项目测试，2015年将参加PISA科学项目测试。

（选自《人民日报》，作者姜泓冰）

链接——关于PISA

　　□ PISA项目是目前全球最权威的学习素养测试之一，由经济合作与发展组织发起，主要对15岁学生的阅读、数学、科学能力进行评价研究，考查义务教育末期学生是否掌握问题解决能力和终身学习能力。从2000年开始，每三年一次。全球有65个国家和地区参加。上海于2006年提出申请，并成为中国大陆第一个正式参加PISA的地区。

　　□ PISA测试题目由所有参与国家和地区专家共同出题，**剔除（tīchú）**那些因经济、文化、宗教等差异难有共同理解、与学生将所学知识应用到生活中能力的测试目的相关度低以及翻译成各种语言后存在歧义的题目后所形成的国际共同文本。

▼ 练习 ▼

一、给本文选择一个最合适的标题

　　A. 上海学生国际测试夺冠

　　B. 上海学生国际测试夺冠的成功经验

　　C. 上海学生国际测试夺冠　不能遮蔽教育落后现实

二、回答下列问题

　　1. 上海学生在国际学生评估项目（PISA）测试中获得了哪几项第一名？
　　2. 上海在国际学生评估项目测试中的抽样方法符合经合组织的规定吗？
　　3. 中国国内教育专家如何看待PISA考试的评价理念与中国教育之间的关系？
　　4. 根据PISA的测试结果，上海学生在学习方面还存在哪些问题？
　　5. 教育专家熊丙奇是不是很重视PISA的测试结果？他的观点是什么？

三、选择正确答案

　　1. 与本文内容无关的是：　　　　　　　　　　　　　　　　　　　　（　　）

　　　A. 学生素养　　　　　　　　B. PISA测试

　　　C. 教育差异　　　　　　　　D. 教师差异

　　2. 上海学生的成绩不能代表全国的理由是：　　　　　　　　　　　　（　　）

　　　A. 上海学生聪明　　　　　　B. 上海教师质量好

　　　C. 中国教育的地区差异很大　D. 上海的学校还不太有名

　　3. 下面哪一项不符合这次测试的实际情况？　　　　　　　　　　　　（　　）

　　　A. 题目很有意思　　　　　　B. 题目是保密的

　　　C. 测试时间为两个小时　　　D. 全球范围，一周内先后进行

　　4. 下面哪一项不是上海教育的成功经验？　　　　　　　　　　　　　（　　）

　　　A. 学生对学习内容选择有自主性

　　　B. 吸收了发达国家的先进教育经验

　　　C. 教师经常进行经验交流

　　　D. 推动教育均衡发展

5. 根据本文，你认为作者对上海学生测试第一的态度是： （ ）
   A. 很骄傲　　　　B. 很理智　　　　C. 很兴奋　　　　D. 无所谓

四、理解下列句子或语段，选择正确答案

1. 根据"除了中国上海和港澳台是以地区为单位参加之外，其他地方多以国家名义参与测试，抽样的学生覆盖面更广，差异更大"这句话，下面哪种理解符合原意？
   （ ）
   A. 中国上海和港澳台以地区为单位参加了测试
   B. 大部分参加测试的学生是以国家名义参与的
   C. 以国家为单位的测试需要更大的覆盖面，因此参加测试的学生也有更大的差异性
   D. 以地区为单位和以国家为单位参加测试，取得的结果是相同的

2. "上海完全遵循了经合组织统一的二次分层抽样办法，既有高中生也有初中生，有重点与非重点，有公办校、民办校，有普通高中、职业学校，有市区校和郊区校，样本名额完全按照在校生总人数比例分配。"这段话告诉我们： （ ）
   A. 参加测试的办法　　　　　　　　B. 测试的具体内容
   C. 测试的具体过程　　　　　　　　D. 测试的人数要求

3. "中国上海在此次测评的各项中都以明显优势领先，这表明了在多元社会背景中，凭借中等经济资源也可以取得令人瞩目的教育成就。"这句话说明： （ ）
   A. 教育和经济发展不一定同步　　　　B. 经济发展决定教育水平
   C. 上海的教育水平是中国第一　　　　D. 上海有地区的经济优势

4. "相对于过分散漫自由、校际差异巨大的美国教育，中国学校注重课堂纪律和课程安排、教师有责任心、学生付出更长的学习时间和更多的努力等做法，自有可取之处。"这句话说的是： （ ）
   A. 美国教育的优势　　　　　　　　B. 中国教育的优势
   C. 中国教育的缺点　　　　　　　　D. 美国教育的缺点

5. "比起'第一'的成绩，张民选更看重PISA考试的评价理念和技术，他称之为'借用国际的眼光给我们的教育做体检'。"这段话的主要意思是： （ ）
   A. "第一"的感觉很好
   B. PISA考试是检验评估中国教育的手段
   C. PISA考试的评价理念和技术非常国际化
   D. 取得了"第一"的成绩，这是最重要的

五、给下列句子排序，组成语段

1. A. 差异更大
   B. 除了中国上海和港澳台是以地区为单位参加之外，其他地方多以国家名义参与测试
   C. 而上海的测试结果，也远不能代表地区差异巨大的中国教育发展的整体水准
   D. 抽样的学生覆盖面更广

2. A. 应该反映了学生的真实水平
   B. 该校有 182 名学生被抽中参加
   C. 虽然坐在一间教室里，也不可能抄袭、复制
   D. 共有 10 多套编排方式各不相同的测试卷

3. A. 比如，与国内"阅读"考试不同，PISA 的阅读材料非常丰富
   B. PISA 调查结果，也折射出上海学生学业负担偏重、缺乏自我调控学习策略等"软肋"
   C. 上海学生在阅读图表、表格、清单等非连续文本上相对薄弱
   D. 有私人信件、小说、传记，也有政府文件、公告、报纸招工广告等

4. A. 而这恰是中国学生的强项
   B. 这一成绩，不应遮蔽我们在个性培育、人格教育、创造力教育等方面远远落后于其他国家的事实
   C. PISA 注重基础知识和学习能力
   D. 反映的仍旧是知识教育的结果

5. A. 因为很显然，上海拥有中国最好的学校
   B. 克里斯托弗意识到在全球排行第一的上海并不能完全代表全中国
   C. 这同样是个不争的事实
   D. 但中国数量众多、条件恶劣的农村学校也已取得引人注目的进步

六、阅读理解（一）

⦿ 由于上海学生在 PISA 测试中的优秀表现，引起了一些美国人对中国教育的关注。下面的报道中引用了一位美国专栏作家对中国教育的看法。

8 学校教育

1月26日，美国总统奥巴马在国会发表国情咨文时四次提及中国，对照中印等迅速发展，认为美国面临竞争危机，理由是"一些国家，比如中国和印度……他们开始尽早着手对孩子进行教育，并延长教育时间，更注重数学和科学"。奥巴马提醒美国公众思考"如何与中国等国家竞争"，这恰恰也是美国主流媒体近来颇为关注的热辣话题。

近日，资深专栏作家尼古拉斯·D·克里斯托弗就以"中国打赢校园战争？"为题在纽约时报发表评论，认为对美国的战略挑战并非来自所谓中国隐形战机之类的东西，而是中国公众改进教育体系的决心，以及向外部世界学习的激情。

克里斯托弗之所以就这个话题做文章，是缘于上月揭晓的一项有关全球65个国家（地区、城市）的学生学业表现研究报告：在所有科目（数学、科学和阅读）中都处在最拔尖位置的是上海，居第二至第五位的还有三个是深受**儒家**（rújiā）文化影响的区域——香港、新加坡和韩国，唯一的非儒教国家是芬兰；而美国学生在阅读方面的表现居第15位，在科学方面居第23位，在数学方面则居第31位。

与众多西方学者的观点相类似，克里斯托弗也认为教育在中国及亚洲其他区域之所以被置于最优先选择的序位，是和这些地区自古至今深受儒家文化影响分不开的。儒学思想对教育的重视已深深地**浸润**（jìnrùn）于中华文化，由此才衍生了中国学校体系的最伟大力量。

克里斯托弗堪称是"中国通"，他曾在中国和亚洲地区生活过二十多年，他的妻子是华裔美国人，他的几个孩子还曾在日本学校就读。在文章中，他意识到在全球排行第一的上海并不能完全代表全中国，因为很显然，上海拥有中国最好的学校；但中国数量众多、条件恶劣的农村学校也已取得引人注目的进步，这同样是个不争的事实。他举例说，自己妻子的故乡是在中国南方一个非常贫穷的小村庄，但让他目瞪口呆的是，比起他就读于纽约最好的公立学校的孩子们，这里的农家子们的数学水平要高出好几个等级，由此也证明了中国的数学教育达到了一个多么高的水平。

让克里斯托弗感到**诧异**（chàyì）的是，中国人自己对自己的学校体系很不满意。每当他试图与中国人就他们的学校体系进行交流，听到的抱怨总是远远多于赞扬。很多中国人严厉地责备其教育体系绞杀了下一代的独立思考与创造力，他们羡慕培育自立精神的美国学校体系——他们希望全盘学习而不是局部师法。他的一个广东朋友直言他将把自己的孩子送到美国去学习，理由是本地学校是"创造力的杀手"。另外一个朋友则把儿子送到一所国际学校就读，目的是逃避所谓的"封闭式培训项目"。

作为一个旁观者，克里斯托弗在文中流露了一个美国精英知识分子的清醒认识，一方面认为中国人对自身学校体系的批判是完全合理的，另一方面也不因美国正好不存在中国式的学校缺陷而沾沾自喜，而是深深地钦佩中国人对教育的激情，以及要让整个学校体系变得更好的信念。在他看来，中国学校体系的现有缺陷都可通过改良获得再造，并没到不可收拾的地步，而中国人对教育和培养人才的热忱（rèchén）是永远值得受到尊重。诚如教育家威廉·巴特勒·耶特斯所言，"教育不是装满一桶水，而是点燃一把火炬"，而桶里装的如果是燃料，那就可以点燃一堆驱散蒙昧（méngmèi）、带来理性之光的篝火（gōuhuǒ）。

在笔者看来，虽然克里斯托弗对我们的教育现状和儒家文化实际影响多有溢美之词，但对中国学校体系的分析还是比较中肯的，特别是他最看重的中国人积极向学的热烈情怀，恰恰是我们自己也常常忽视了的。虽然克氏之文并无"捧杀"中国教育的歹意，但我们也不必因此而真的飘飘然忘乎所以。事实上，他写这篇文章主要用意在于激起美国公众的忧患意识，从而为"不能让下一代美国人输在教育上"之类的讨论平添几分热度。美国虽然近六十多年来一直位居全球最富足国家之列，其实一直不乏危机感。特别是爆发全球金融危机以来，美国社会开始弥漫着更大的焦虑，担心美国会从第一流国家的行列里掉队。这也是为什么辩才无碍的奥巴马总统屡屡在演说中借"中国、印度每年培养的工程师数量是美国的好几倍"之类的话题，去唤起美国人更加重视教育的原因。

特别值得注意的是克里斯托弗的结论，即美国注定不会成为一个儒教国家，但在不放弃其教育体系内在创造力和独立思维的前提下，美国照样可以提升全民教育水平。这虽然是克氏写给美国主流读者看的，但对于正走在教育改革漫漫长路上的我们来说，何尝不是一个极好的参照与启示？

（选自浙江在线，作者陈国平）

● **读后回答问题或完成任务：**

1. 请在互联网上查找一些中国古代儒家重视教育的言论，或者请周围的中国朋友介绍几句孔子关于教育的名言，与同学互相交流。
2. 克里斯托弗最钦佩的是中国学生的学业表现还是中国人对教育的热情？为什么？
3. 中国人对自己的教育不满意的原因是什么？
4. 看完这篇文章，请你在文章里有关中美教育对比或差异的句子下面画线。
5. 根据文章的介绍，可以看出奥巴马和克里斯托弗称赞中国教育的目的是什么？

七、阅读理解（二）

● 下面这篇文章介绍了两种美国的大学，即社区大学和博雅学院。

提到美国大学，读者熟悉的大概是哈佛、耶鲁或者麻省理工等研究型大学。这些大学无论对美国还是对全世界都产生了巨大影响。但是，美国还有其他类型的大学，其中的两种颇为"另类"，国内对它们的介绍也较少。但是它们同样对社会产生巨大影响，甚至从某种意义上说比研究型大学还重要，也有很多中国可以学习的地方。

第一种是社区大学，几乎每个大点的城市都有一所这样的学校。叫它们大学，有些人可能有点意见，因为这些学校大部分根本就不授予本科学位，学生在那里拿到专科学位的比例也不高，非常多的学生在那儿上学是不会拿到任何学位的。

有人可能要说，这么说社区学校也太"野鸡"了，说它们对社会有重大影响实在是言过其实了吧？其实不然，社区大学一大职能是短期的职业培训，它们紧跟社会职业市场动向，什么工作需求比较大就开哪方面的课，学生来上课的目的也就是要"短平快"地掌握此类工作的基本技能，然后尽快找到工作，学位实在是无关紧要的东西。也因为如此，此类培训在课程设置上的特点是基本不教基本理论，一上来就是实打实的实际操作、应用，一般短短几个月就可以出师上岗。

不少在美国的华人认为，中国在人才方面落后于美国的地方，更多并不表现在缺乏尖端的科技人才，而是表现在缺乏熟练的技术工人。而社区大学就是美国的技术工人的第一大来源。

那么到底有什么可以学习的地方呢？首先中国类似学校的数量实在太少，就算有，在课程设置方面恐怕很多也过于重视理论而缺乏实际应用，因此造成技术人员培养速度太慢，效率不高。因此增加学校数量，更新教材，改进教学方法，大概是当务之急。

社区大学还有一个特点就是学费远比普通四年制大学便宜，还有，上课时间也非常灵活，既有正常工作时间，也有大量的晚上、周末，近些年很多还可在网上授课。这样做的好处是很多有工作的学生也可以去上课接受教育，学习新技能。

由于学费低廉，社区大学也更适合经济有困难的学生。而且还不耽误学生拿个更好大学的学位。美国转校非常普遍，转校时可以转学分，在社区大学修的课程大部分情况下四年制大学会承认。因此很多经济有困难的学生选择前两年在社区大学上课，然后再转到更好的大学拿到本科学位。这实在不失为一个好办法，也是中国高等教育可以学习借鉴的地方。

另一种大学在中国上镜更少，这种大学的英文名叫"Liberal Arts Colleges"，它的中文名现在还是莫衷一是，大概是因为中国实在缺乏对应的学校。有人翻译为"文

128

学院"或者"文理学院",这两个名字,无论就字面还是就含义,都和实际相差甚远,有人甚至认为是翻译者把"liberal"(自由的)误认为是"literal"(字面的)甚至"literary"(文学的)造成的。有一种翻译叫"博雅学院",在港台地区比较流行;中山大学有一个博雅学院其英文名也是"Liberal Arts College",多少算是有点"权威性"。因此笔者也决定使用这个名词。

除非是关心美国高等教育的,除此之外就算最著名的博雅学院大部分国人也应该不熟悉,但是在美国,这些学校却大名鼎鼎,最好的博雅学院不论是名望、入学标准还是学生出路都不亚于最著名的研究型大学,很多时候甚至更强。比如有统计,按学生比例算,诺贝尔奖获得者本科的母校更可能是博雅学院,而不是研究型大学。

这是为什么呢?先说这些学校的特点:它们一般规模比较小,师生比例高,每班学生少,经常十多人,最多不过50人左右。学校一般注重学生知识全面发展,提供机会也鼓励学生修学和专业关系不大的课程(因此倒也对得起一个"博"字)。教学是博雅学院教授的最主要任务,科研活动一般不多,教授也不怎么写和发表论文。由于教授能够专注于教学,来这种学校就职的人一般也对教学充满热情和兴趣,因此教学质量水涨船高,学生也就深受用人单位和研究生院的喜爱。因此,虽然博雅学院一般学费昂贵(通常比同等级别研究性大学贵),但美国人认为物有所值,博雅学院也就经久不衰。

与此形成鲜明比照的是,现在国内大学,无论大小、规模、性质都几乎强调科学研究,强调发表论文,这样一窝蜂一起上实在不是一个好现象。

相信中国也有很多热爱教学但对科研相对不热心的教授,应该有和博雅学院类似的学校让他们发挥特长,就美国的经验看,对社会的贡献不见得比让他们奔波于研究小。也有些教授视教学为畏途,更喜欢、更擅长于作研究,可以考虑让这些教授更专注于作研究,减少教学任务。实际上,虽然美国有不少科研、教学双丰收的教授,但很多研究性大学的教授是不喜欢教学的,而学校的做法也一般在一定范围内允许以"科研换教学",让他们作更多的研究,减少教学数量。

总之一句话,人的能力、长处各有区别,教授也一样,能够各尽所长才是更合理的分配。

(选自新华每日电讯,作者山石)

● 读后回答问题或完成任务:

1. 在美国,经济比较困难又想早点儿工作的学生可以选择什么样的大学?这类大学的主要教育内容是什么?

2. 请你向同学简单介绍一下美国的"Liberal Arts Colleges",并谈谈这类大学有什么优势。
3. "Liberal Arts Colleges"的教授主要工作是研究还是教学?
4. 画出本课文中所有与中国教育有关的句子。
5. 有很多中国人感叹现在的熟练技术工人越来越少。针对这样的情况,请参照课文的3、4、5自然段写出一个建议。

八、阅读理解(三)

● 这些年来,一些本科生毕业以后去读职业学校,对这一现象应该怎么看呢?

周琼是南京工业大学计算机专业今年毕业的本科生,在经历了一番找工作、上班的坎坷与挫折后,"回炉"念中专了,目前是山东物业管理学校的一名学生。这不是笔者第一次看到本科生"回炉"读职校的新闻了。

对于周琼的做法,某视频网以《××炮轰本科生"回炉",本科教育实属**颓废**(tuífèi)》为题,制作了一期节目。某杂志主编在接受采访时认为,周琼去中专读书是对其工作的一种逃避,这样会成为一种恶性循环。

说实话,看完这个视频,笔者对该杂志主编的看法不敢苟同。本科生"回炉"也许正在成为一种普遍的社会现象,我们是不是就这么简单、随便地得出个结论——本科生"回炉"读中专会演变成一种恶性循环?

其实,本科生"回炉"读职校在国外也很常见。教育部职业技术教育中心研究所所长助理姜大源在去年"两会"期间就说,他曾经在德国工作过12年,让本科生到职校"回炉"的做法在德国很普遍。德国有四分之一的学生在考上大学后选择保留学籍,然后到职业院校"回炉",考取相应的职业资格证书。如果能实现这个愿望,学生进可升学,退可就业,使教育渠道非常畅通。

在韩国,为了就业,一些大学生不得不使自己的人生规划来个"U型转弯",重回校园,这次他们并不是要拿文凭,而是想学一门手艺。据统计,在韩国154所受访的专科学校中,64所的就业率达到90%以上。正是高就业率,使得一部分大学毕业生走进专科学校的大门,希望通过两年的学习掌握一门实用技术,以期在未来的就业市场上成为抢手货。

了解了国外本科生"回炉"的做法,再来反观国内。遗憾的是,国内的本科生在放下"身段"去职业院校读专科时,却招致了一系列的质疑——本科四年是不是白读了?这是不是高等教育的浪费?既然已经有了本科的学历,为何不选择读研,接受更高一层的教育?对此,笔者以为,我们还缺一个宽容与理解的环境。

其实，考察任何社会现象，都要立足于促使其产生的社会背景之上。众所周知，我国的本科教育过于注重理论，所开设的专业、课程与社会的需求相距甚远，大学生的动手实践能力不足，学校培养的人才无法满足用人单位的实际需求。这些根深蒂固的"顽疾"无法一下子克服，在这种情况下，本科生选择"回炉"一方面是出于无奈，从另一个角度来看，也是一种理性、务实的选择，也可以说是一种亲身经历过后的再调整。毕竟，他们再次选择的目标都很明确——为了现实的就业问题而掌握一门过硬的技术。

再者，回溯到高考填报志愿，可以说很多考生都是懵懵懂懂。从小学到高中本来就缺乏职业生涯的规划，缺乏对自我的完整认知，没有人能够确保所填报的专业就必定是自己将来所从事的行业。随着学生自身阅历和年龄的增长，对自我的认知就会越来越深刻。学生的兴趣和追求发生改变是正常现象，至于是选择接受更高一层的教育还是"屈身"就读职校，这完全是个人意愿，本应得到尊重。只是在我们一贯的思想中，"本科""专科"学历的等级观念依然深厚。

其实，在当前的教育环境下，发挥职业院校的作用，让本科生"回炉"读职校，促进本科生高质量就业和创业，不失为一种良策，所以面对本科生"回炉"读职校的做法，我们没必要大惊小怪，社会更应该持鼓励和支持的态度，甚至让本科生"回炉"成为一种时尚。

当然，对此现象，我们更多的是需要反思。首先，从考生来讲，填报志愿的时候，是选择就业率高、专业实用的职业院校，还是选择接受本科教育？这是一个需要慎重抉择（juézé）的问题。其次，从官方的角度来讲，本科教育改革的步伐能否跟进，职业教育的发展能否进一步完善和成熟，职业教育何时才能为普通大众所认可，真正在老百姓的心中站稳"半壁江山"，这些面临的挑战依然很严峻。最后，本科教育和职业教育之间也能否建立一个沟通的渠道，使得更多的本科生可以"逆流而下"读职业院校，获取某个行业的"职业资格"，以期缓解部分的就业压力？

（选自《中国新闻网》，作者若尘）

● 读后判断正误：

1. 本文作者认为，周琼去中专读书是对自己工作的逃避，这样会成为一种恶性循环。　　　　　　　　　　　　　　　　　　　　　　　（　）
2. 在中国国内，人们通常的想法是，本科毕业应该读研究生，而不是去职业学校读专科。　　　　　　　　　　　　　　　　　　　　　（　）

3. 文中提到不少德国人和韩国人在大学毕业后也会去职业院校学习。（　）
4. 本文认为职业教育和本科教育之间应该有一个互通的渠道。（　）
5. 本文认为本科和专科的差别并不重要，重要的是每个学生的能力发展和社会的需求。（　）

第九课　教育国际化

话题解读

　　教育国际化，说到底就是在经济全球化、贸易自由化的大背景下，各国都想充分利用国内和国际两个教育市场，优化配置本国的教育资源和要素，培养出在国际上有竞争力的高素质的人才，为本国的最高利益服务。在知识经济日益显现的时代，国家综合实力的竞争，归根到底是人才的竞争。因此，教育国际化的最终目的是培养具有国际意识、国际交往能力、国际竞争能力的人才，这种人才能立足于本土，放眼于世界，积极主动地参与国际竞争。

课前讨论

- 你的国家有没有外国留学生？你知道人数排名前三位的是哪些国家的留学生？为什么这些国家的学生愿意去你的国家留学？
- 你如果有孩子，你愿意他（她）出国留学吗？请说明理由。如果愿意，你最希望他（她）去哪个国家学习？请说明理由。
- 在你的国家，公司企业、政府部门、大学、医院更喜欢聘用本国大学培养的学生还是从国外大学留学回来的学生？

高等教育能否成为世界发展新动力

近日,英国文化协会主办的第五届国际教育年会"2011走向世界"在香港举行,来自全球70多个国家的近千名政府官员、大学校长和专家学者出席会议。虽然会议内容多少有点"英国味儿",无论是对大学经费投入的讨论,还是对国际学生流动的关注,都让人联想到近期英国正在进行的一场高等教育改革,但是这并不影响参会者的热情,毕竟在教育国际化和经济全球化影响日益深刻的今天,各国大学也都不同程度地面临这些问题。

教育经费——政府责任还是个人投资

"世界发展的动力之源"是本次会议赋予教育特别是高等教育的新定位。自金融危机爆发以来,高等教育不断被推上风口浪尖,或被"捧"为国家走出危机的重要力量,或成为国家节约开支、削减预算的对象。高等教育到底是世界发展的新动力,还是各国发展的一道难题?与会者各抒己见。

英国文化协会首席执行官马丁·戴维信说:"未来将是知识经济的社会,一个国

家要想获得成功,必须依靠知识的分享,而高等教育不仅是知识产生和传播的重要机构,也是促进全球合作的重要机构。从这个意义上说,知识经济必须要有强大的高等教育做后盾。"

然而,众所周知,自去年年底以来,英国政府削减大学经费,并将英国大学学费上限提高到9000英镑。据英国媒体日前报道,许多大学最新公布的学费标准直指9000英镑的"高压线"。

出席大会开幕式的英国大学与科研事务大臣戴维·威利茨坦言,"英国目前正在进行的高等教育改革引起了很大争议"。他强调,"实际上,英国大学的经费并没有减少,只是不再直接从政府得到拨款,改为向学生收取学费。大部分学生在入学时都可以向政府申请贷款,等到毕业后收入达到一定水平再偿还。"

按照威利茨的解释,钱似乎还是从政府到大学,只是中间多了学生转手,而这一转手,就出现了选择、竞争和角色转变,给高等教育注入了活力。威利茨说:"单纯的经费投入,并不一定能带来高质量和变

革,现在大学必须想办法吸引学生,而培养出的学生必须适合今后的就业需求,这就是大学改革发展的动力所在。"

无独有偶,当前美国教育改革也突出了竞争,联邦政府不再像以往那样只是一味地"砸钱",而是通过竞争性拨款、大学生贷款等,在教育领域引入更多的竞争机制。在不少与会者的发言中,不断出现"消费""投资""顾客"等词汇,看来原本"不差钱"的欧美国家不再把高等教育当做福利,而是更加倾向于一种对未来人力资本的投资。

对于发展中国家来说,高等教育又意味着什么呢?非洲大学联盟主席、来自加纳的杰格德教授说:"说到挑战,我们有一份长长的清单,但是这并不妨碍我们发展高等教育的决心。"杰格德说,很多非洲国家将高等教育看做有效参与全球竞争的一个突破口,以便有能力去利用非洲的自然资源,改变目前人才和资源双重流失的现状。非洲联盟已经制定了非洲内部的大学合作框架,并且着手建立非洲高等教育科研空间和非洲高等教育质量保障体系。

巴西南里奥格兰德联邦大学校长卡洛斯·奈托说:"随着知识经济和科学技术重要性的增强,教育已经被写入巴西执政者的议事日程。过去七年里,我们获得了有史以来规模最大的教育投入。巴西目前有2000多所大学,在120多个农村地区都设有大学的校区,联邦大学的招生人数翻了一番。"

巴基斯坦高等教育委员会主席加瓦德·拉哈里也同样强调政府责任。谈到发展,拉哈里很有雄心,"希望能有两所大学进入世界前100名。"

大学排名——为大学还是为学生

不知是有意还是巧合,在此次英国国际教育年会召开前一天,英国《泰晤士报高等教育副刊》发布了一份世界大学学术声誉排行榜,为大学排名这个热门话题又添了一把火。英国《泰晤士报高等教育副刊》及其合作者英国高等教育质量调查公司(QS)的负责人均来到会场,零距离与大学排名的支持者和反对者展开对话。

英国《泰晤士报高等教育副刊》自2004年以来每年发布一次世界大学排名,今年首次发布"大学学术声誉排名"。该报主编菲尔·巴蒂表示,世界大学学术声誉排名是在对大学学术表现进行了迄今为止最全面的全球性调查之后评定的。评定指标除教学和科研之外,还包括论文引用情况、科研成果转化收入以及国际化程度等。

在最新的排行榜中,美国大学独占鳌头,夺得前十名中的七席,哈佛大学位列榜首,45所美国大学进入百强。英国是第二大赢家,剑桥大学和牛津大学名列十强,12所英国大学进入百强。日本有五所大学跻身(jīshēn)百强,其中东京大学名列第八。中国清华大学和北京大学也进入前50名,分列第35和第43位。菲尔·巴蒂说:"中国对高等教育的财政支持有目共睹,在不久的将来,中国顶级院校完全可能向排名最前端冲刺。"

在这场关于大学排名角色与功能的讨论中,也有人提出质疑。"我想我们是'被'排名了",伦敦大学学院副校长马尔科姆·格兰特一开场就毫不客气地直指大学排名的

135

软肋（ruǎnlèi）。"什么是大学？什么样的大学是一流大学？评价大学，我们不能只用一种标准。再说，排名怎么衡量和体现一所大学所承载的社会和文化价值？"格兰特接连抛出大学排名的八个不足，在他看来，大学排名仅仅做到透明还不够，还应该具有正确的导向，否则可能造成数据的误读。

"我们不应该低估年轻一代在选择大学时的信息辨别和运用能力。"英国高等教育质量调查机构负责人约翰·莫隆尼回应道。虽然该机构今年已与《泰晤士报高等教育副刊》分道扬镳，各自发布大学排行榜，但是莫隆尼仍然忍不住为同行说话。"排名质量高低是一回事，人们会不会理智地理解和运用排名信息是另一回事。排名对于大学来说是非常重要的工具，它激励大学开展改革。"

同一主题的发言人、香港城市大学教授凯文·唐宁也是大学排名的支持者。"对于世界新兴地区那些雄心勃勃的大学来说，排名有积极作用，许多亚洲大学正是因为进入了排行榜的前200名，才获得了知名度。我也想提醒在座的校长，大学排名原本不是为你们准备的，而是为即将面临选择的学生和家长准备的。"

教育国际化——是空谈还是现实

英国首次将国际教育年会推向海外，无疑是应其高等教育国际化发展的需求。而对于将举办地选在香港，英国文化协会首席执行官戴维信解释说："现在，中国的发展吸引世界的目光，人们关注它的经济，也关注它的教育。"的确，大会专门设立的一场有关中国教育规划纲要的研讨座无虚席，吸引了各国参会者前来参加。

教育国际化是与会者津津乐道的话题。在许多人看来，教育国际化进程中充满着各种机会和可能。连英国大学与科研事务大臣威利茨也不忘"推销"："英国目前有230个国家的留学生，人数仅次于美国，居世界第二。对于留学生来说，英国拥有世界排名前列的大学，有非常高的教育质量。招收国际学生是我们高等教育国际化责任的一部分，政府和大学共同承诺欢迎国外学生到英国读书。"

"大约从10年前或更早，国际化开始成为大学发展战略当中的一个流行词语。但是它在多大程度上具有可行性？教育国际化到底是空想还是现实？"伦敦大学学院的迈克尔·沃顿教授将与会者带入一种更为理性的思考。

美国国际教育工作者协会高级专家、密歇根大学国际处主任约翰·哈吉克指出："虽然政府的作用不可或缺，但是要想实现深层次的国际化发展，大学才是关键。我们的经验是'综合性'国际化，即在大学的教学、科研、服务等方面注入国际化、全球性的内容和视角。"

日本文部科学省高等教育局局长加藤重治向与会者介绍了日本的高等教育国际化策略，印证了哈吉克所说的"综合性"国际化。2009年，日本文部科学省启动了名为"全球30"的国际化基地建设项目，在5年内向13所最好的大学提供每年2亿到4亿日元的资金援助，目标是到2020年使国际学生数量增加到30万人。

加藤重治说："我们的策略之一是提高

大学英语授课的课程和学位数量，此外还将通过赴海外招生，招聘国际化背景的师资，创设多元文化的课堂教学、小组学习及研讨环境，提供更多奖学金、住宿设施及社会实践机会等，加大对国际学生的吸引力。"

英国大学与科研事务大臣威利茨给出了高等教育国际化的**确凿**（quèzáo）证据——英国最好的科研论文中，有45%都是与其他国家的学者合著的。"这充分说明，科学研究已不再是某一个国家凭一己之力能够完成的，同样，大学教育也不再仅为某一个国家服务，"威利茨说，"最好的交流是双向的，我非常希望英国学生能多走出去，学习别人的长处和文化，英国政府正在为此努力。在我看来，高等教育国际化目前只是起步阶段，还有很大的发展空间。"

（选自《中国教育报》）

▼ 练习 ▼

一、下面哪一项可以概括说明本文的内容？

A. 本文主要说的是高等教育的经费和大学排名
B. 本文主要讲英国高等教育的国际化
C. 本文主要讲高等教育的国际化发展

二、回答下列问题

1. 文中提及的"第五届国际教育年会"是怎样重新定位高等教育与世界发展的关系的？
2. 发展中国家对发展高等教育的重视程度和资金投入是否一样？
3. 对于亚洲的大学来说，世界大学排名有什么样的积极意义？
4. 英国伦敦的马尔科姆·格兰特对大学排名进行批评的理由是什么？
5. 高等教育的国际化是不是一种空谈？有没有高等教育国际化的证据？

三、选择正确答案

1. 英国目前正在进行的高等教育改革，最重要的是哪个方面？　　（　　）
   A. 教育民主和教育自由　　　B. 学费
   C. 课程设置　　　　　　　　D. 学生权利

2. 关于当前的美国教育改革，下面哪一项不是改革内容？（   ）
   A. 实行竞争性拨款　　　　　　B. 引入更多的竞争机制
   C. 把高等教育当做福利　　　　D. 给大学生贷款

3. 在本文所说的世界大学学术声誉排名的评定指标中包括了下面哪一项？（   ）
   A. 大学得到诺贝尔奖的人数　　B. 论文引用情况、科研成果转化收入
   C. 大学的国际知名度　　　　　D. 大学的历史和文化传统

4. 英国文化协会主办的第五届国际教育年会"2011走向世界"在香港举行的原因是什么？（   ）
   A. 香港的教育办得好　　　　　B. 受香港特区政府的邀请
   C. 受中国政府的邀请　　　　　D. 中国的发展吸引了世界的目光

5. 下面哪个不是日本高等教育国际化的策略？（   ）
   A. 注意学生双向交流
   B. 提高大学英语授课的课程和学位数量
   C. 向日本最好的大学提供资金援助
   D. 启动了"全球30"的国际化基地建设项目

四、理解下列句子或语段，选择正确答案

1. "自金融危机爆发以来，高等教育不断被推上风口浪尖，或被'捧'为国家走出危机的重要力量，或成为国家节约开支、削减预算的对象。"这段话的主要意思是：（   ）
   A. 高等教育导致了金融危机
   B. 在金融危机背景下高等教育被重新审视
   C. 金融危机导致了高等教育危机
   D. 削减教育经费有助于走出金融危机

2. "不知是有意还是巧合，在此次英国国际教育年会召开前一天，英国《泰晤士报高等教育副刊》发布了一份世界大学学术声誉排行榜，为大学排名这个热门话题又添了一把火。"这段话中"添了一把火"是指：（   ）
   A. 使话题得到讨论　　　　　　B. 使话题的讨论更热烈
   C. 使话题得到说明　　　　　　D. 使话题转移了

3. "我想我们是'被'排名了"这句话的意思是：
   A. 我们对大学排名不满意　　B. 新的大学排名比较有意思
   C. 新的大学排名结果出来了　D. 我们并不知道大学排名的结果

4. "排名质量高低是一回事，人们会不会理智地理解和运用排名信息是另一回事。排名对于大学来说是非常重要的工具，它激励大学开展改革。"这段话的意思是：
   （　　）
   A. 排名的质量很差，人们不必在乎
   B. 排名质量有问题，但人的理智可以纠正它
   C. 排名也许有缺陷，但排名会促使大学进步
   D. 排名也许有缺陷，但排名的人是理智的

5. "教育国际化是与会者津津乐道的话题。在许多人看来，教育国际化进程中充满着各种机会和可能。连英国大学与科研事务大臣威利茨也不忘'推销'。"结合上下文，可以判断出文中"推销"的意思是：　　　　　　　（　　）
   A. 卖东西　　　　　　　　B. 打折卖东西
   C. 做一个广告　　　　　　D. 较有自信地介绍自己一方的优点

五、给下列句子排序，组成语段

1. A. 只是中间多了学生转手
   B. 钱似乎还是从政府到大学
   C. 给高等教育注入了活力
   D. 而这一转手，就出现了选择、竞争和角色转变

2. A. 这就是大学改革发展的动力所在
   B. 现在大学必须想办法吸引学生
   C. 单纯的经费投入，并不一定能带来高质量和变革
   D. 而培养出的学生必须适合今后的就业需求

3. A. 夺得前十名中的七席
   B. 45所美国大学进入百强
   C. 哈佛大学位列榜首
   D. 在最新的排行榜中，美国大学独占鳌头

4. A. 最好的交流是双向的
   B. 英国政府正在为此努力
   C. 学习别人的长处和文化
   D. 我非常希望英国学生能多走出去

5. A. 从这个意义上说，知识经济必须要有强大的高等教育做后盾
   B. 未来将是知识经济的社会
   C. 而高等教育不仅是知识产生和传播的重要机构
   D. 一个国家要想获得成功，必须依靠知识的分享
   E. 也是促进全球合作的重要机构

六、阅读理解（一）

● 下面分别是文章的大标题和小标题：
   A. 近四成留学生很少与中国学生交流互动
   B. 让留学生与本土学生在"一个屋檐下"学习
   C. 如何让来华留学生融入中国校园生活
   D. 上课、住宿等安排造成交往机会缺失

请你在阅读后把以上标题填在文中合适的数字旁边。

0 (   )

新学期开学，听说班里有几名外国留学生，今年考上中国人民大学研究生的胡小波很兴奋，以为可以和这些外国同学一起交流、学习，成为好朋友。然而，半个学期快过去了，除了上专业课时能够见个面，胡小波与他的外国同学鲜有实质性的接触。

"与内地情况相似，在香港，当地学生与留学生尽管生活在同一个校园，但仿佛处于两个不同的世界。不同国家、文化背景的学生跨文化融合，这是个世界性的难题。"日前，在北京联合大学举办的"2010大学国际化发展战略国际研讨会"上，香港岭南大学商学院院长狄恩·乔斯佛德呼吁建立合作学习模式，促进不同国籍学生的交流互动。

1 (   )

随着高等教育国际化进程的推进，越来越多的外国学生将中国作为留学目的地。据教育部有关部门统计，仅2009年，我国就有610所高校、科研院所共接收来自

190个国家和地区的23万余名各类来华留学人员。其中，北京大学、清华大学等知名高校每年招收留学生几千人，北京语言大学近万人。

对于数量众多的外国留学生，如何让他们克服人际交往的障碍，尽快融入国内高校的校园学习和生活，加强与中国学生的交流、学习，这不仅关系到留学生教育质量的提高，而且影响到我国高等教育国际化进程。

据中国人民大学的一项调查发现，多达86%以上的留学生有进一步与中国本土学生交往的需求，其中46.1%的人认为这种意愿非常强烈。然而，高校留学生跨文化人际交往的状况并不令人满意。在很多留学生比例较大的高校，不仅中国学生鲜有机会与外国留学生交流，外国留学生也很少主动与中国学生交流。调查显示，35%的留学生很少与中国学生交流、互动，经常交往的只有30%，高达39.5%的留学生认为自己"没有亲密的中国朋友"。

调查还显示，大部分留学生与中国学生的交往集中于通过熟人介绍或是协会组织，而且44.7%的留学生选择学习语言文化为交往目的。外国留学生与中国学生的交流呈现出频率低、程度浅的特点。

2（　　）

为什么外国留学生与中国本土学生都存在着较为强烈的跨文化交往需求，而实际的交流却这么少？

记者在实地走访了北京的几所重点高校后发现，为了管理的方便，这些高校无一例外都建有单独的留学生公寓、留学生食堂和教室，外国留学生单独编班上课，与中国学生几乎没有重叠（chóngdié）或交叉的学习、生活空间。来自美国的留学生杰克表示，他很想和中国同学交朋友，却因为不在一起上课，失去了很多机会。

中国人民大学的调查也显示：62.5%的留学生认为学校的上课、住宿安排，没有给他们提供足够多的人际交往机会；另有21.9%的留学生则认为，学校社团没有给他们提供足够的人际交往空间。

据了解，很多高校都成立了关于外国文化的学生社团，但是这些社团大部分以中国学生为主，只有少数的外国留学生参与。有的外国留学生表示，他们只参加本国学生组织的社团，中国学生的社团没有特别针对留学生的项目，不是很有意思。

此外，中西文化的隔阂以及语言障碍，也是影响外国留学生与中国学生深层次交往的重要原因，特别是对那些初来乍到的外国留学生，因为语言不通，与中国学生的交流频率和层次都相对较低。

9 教育国际化

3 (　　)

"在全球化背景下，高等教育国际化已成为不可避免的趋势，提高留学生的比例，加强留学生与中国学生的互动，有利于培养学生国际化视野、应对国际事务以及跨文化交流的能力。"在"2010大学国际化发展战略国际研讨会"上，北京联合大学校长柳贡慧表示，该校计划实施国际化发展战略，5年内将留学生的比例提高到5%。

如何在提高留学生比例的同时，加强留学生与中国学生的互动呢？狄恩·乔斯佛德教授结合岭南大学的经验给北京联合大学"支招"：可以建立本土学生与留学生合作学习的模式，让不同国籍的学生构成一个团队，通过分组学习、讨论、共同完成学习任务的方式，加强留学生与本土学生之间的了解和联系。

一名曾经到德国高校做过"交换生"的学生告诉记者："在德国柏林，我们和德国学生在同一个教室上课、同一个食堂吃饭，住在同一栋公寓里。楼内的人多是来自德国其他地区的大学生，也有一少部分其他国家的学生。既没有24小时的'安保'，也没有全天候的'留管'人员，大家却也相安无事。与'隔离式'留学生管理模式相比，这种方法值得借鉴。"

据了解，美国等接收留学生较多的国家，在促进留学生尽快融入当地社会方面，一个共同的做法是，让不同国家、不同语言的学生都"在同一个屋檐下"生活和学习。这种管理模式为留学生与当地学生交往创造了很多机会。

专家建议，在来华留学生越来越多的背景下，高校应当打破留学生和本国学生之间的隔阂，尽量提供一体化的环境，并且创建一些能够吸引外国留学生参与的学生社团，这样不仅有利于拓宽留学生的交际面，增强他们的归宿感，对于提高本土学生的国际化视野也将大有裨益。

（选自《中国教育报》，作者李凌）

● 请在阅读本文后，根据以下情景完成任务：

在你的国家，有20名高中二年级的学生想在明年的7月和8月来中国学习汉语。他们的要求是，最好能在融入中国社会的环境中学习，说汉语的机会越多越好。你现在负责这一交流项目。请与同学一起，讨论并制订出一个相关的交流计划。

七、阅读理解（二）

● 下文是记者采访一个叫Steven Gutteridge的英国学生在中国杭州实习的记录。

近年来，随着中国经济的快速发展，有越来越多的外国人去那里学习或工作。史蒂文·古特里奇（Steven Gutteridge）目前在伦敦布鲁内尔大学（Brunel University）攻读工业设计与技术（Industrial Design & Technology）本科，他曾经在杭州一家外资企业实习两年之久。那么，他在中国的经验有什么意义？

子川：你是怎么了解到在中国的实习项目的？

Steven：布鲁内尔大学鼓励学生在本科最后一年在业界一家公司实习。我在中国实习的公司是一家美国能源公司，在杭州。他们当时在大学就业中心网站上发布了招聘实习设计师的广告。我看到之后马上就申请了。在接到几次Skype电话和面试之后，我跟同专业的另一位同学一道被录用。

子川：为什么选择这个项目？

Steven：因为父亲在英国皇家空军供职，所以我从小就游历过很多国家。我很享受适应新环境和文化的过程。这就是我到海外寻找工作机会的原因。中国非常吸引我，因为它是迷人的文化和人民的大融合，各地风光也非常不同，并且是全球商品供应的基地。我是学工业设计的，我非常渴望近距离接触制造业，而中国是绝佳的目的地。

子川：你有什么实习感受？最喜欢哪方面？

Steven：我非常享受在杭州工作的两年，都不想回英国了！我热爱我的工作，同事们也都很好。我们是一个大约20人的团队，其中只有3人不是中国人。大家让我感到非常温暖。工作之余，我们也成为了朋友。

杭州也有一个外国人的小社区，有来自很多国家的学生和白领。所以，当我想家的时候就去找一些外国朋友，大家相互分享经验。我在杭州最喜欢做的事情就是在西湖及其附近的茶田放松。那里一向有很多中外游客。我和朋友们会骑车前往游客稍微少一点的区域。很幸运，我们找到了这样的地方。

子川：在中国的经历跟你之前预期的有很大不同吗？

Steven：没有任何旅游书籍、网站或者论坛能够让我对中国如此不同的生活作好准备。最明显的不同是，中国城市中的大量人流。我去过纽约，也在伦敦住过，但这些地方在这一点上跟中国是无法比拟的。在杭州，去超市买东西、坐公共汽车或者"抢"出租车都是独一无二的经验。虽说如此，中国人非常友善和热情，经常帮助我们。

子川：为什么把自己的实习期延长一年？

Steven：我实习的公司设计部门非常小，所以职责很多。公司想要扩展这个部门，问我是否愿意留下来担任经理的职务。因为我在学业上有很大的投资，所以就跟

9 教育国际化

资方商量好，先做一年，然后回伦敦完成学业，之后可以选择再回来工作。

2008年我加入的时候，公司规模还很小，而这两年发展得非常快。在经理的岗位上，我获得了宝贵的经验。在我之后，公司又雇佣了三位布鲁内尔的学生。我离开之前，还培训了另外两名师弟、师妹。他们都很享受在中国的生活。

子川：毕业后要回中国工作吗？

Steven：虽然我很想在近期回中国，但目前学业紧张，我想集中精力完成它，之后再考虑工作的事情。现在，我一边读书一边继续学习中文，因为我感觉自己在中国期间学得不够。我希望毕业后工作两年——回中国、去美国，抑或是留在英国。同时，我也在考虑读硕士学位。我将来想有自己的设计工作室，到时候我们会跟中国客户有密切的联系。

子川：在中国的经验对你事业的发展带来哪些好处？

Steven：由于去中国之前我基本没有实践经验，在中国工作给我的履历（lǚlì）增添了很多分量。因此，我鼓励任何本科生多多参与实习的机会，不管是暑期实习还是像我这种长达一年的项目。在竞争激烈的职场，有海外工作经验非常吸引未来雇主的眼球。

举个例子。我正在组织一个名为"布鲁内尔制造"的年度活动，今年6月在伦敦市中心举行，旨在展示本校的工程和设计类人才。在中国工作时得到的项目管理经验鼓励我领导学生团队组织活动。尽管在报酬方面，我比在英国实习的同学们要少，但是我把在中国的经验当做一种对未来的投资。因为，这种经验显示，你愿意离开自己的舒适区域，有适应能力，是任何公司招新的良好人选。

子川：你在中国最难忘的经历是什么？

Steven：有很多难忘的经历。首先是，我是在北京奥运会刚开时到中国的，当时被整个国家的热情所折服，走到哪里都看得到比赛画面。还有，工作期间，我们有时会在一两天的时间内访问苏州和宁波的数家工厂。我常常被那些从村子里的家族作坊（zuòfang）发展成为庞大工业园区的例子震惊。另外，在西湖边跟朋友们一起庆祝春节也是令我十分难忘的经历。

（选自 BBC 中文网）

◉ 阅读本文后，根据以下情景完成任务：

1. 你的朋友想在中国找一个地方实习，请通过网络搜集一些信息提供给他，并根据本文或其他人的经验给他一些建议。信息和建议需要互相交流。
2. 讨论一下，如果你去中国公司实习，可能会遇到什么样的困难。

3. 找一位在有实习经历的朋友，参照课文的提问方式，提五个关于实习的问题，并把他的回答记录下来。

八、阅读理解（三）

◉ 下面这篇文章是关于名校开设公开课的。

不出国门，坐在家里或办公室里打开电脑，就可聆听（língtīng）世界名校顶级教授的课程，这让中国民众尤其中国青少年感到很是新鲜，大批"淘课族"迅速形成，也让不少忽视课堂教学的国内大学感到了压力。

新浪网 8 月完成的一项网络公开课调查数据显示，在接受调查的 1600 多人当中，94.5% 的人表示关注国内外公开课。在各类公开课当中，国外名校公开课最受网友欢迎，选择比例达 43.1%，而选择国内名校公开课的仅有 17.4%。

在美国，人们本世纪初就通过网络"享受"世界名校课程，这得益于一项"公开教育资源"的运动。2001 年，美国麻省理工学院率先上网公布公开课，其后，耶鲁、剑桥、牛津、斯坦福等全球 200 多所名校纷纷加入，并成立国际开放课件联盟（OCWC），免费推广。但由于这些课程都是英文教学，中国国内长期乏人问津。直到 2010 年，互联网资源分享平台 VeryCD、网易等门户网站介入，组织专业团队进行中文翻译，结果引来大批"中国粉丝"。目前，新浪、搜狐、腾讯等商业网站纷纷推出公开课频道，世界名校的 1300 多节课堂录播视频免费提供观看和下载，涵盖了科学、人文、艺术、经济、哲学等众多科目，每天点击观看量超过 100 万人次。

中央民族大学外国语学院院长郭英剑教授如是解释世界名校公开课的魅力所在："第一，所有公开课都来自世界名校，这是吸引人们关注的重要因素，正所谓'名校效应'。第二，所有公开课都是名师主讲，他们都是所在大学的知名教授、大牌教授甚至明星教授，课堂教学思路开阔，内容与时代契合，对经典内容的阐释彰显了当代意识。第三，内容吸引人，无论是法学、经济学、社会学还是文学领域，都有极为吸引人的课程。"

"假设你是火车司机，突然刹车失灵，不远处铁轨上有五个工人，而如果改道撞向另一条废弃的铁轨，前方只有一个工人，你应该怎么做？"这是桑德尔教授 12 集《公正》课的开篇。然而出乎意料的是，教授没有给出标准答案，只是变换案例让同学们讨论。一些很枯燥的概念，都在谈笑风生间从多个侧面给出阐释，以一种开放的思维引导你去思考。

学生接触到了世界上最高水平的教学方式，自然就会与所在学校课堂进行比较并产生疑问。东南大学高等教育研究所所长仲伟俊教授坦言："这对我们的高校和老师触动很大。国外的老师讲网络公开课时一定不会想到，他们给中国高校老师造成多大的心理压力。"

那么，本土名校，能否也像国际强手那样在网上进行"课堂直播"？

"一开始对世界名校课程很期待，很投入地学习了一段时间。后来发现，因为文化背景不同，国外的课程对我们来说还是有距离的，特别是我们需要的课程没有。"南京大学文学院研究生陈蒙曦打开网上世界名校公开课频道文学一栏，不无遗憾地摇头道。

"要是北京、上海的医学名校能够在网上开设公开课就好了。"南京医科大学研一学生谢瞻话语里满是期盼。小谢解释说，北京、上海的医学名校集中了全中国最顶级的医学专家和教授，"如果他们讲课的实况能够在网上公开，哪怕每次点击交点钱我们也愿意。"

"教育资源开放是高校的社会责任。"东南大学高教研究所所长仲伟俊等专家就此指出，世界名校公开课受到"中国粉丝"追捧，说明社会对优质教育资源的需求很旺盛，国内名校应该正视这种需求。中国传媒大学国际新闻研究所所长刘笑盈教授也认为，高校应该选择具有专业权威性的教师，录制他们的讲课视频，放到网上供大家共享。

"当今世界，国与国之间的竞争不仅仅是硬实力的比拼，同时也是包括思想文化、价值观等在内的软实力的较量，后者的影响往往更深更持久。对此，国内高校决不能坐视，而应该尽快有所作为。"有业内人士表示。

其实，我国多年前就开启了高校精品课程建设，国内许多名校的精品课程，数量从几十门到上百门不等。"但是，多数精品课程还不能很好地适应网络这种新媒介。"南大教务处处长陈建群指出，虽然一些课程可以从学校网站上看到，但大多是PPT材料，视频资料很少，而且几乎都是老师一个人在课堂上灌输的传统模式。

东大仲伟俊教授则指出，国内的精品课程都是政府组织、专家评审的，跟国外不同。"美国高校实行的是学分制，学生选学多的、受欢迎的课程，才会推到网上去。"

"与哈佛、耶鲁等世界名校相比，国内高校确实有差距，但不能因此闭关自守，该出手时就得出手。"有关专家表示，最近几年国内高校中已出现一批像余秋雨、易中天这样"特能讲"的专家教授，各高校几乎都有"人气讲师"，相信通过努力应该也能够推出一批有竞争力的网络公开课。

名校网络公开课就像一场"擂台赛"，考验着风格一向偏于含蓄的国内高校教师。

教育篇　　　　　　　　　　　　　　　　　　　　　9 教育国际化

"录制共享课程与平时讲课确实不同，对着摄像机会觉得不自在，讲课需要更加谨慎。"刘笑盈告诉记者。

可喜的是，目前已有老师主动登台。如<u>西安交大能动学院核能系教授吴宏春</u>，主动要求将他讲授的《核反应堆物理分析》录制为公开课程。"我国高校核能师资奇缺，许多学校都曾邀请我去讲学。录制成公开课发布后，能让更多人获益。"

记者了解到，面对挑战，已有一批国内知名高校从国情出发，采取有针对性的措施，推动本土公开课上网，如精炼教学内容、与教师签定知识产权协议等，欲与洋课"<u>掰手腕</u>"。例如，<u>复旦大学管理学院公开课已登陆新浪</u>，<u>上海交大</u>成为第一所加入国际开放课件联盟的国内高校；<u>北大</u>、<u>清华</u>、<u>南大</u>、<u>中科大</u>等9所国内顶尖大学组成了"<u>C9联盟</u>"，投入网络公开课的开发。

据有关人士介绍，前不久，教育部开始组织国内高校开展一场视频公开课海选。业内有关人士介绍，未来五年，教育部将按照每门课15万至20万元的投入，打造1000门精品视频公开课，以每门10万元左右的投入打造5000门资源共享课。目的在于，让最好的教师、最好的课程在互联网上露脸，让公众不出家门，即可免费听到本土名校名师的课程。

（选自《新华日报》，作者唐传虎等）

◉ **读后回答问题或完成任务：**

1. 在美国，人们本世纪初就通过网络"享受"世界名校课程，可为什么这种情况在中国整整迟到了10年？
2. 请简单写出世界名校公开课的三大魅力。
3. 为什么东南大学仲伟俊教授认为国外的老师讲网络公开课时给中国高校老师造成了心理压力？
4. 中国国内的高校精品课程与美国的名校网络公开课相比有哪些差距？
5. 名校网络公开课"考验着风格一向偏于含蓄的国内高校教师"。在这句话中，"含蓄"是偏向于褒义还是贬义的？请说明原因。

单元复习三

一 选择合适的动词填空

> 保持　描绘　申请　出版　遵循　建立　刊发　削减　名列　反映

1. 美国耶鲁大学的华裔教授蔡美儿近日 _____ 了一本名叫《虎妈战歌》的书在美国引起轰动。

2. 1月8日，《华尔街日报》_____ 了一篇对《虎妈战歌》的书评。

3. 美国《洛杉矶时报》把蔡美儿的书 _____ 为"像病毒一样蔓延"。

4. 学生在访问和检索、整合和解释、反思和评价三个认知方面的表现较好，_____ 了上海课程内容比较均衡。

5. 据介绍，上海完全 _____ 了经合组织统一的二次分层抽样办法。

6. 改革开放30年，中国教育一直 _____ 着开放态度，不断学习吸收发达国家的先进经验。

7. 自去年年底以来，英国政府 _____ 大学经费，并将英国大学学费上限提高到9000英镑。

8. 大部分学生在入学时都可以向政府 _____ 贷款，等到毕业后收入达到一定水平再偿还。

9. 非洲联盟已经制定了非洲内部的大学合作框架，并且着手 _____ 非洲高等教育科研空间和非洲高等教育质量保障体系。

10. 英国是第二大赢家，剑桥大学和牛津大学 _____ 十强，12所英国大学进入百强。

二 选择合适的熟语填空

> 大惊小怪　偃旗息鼓　水涨船高　举足轻重　软实力
> 座无虚席　一无所知　乏人问津　忍无可忍　各抒己见

1. 如果不是因为中国经济奇迹日益受到关注，不是美国害怕中国崛起，这场争论可能很快就 _____ 。

单元复习三

2. 当我们自己处在负面情绪当中，或者孩子的行为已经触及到我们承受的底线，让我们_____的时候，所有的理念、方法和技巧似乎都被抛在了脑后。

3. 父亲在孩子自信的培养中其实是处于一个_____的地位。

4. 学校对哪些学生接受测试、测试什么内容都_____，无从准备。

5. 由于教授能够专注于教学，来这种学校就职的人一般也对教学充满热情和兴趣，因此教学质量也就_____，学生也就深受用人单位和研究生院的喜爱。

6. 面对本科生"回炉"读职校的做法，我们没必要_____，社会更应该持鼓励和支持的态度，甚至让本科生"回炉"成为一种时尚。

7. 高等教育到底是世界发展的新动力，还是各国发展的一道难题？与会者_____。

8. 大会专门设立了一场有关中国教育规划纲要的研讨_____，吸引了各国参会者前来参加。

9. 由于这些课程都是英文教学，中国国内长期_____。

10. 当今世界，国与国之间的竞争不仅仅是硬实力的比拼，同时也是包括思想文化、价值观等在内的_____的较量，后者的影响往往更深更持久。

三 选择合适的连接词语填空

分别　而且　由此　实际上　的确　只是
即　从　这个意义　上说　而是　以便

1. 她的书不是父母教育儿女指南，_____她为人母十余年的回忆录。

2. 中国出不了比尔·盖茨，_____，如果有条件，虎妈们还是会把孩子送到美国读哈佛。

3. 当然，这个争议也有很大一部分是因为误解，很多人只读了《华尔街日报》上面的那个书稿摘要，以为我在提倡中国的教育方式，但_____，如果你读了完整的书稿，你会有不同的看法。

4. 在全球约47万名接受测试的15岁学生中，上海学生的阅读素养得分为556分，高出第二位的韩国学生17分；数学素养和科学素养得分为600分和575分，_____高出第二位38分和21分。

5. 我们应当客观、理智、全面地看待测试结果，审视我们的教育，_____改进工作。

6. 他举例说，自己妻子的故乡是在中国南方一个非常贫穷的小村庄，但让他目瞪口呆的是，比起他的就读于纽约最好公立学校的孩子们，这里的农家子们的数学水平要高出好几个等级，_____也证明了中国的数学教育达到了一个多么高的水平。

7. 英国文化协会首席执行官马丁·戴维信说："未来将是知识经济的社会，一个国家要想获得成功，必须依靠知识的分享，而高等教育不仅是知识产生和传播的重要机构，也是促进全球合作的重要机构。_____，知识经济必须要有强大的高等教育做后盾。"

8. 按照威利茨的解释，钱似乎还是从政府到大学，_____中间多了学生转手，而这一转手，就出现了选择、竞争和角色转变，给高等教育注入了活力。

9. 我们的经验是"综合性"国际化，_____在大学的教学、科研、服务等方面注入国际化、全球性的内容和视角。

10. 而对于将举办地选在香港，英国文化协会首席执行官戴维信解释说："现在，中国的发展吸引世界的目光，人们关注它的经济，也关注它的教育。"_____，大会专门设立了一场有关中国教育规划纲要的研讨座无虚席，吸引了各国参会者前来参加。

四 解释下列句中带点的词语

1. 虎妈的教育方法轰动了美国教育界，并引起美国关于中美教育方法的大讨论，如今讨论随着《时代》周刊的参与几乎达到了一个高潮。

   高潮：

2. 她的书不是父母教育儿女指南，而是她为人母十余年的回忆录。

   指南：

3. 在中国大陆这个本应是"虎妈"聚居的"野蛮王国"里，很多妈妈却根本不买蔡美儿的账。

   买账：

4. PISA调查结果，也折射出上海学生学业负担偏重、缺乏自我调控学习策略等"软肋"。

   软肋：

对外汉语选修课教材
A Chinese Textbook for an Elective Course for Foreigners

时 代
高级汉语报刊阅读教程
（下册）

Newspaper Reading Course of Advanced Chinese（Ⅱ）

［附录］各课熟语详解
　　　　练习参考答案

吴卸耀　石旭登　编著

北京语言大学出版社
BEIJING LANGUAGE AND CULTURE
UNIVERSITY PRESS

附录 1

各课熟语详解

第一课

1. 语重心长　yǔ zhòng xīn cháng　形容言辞恳切，有分量，情意深长，含有丰富情感。
2. 心灰意冷　xīn huī yì lěng　灰心失望，意志消沉。
3. 勃然大怒　bórán dà nù　因生气而脸变色。
4. 长吁短叹　cháng xū duǎn tàn　形容发愁的神情。吁：叹息。
5. 相去甚远　xiāng qù shèn yuǎn　距离很远，差异很大。去：离开。甚：很。
6. 可怜天下父母心　kělián tiānxià fùmǔ xīn　形容父母对子女的感情至深。
7. 迎刃而上　yíng rèn ér shàng　比喻不怕困难，心态积极。刃：刀刃。
8. 青菜萝卜，各有所爱　qīngcài luóbo, gè yǒu suǒ ài　俗语，意思是每个人都有自己的不同于别人的爱好或选择。
9. 居高临下　jū gāo lín xià　形容摆出高高在上的架势。
10. 集中营　jízhōngyíng　集中营是类似监狱的大型关押设施。
11. 自留地　zìliúdì　原指集体土地之外农户自己经营的土地，现指属于个人感情的天地。
12. 因势利导　yīn shì lì dǎo　顺着事情发展的趋势，向有利于实现目的的方向加以引导。因：顺着。
13. 心悦诚服　xīn yuè chéng fú　指愉快地接受某种观点、事实等，诚心诚意地信服或服从。
14. 取长补短　qǔ cháng bǔ duǎn　吸取别人的长处，来弥补自己的不足之处。

15.	求同存异	qiú tóng cún yì	找出共同点，保留不同意见。
16.	与时俱进	yǔ shí jù jìn	观念、行动和时代一起进步。俱：一起。
17.	和睦相处	hémù xiāngchǔ	彼此友好地相处。
18.	精疲力竭	jīng pí lì jié	精神、力气消耗已尽。形容极度疲劳。竭：用尽。
19.	承欢膝下	chénghuān xīxià	在父母的跟前侍奉父母。
20.	天伦之乐	tiānlún zhī lè	指家庭亲人之间团聚的欢乐。天伦：指父母、兄弟等关系。
21.	无拘无束	wú jū wú shù	形容自由自在，没有任何约束。
22.	天长日久	tiān cháng rì jiǔ	时间长，日子久。
23.	小心翼翼	xiǎoxīn yìyì	形容非常小心的样子。
24.	久而久之	jiǔ ér jiǔ zhī	经过了相当长的时间。
25.	一团和气	yì tuán héqì	本指态度和蔼可亲。现多指互相之间只讲和气。
26.	不可开交	bù kě kāi jiāo	形容没法解开或摆脱。
27.	自由自在	zìyóu zìzài	形容没有约束，十分安闲随意。
28.	前卫作派	qiánwèi zuòpài	过于时尚的生活方式。
29.	挑三拣四	tiāo sān jiǎn sì	指挑挑拣拣，嫌这嫌那。
30.	跋山涉水	bá shān shè shuǐ	形容历经路程的辛苦。
31.	大有人在	dà yǒu rén zài	某种人很多。
32.	百善孝为先	bǎi shàn xiào wéi xiān	孝顺父母是最重要的。
33.	一纸文书	yì zhǐ wénshū	指法律文书。
34.	苍白无力	cāngbái wú lì	贫弱无力。
35.	罪魁祸首	zuì kuí huò shǒu	作恶犯罪的头目。
36.	怀恨在心	huái hèn zài xīn	把怨恨藏在心里。
37.	身不由己	shēn bù yóu jǐ	指行为不能由自己支配。己：自己。
38.	通宵达旦	tōng xiāo dá dàn	整整一夜，从天黑到天亮。宵：整个晚上。旦：早晨天亮。
39.	流于形式	liú yú xíngshì	只停留在形式，没有实际意义。

40. 子欲养而亲不待	zi yù yǎng ér qīn bú dài	当子女想起去赡养自己的父母之时，而父母这时已经等不及，离我们而去了。
41. 倒计时	dàojìshí	离某一重要时刻很近时倒过来计算时间。
42. 后顾之忧	hòu gù zhī yōu	指在前进过程中，担心后方发生问题。顾：看。
43. 定心丸	dìngxīnwán	比喻使人不担心的东西。
44. 归根结底	guī gēn jié dǐ	归结到根本上。
45. 硬指标	yìng zhǐbiāo	一定要达到的数量标准或要求。
46. 参差不齐	cēncī bù qí	形容水平不一或很不整齐。参差：不齐的样子。
47. 合情合理	hé qíng hé lǐ	完全符合情理。
48. 赏心悦目	shǎng xīn yuè mù	指因欣赏美好的情景而心情舒畅。
49. 各具其趣	gè jù qí qù	各自有自己的兴趣爱好。其：它的。
50. 要不得	yàobude	表示人或事物很坏，不能容忍。
51. 深思熟虑	shēn sī shú lǜ	深入细致地考虑。

第二课

1. 足不出户	zú bù chū hù	脚不跨出家门，形容不与外界接触。户：门。
2. 畅所欲言	chàng suǒ yù yán	痛痛快快地把心里要说的话都说出来。
3. 横空出世	héng kōng chū shì	形容人或物高大，横在空中，浮出人世。
4. 随时随地	suíshí suídì	任何时间和地点。
5. 促膝长谈	cù xī cháng tán	指面对面交流谈心。促：靠。
6. 躁动不安	zàodòng bù'ān	内心急躁不安稳。
7. 谈笑风生	tán xiào fēng shēng	形容谈话谈得高兴而有风趣。
8. 呼朋唤友	hū péng huàn yǒu	呼唤朋友，招引伙伴。

#	熟语	拼音	释义
9.	一步之遥	yí bù zhī yáo	距离很近。
10.	用进废退	yòng jìn fèi tuì	是进化论的观点，意思是经常使用就会进化，不使用就会退化。
11.	闷葫芦	mèn húlu	比喻很难猜透而令人纳闷的话或事情。也指不说话。
12.	无话不谈	wú huà bù tán	没有不说的话。指彼此之间没有保留。
13.	海市蜃楼	hǎi shì shèn lóu	是一种因光的折射而形成的自然现象。形容虚幻的事物。
14.	洋洋得意	yángyáng déyì	形容得意时神气十足的姿态。
15.	甜言蜜语	tián yán mì yǔ	像蜜糖一样甜的话。比喻为了讨人喜欢或哄骗人而说好听的话。
16.	如火如荼	rú huǒ rú tú	像火那样红，像荼草那样白。形容大规模的行动气势旺盛，气氛热烈。
17.	一举一动	yì jǔ yí dòng	指人的每一个动作。
18.	一言一行	yì yán yì xíng	每句话，每个行动。
19.	幸灾乐祸	xìng zāi lè huò	指人缺乏善意，在别人遇到灾祸时感到高兴。
20.	嬉笑怒骂	xī xiào nù mà	指人的各种神情。
21.	随心所欲	suí xīn suǒ yù	随着自己的心思，想要干什么就干什么。
22.	织围脖	zhī wéibó	2009年新出现的词语，意思是在微型博客上更新日志等内容。因为微型博客简称微博，所以有人戏称之为"围脖"。
23.	默默无闻	mòmò wú wén	无声无息，没人知道。指没有什么名声。闻：听说。
24.	形单影只	xíng dān yǐng zhī	只有自己的身体和自己的影子。形容孤独，没有同伴。
25.	乐此不疲	lè cǐ bù pí	形容对某事特别爱好而沉浸其中。
26.	不眠不休	bù mián bù xiū	不睡觉，也不休息。

27. 坐立不安	zuò lì bù ān	坐也不是，站也不是。形容心情紧张，情绪不安。
28. 天涯若比邻	tiān yá ruò bǐ lín	尽管相距遥远，但好像邻居一样。比：靠近。
29. 坐卧难安	zuò wò nán ān	不管怎么样都觉得很难安心。
30. 屡禁不止	lǚ jìn bù zhǐ	多次下禁令而不能禁止。屡：多次。
31. 寸步难行	cùn bù nán xíng	形容走路困难。也比喻处境艰难。
32. 论资排辈	lùn zī pái bèi	根据资历深浅、辈份的大小决定级别、待遇的高低。
33. 任人唯亲	rèn rén wéi qīn	指用人不问人的德才，只选与自己关系亲密的人。唯：只。
34. 徇私舞弊	xùn sī wǔ bì	为了私人关系而用欺骗的方法做违法乱纪的事。徇：曲从。
35. 礼尚往来	lǐ shàng wǎng lái	指礼节上重在有来有往。尚：看重。
36. 走后门	zǒu hòumén	用不正当的手段来谋求达到某种个人目的。
37. 一视同仁	yí shì tóng rén	对人同样看待，不分亲近与否。
38. 投其所好	tóu qí suǒ hào	迎合别人的喜好。其：他的。好：喜好。
39. 用武之地	yòng wǔ zhī dì	比喻可以施展自己才能的地方或机会。
40. 何乐而不为	hé lè ér bú wéi	为什么不乐于去做呢？表示愿意去做。为：做。
41. 光明正大	guāngmíng zhèngdà	指心怀坦白，言行正派。

第三课

1. 大相径庭	dà xiāng jìngtíng	比喻相差很远，大不相同。径庭：相差很远。
2. 各式各样	gè shì gè yàng	指多种不同的式样、种类或方式。

3. 迥然不同	jiǒngrán bù tóng	形容相差得远，很明显不一样。迥然：形容差别很大。
4. 打折扣	dǎ zhékòu	减少或者降低事物的数量、质量。
5. 言谈举止	yántán jǔzhǐ	说话和行为举止。
6. 不容置疑	bù róng zhìyí	不允许有什么怀疑。表示论证严密，无可怀疑。
7. 糖衣炮弹	táng yī pào dàn	外面包了糖的炮弹。比喻经过巧妙伪装使人乐于接受的进攻性手段。
8. 可想而知	kě xiǎng ér zhī	不用说明就能想象得到。
9. 繁文缛节	fán wén rù jié	过分繁琐的仪式或礼节。
10. 云天雾地	yún tiān wù dì	没有方向，糊里糊涂。
11. 比手画脚	bǐ shǒu huà jiǎo	形容说话时用手势示意或加强语气。
12. 硬骨头	yìng gǔtou	比喻艰巨的任务。
13. 座无虚席	zuò wú xū xí	座位没有空着的。形容出席的人很多。虚：空。
14. 家长里短	jiā cháng lǐ duǎn	指家庭日常生活琐事。
15. 对牛弹琴	duì niú tán qín	比喻对蠢人谈论高深的道理，白费口舌。
16. 兴致盎然	xìngzhì àngrán	形容兴趣浓厚。
17. 脱颖而出	tuō yǐng ér chū	比喻本领全部显露出来，也指班级或工作时，通过努力超过别人。颖：锥子尖。
18. 一无所知	yì wú suǒ zhī	什么也不知道。
19. 一厢情愿	yì xiāng qíngyuàn	指单方面的愿望或不考虑客观实际情况的主观意愿。
20. 缺一不可	quē yī bù kě	少一样也不行。
21. 孰是孰非	shú shì shú fēi	谁是对的，谁是错的。孰：谁。
22. 拭目以待	shì mù yǐ dài	表示确信某件事情一定会出现。拭：擦亮。

23. 潜移默化	qián yí mò huà	指人的思想或性格不知不觉受到感染、影响而发生了变化。潜：悄悄地。
24. 不一而足	bù yī ér zú	指同类的事物不只一个而是很多，无法列举齐全。
25. 背井离乡	bèi jǐng lí xiāng	离开家乡到外地。
26. 捉襟见肘	zhuō jīn jiàn zhǒu	拉一拉衣襟，就露出臂肘。形容衣服破烂。比喻顾此失彼，穷于应付。
27. 双管齐下	shuāng guǎn qí xià	比喻做一件事时两个方面同时进行或两种方法同时使用。

第四课

1. 曾几何时	céng jǐhé shí	没过多久之前。几何：多少。
2. 急功近利	jí gōng jìn lì	急于求成，贪图眼前的成效和利益。
3. 前所未有	qián suǒ wèi yǒu	从来没有过的。
4. 他山之石	tā shān zhī shí	比喻能帮助自己改正缺点的人或意见。他：别的。
5. 虎视眈眈	hǔ shì dāndān	像老虎那样凶狠地盯着。形容千方百计寻找机会得到想要的东西。
6. 墙外香	qiáng wài xiāng	完整的熟语是"墙内开花墙外香"，意思是比喻人做出了成绩，内部还不知道，外面人倒先知道了。比喻成绩不受本部门重视，却为其他部门赏识。
7. 放之四海皆准	fàng zhī sìhǎi jiē zhǔn	比喻具有普遍性的真理到处都适用。四海：指全国或全世界。皆：都。
8. 粗制滥造	cū zhì làn zào	写文章或做东西马虎草率，只求数量，不顾质量。滥：胡乱地。
9. 雕虫小技	diāo chóng xiǎo jì	比喻小技或微不足道的技能。雕：雕刻。

10.	相提并论	xiāng tí bìng lùn	把不同的人或不同的事放在一起谈论或看待。
11.	千篇一律	qiān piān yí lǜ	一千篇文章都一个样。指文章公式化。也比喻办事按一个格式，非常机械。
12.	跌宕起伏	diēdàng qǐfú	形容事物多变，不稳定。也比喻音乐忽高忽低，很好听。跌宕：落下。
13.	壁垒森严	bìlěi sēn yán	比喻彼此界限划得很分明。森：树林。
14.	矫揉造作	jiǎoróu zàozuò	比喻故意做作，不自然。
15.	剥茧抽丝	bō jiǎn chōu sī	剥掉蚕的茧，抽出丝线。比喻根据顺序寻求事物的发生发展过程。
16.	高高在上	gāogāo zài shàng	原指地位高，现在形容领导者脱离实际，脱离群众。
17.	墨守成规	mò shǒu chéng guī	指思想保守，守着老规矩不肯改变。墨：指中国古代战国时墨子，善于守城。
18.	感同身受	gǎn tóng shēn shòu	比喻虽未亲身经历，却如同亲身经历过一般。
19.	崭露头角	zhǎn lù tóujiǎo	指开始显露优异的才能。
20.	一举成名	yì jǔ chéng míng	原指一旦中了科举就扬名天下。后指一下子就出了名。
21.	喜结连理	xǐ jié liánlǐ	指结为夫妇。连理：比喻恩爱夫妻。
22.	点睛之笔	diǎn jīng zhī bǐ	"点睛"出自"画龙点睛"，指画的龙很传神，用画笔上眼睛就飞上了天。指文章传神绝妙之处。
23.	冒名顶替	mào míng dǐngtì	假冒别人的姓名以达到自己的某种目的。
24.	自以为是	zì yǐ wéi shì	认为自己的观点和做法都正确，不接受他人意见。是：对。
25.	只可意会	zhǐ kě yì huì	完整的熟语是"只可意会，不可言传"，意思是可以体会，但说不出其中的奥妙。

第五课

1. 一如往常	yì rú wǎngcháng		情况完全跟往常一样。
2. 落下帷幕	luò xià wéimù		会议闭幕。
3. 一鸣惊人	yì míng jīng rén		比喻平时没有突出的表现，一下子做出惊人的成绩。鸣：鸟叫。
4. 一骑绝尘	yì qí jué chén		某人在某方面有超乎常人的能力，让人追赶不上。骑：骑马的人。
5. 雨后春笋	yǔ hòu chūn sǔn		指春天下雨后，竹笋一下子就长出来很多。比喻事物迅速大量地涌现出来。
6. 软实力	ruǎn shílì		指文化、价值观、影响力、道德准则、文化感召力等无形的力量。
7. 方兴未艾	fāng xīng wèi ài		事物正在发展，尚未达到止境。方：正在。艾：停止。
8. 一脉相承	yí mài xiāng chéng		从同一血统、派别世代相承流传下来。
9. 毋庸置疑	wú yōng zhì yí		事实明显或理由充分，不必怀疑，根本就没有怀疑的余地。
10. 不乏其例	bù fá qí lì		类似的例子很多。乏：缺少。
11. 大势所趋	dà shì suǒ qū		整个局势发展的趋向。
12. 勃勃生机	bóbó shēngjī		形容有旺盛的生命力。
13. 无所不包	wú suǒ bù bāo		没有什么不被包括。形容包含的东西非常多。
14. 言犹在耳	yán yóu zài ěr		说的话还在耳边。比喻说的话还清楚地记得。犹：还，仍然。
15. 因地制宜	yīn dì zhì yí		根据各地的具体情况，制定适宜的办法。
16. 所向披靡	suǒ xiàng pīmǐ		比喻力量所达到的地方，一切障碍全被扫除。披靡：军队溃散。
17. 雄踞榜首	xióng jù bǎng shǒu		排名第一。榜：排名的名单。

18. 满堂彩	mǎntángcǎi	指演出时全场齐声喝彩。
19. 针锋相对	zhēn fēng xiāng duì	比喻行动或者观点完全对立。
20. 尽如人意	jìn rú rén yì	事情完全符合人的心意。常说"不尽如人意"。尽：完全。
21. 因人而异	yīn rén ér yì	因人的不同而有所差异。
22. 此消彼长	cǐ xiāo bǐ zhǎng	这个上升，那个下降的意思。此：这个。彼：那个。
23. 一显身手	yì xiǎn shēnshǒu	显示真正的水平。
24. 千真万确	qiān zhēn wàn què	形容情况非常真实。
25. 忧心忡忡	yōuxīn chōngchōng	形容心事重重，非常忧愁。
26. 理直气壮	lǐ zhí qì zhuàng	理由充分，说话气势就壮。
27. 天经地义	tiān jīng dì yì	指绝对正确，不能改变的道理。
28. 莘莘学子	shēnshēn xuézǐ	数量众多的学生。

第六课

1. 为时尚早	wéi shí shàng zǎo	条件不够，时机没到。尚：还，仍然。
2. 耐人寻味	nài rén xúnwèi	意味深长。
3. 一炮而红	yí pào ér hóng	很快就红了。
4. 司空见惯	sīkōng jiàn guàn	指某事常见，不足为奇。司空：古代官名。
5. 并无二致	bìng wú èr zhì	并没有什么两样，完全一致。
6. 尽善尽美	jìn shàn jìn měi	指完美到没有一点缺点。尽：完全。
7. 与众不同	yǔ zhòng bù tóng	跟大家不一样。
8. 其貌不扬	qí mào bù yáng	形容人容貌平常。其：他的。
9. 一枝独秀	yì zhī dú xiù	特别突出，超群出众。
10. 昙花一现	tánhuā yí xiàn	比喻美好的事物或景象出现了一下，很快就消失。昙花：一种开花时间很短的花，多在夜间开花。

11. 一夜成名	yí yè chéng míng		指在短期内成为名人。
12. 不折不扣	bù zhé bú kòu		完完全全。
13. 喜闻乐见	xǐ wén lè jiàn		喜欢听，乐意看。指很受欢迎。闻：听。
14. 不离不弃	bù lí bú qì		不离开不放弃。
15. 不约而同	bù yuē ér tóng		事先没有约定而相互一致。
16. 与人为善	yǔ rén wéi shàn		指善意帮助人。
17. 何去何从	hé qù hé cóng		离开哪儿，走向哪儿。多指在重大问题上选择什么方向。
18. 盆满钵满	pén mǎn bō mǎn		广东话常用，指赚的钱很多。钵：装东西的一种器具。
19. 五花八门	wǔ huā bā mén		比喻变化多端或花样繁多。
20. 铩羽而归	shā yǔ ér guī		指失败或不得志而归。铩：古代兵器。铩羽：翅膀被折断，比喻失意或失败。
21. 大放异彩	dà fàng yì cǎi		比喻有优异的表现或突出的成就。
22. 名扬天下	míng yáng tiānxià		形容名声极大。天下：世界。
23. 一举成名	yì jǔ chéng míng		指在短期内成名。
24. 各行各业	gè háng gè yè		各种行业。
25. 语焉不详	yǔ yān bù xiáng		虽然提到了，但说得不详细。焉：代词，之（它）。
26. 受宠若惊	shòu chǒng ruò jīng		因为得到宠爱或赏识而又高兴，又不安。
27. 小有名气	xiǎo yǒu míngqì		已经有点名气了。
28. 神通广大	shéntōng guǎngdà		形容本领高超，无所不能。
29. 百看不厌	bǎi kàn bú yàn		对喜欢的人、事物等看多少遍都不满足，比喻非常喜欢。厌：满足。

第七课

1. 有意无意　yǒu yì wú yì　　又像是有意的，又像是无意的。
2. 更胜一筹　gèng shèng yì chóu　　与别人相比更好更强一些。筹：赌博用的筹码。
3. 一语双关　yì yǔ shuāng guān　　一句话包含两个意思。双：两个。
4. 密不可分　mì bù kě fēn　　关系密切，不可分开。
5. 偃旗息鼓　yǎn qí xī gǔ　　放倒旗子，停止敲鼓。比喻事情终止或声势减弱。偃：放倒。
6. 风口浪尖　fēng kǒu làng jiān　　比喻争论的中心。
7. 断章取义　duàn zhāng qǔ yì　　指不顾全篇文章或谈话的内容，孤立地取其中的一段或一句的意思。指引用与原意不符。
8. 自命不凡　zì mìng bù fán　　自以为不平凡，比别人高明。
9. 孤芳自赏　gū fāng zì shǎng　　把自己比做仅有的香花而自我欣赏。比喻自认为自己高明。
10. 心平气和　xīn píng qì hé　　心情平静，态度温和。
11. 无理取闹　wú lǐ qǔnào　　毫无理由地跟人吵闹。指故意捣乱。
12. 忍无可忍　rěn wú kě rěn　　再也忍受不下去了。
13. 歇斯底里　xiēsīdǐlǐ　　情绪异常激动，举止失常。英语 hysteria 的音译。
14. 脱口而出　tuō kǒu ér chū　　不经考虑，随口说出。
15. 怒不可遏　nù bù kě è　　愤怒地难以抑制。形容十分愤怒。遏：止住。
16. 痛改前非　tòng gǎi qián fēi　　彻底改正以前所犯的错误。非：错误。
17. 喜怒哀乐　xǐ nù āi lè　　泛指人的各种不同的感情。
18. 无足轻重　wú zú qīng zhòng　　没有它并不轻些，有它也并不重些。指无关紧要。
19. 举足轻重　jǔ zú qīng zhòng　　只要脚移动一下，就会影响两边的轻重。指处于重要地位，一举一动都足以影响全局。

第八课

1. 独占鳌头	dú zhàn áo tóu	比喻占首位或第一名。鳌头：古代皇宫大殿前石阶上刻的鳌的头，考上状元的人可以踏上。
2. 令人瞩目	lìng rén zhǔmù	使人注视。瞩目：注视。
3. 卓有成效	zhuó yǒu chéngxiào	有突出的成绩和效果。卓：突出。
4. 引人注目	yǐn rén zhùmù	吸引人们注意。
5. 目瞪口呆	mù dèng kǒu dāi	形容因吃惊或害怕而发愣的样子。目：眼睛。
6. 沾沾自喜	zhānzhān zì xǐ	形容自以为不错而得意的样子。
7. 不可收拾	bù kě shōushi	指事物败坏到无法整顿或不可救药的地步。
8. 溢美之词	yì měi zhī cí	过分吹嘘的话语。溢：充满。
9. 忘乎所以	wàng hū suǒyǐ	指因过分兴奋或得意而忘了应有的举止。
10. 言过其实	yán guò qí shí	原指言语浮夸，超过实际才能。后也指话说得过分，超过了实际情况。其：他的。
11. 无关紧要	wú guān jǐnyào	不重要，不会影响大局。
12. 当务之急	dāng wù zhī jí	当前任务中最急切要办的事。
13. 莫衷一是	mò zhōng yí shì	不能决定哪个是对的。形容意见分歧，没有一致的看法。莫：没有人。衷：表示。是：对。
14. 大名鼎鼎	dà míng dǐngdǐng	形容名气很大。

15. 水涨船高	shuǐ zhǎng chuán gāo	水位升高，船身也随之浮起。比喻事物随着它所凭借的基础的提高而增长提高。
16. 物有所值	wù yǒu suǒ zhí	物品的价格与本身的价值相一致。
17. 经久不衰	jīngjiǔ bù shuāi	指一直保持旺盛。经久：长时间。
18. 一窝蜂	yì wō fēng	一个蜂巢里的蜂一下子都飞出来了。形容许多人乱哄哄地同时说话或行动。
19. 各尽所长	gè jìn suǒ cháng	各自发挥自己的长处。
20. 不敢苟同	bù gǎn gǒutóng	不敢随便地同意。指对人对事抱慎重态度。苟：随便，轻易。
21. 抢手货	qiǎngshǒu huò	非常受欢迎的人或物。抢手：受欢迎的。
22. 众所周知	zhòng suǒ zhōu zhī	大家普遍知道的。周：全都。
23. 根深蒂固	gēn shēn dì gù	比喻基础深厚，不容易动摇。蒂：根。
24. 懵懵懂懂	měngměngdǒngdǒng	糊涂无知，形容什么道理也不知道。懵懂：糊涂，不明事理。
25. 大惊小怪	dà jīng xiǎo guài	形容对没有什么了不起的事情过分惊讶。
26. 半壁江山	bàn bì jiāngshān	指保存下来的或丧失掉的部分国土。有时比喻事物占到一半。江山：指国家。

第九课

1. 各抒己见	gè shū jǐ jiàn	各人充分发表自己的意见。
2. 高压线	gāoyāxiàn	引申指上限，最高的额度。
3. 无独有偶	wú dú yǒu ǒu	不只一个，竟然还有配对的。表示两事或两人十分相似。偶：一对，两个。
4. 突破口	tūpòkǒu	突破包围的口子。形容在某方面先开始做出成绩。
5. 零距离	língjùlí	引申指当面、面对面。

6.	有目共睹	yǒu mù gòng dǔ	指非常明显，谁都看得见。睹：看见。
7.	分道扬镳	fēn dào yáng biāo	分路而行。比喻目标不同，各走各的路或各干各的事。
8.	雄心勃勃	xióng xīn bó bó	形容雄心很大，很有理想。
9.	津津乐道	jīn jīn lè dào	很有兴趣地说个不停。道：说。
10.	一己之力	yì jǐ zhī lì	一个人的力量。
11.	无一例外	wú yī lì wài	都是这样，没有别的特殊情况。
12.	初来乍到	chū lái zhà dào	刚刚来到一个新地方。乍：刚。
13.	相安无事	xiāng ān wú shì	指彼此相处没有什么争执或冲突，还过得去。
14.	大有裨益	dà yǒu bì yì	形容益处很大。裨益：补益，好处。
15.	独一无二	dú yī wú èr	没有相同的或没有可以相比的。形容十分稀少。
16.	淘课族	táo kè zú	在网上找课的人，这些人不为文凭而学习，纯粹是"为了学习而学习"。
17.	乏人问津	fá rén wèn jīn	很少有人过问。津：渡口。
18.	不无遗憾	bù wú yí hàn	有所遗憾。
19.	硬实力	yìng shí lì	指支配性实力，是指一国的经济力量、军事力量和科技力量。通俗地说，硬实力是指看得见、摸得着的物质力量。
20.	有所作为	yǒu suǒ zuò wéi	干出一番成绩。
21.	闭关自守	bì guān zì shǒu	关闭关口，不和外人来往。比喻思想保守，不愿接触外界事物。
22.	掰手腕	bāi shǒu wàn	两个人比手腕的力量。比喻在某方面比一比。

第十课

1. 顺藤摸瓜	shùn téng mō guā	比喻按照某个线索查究事情。
2. 琳琅满目	línláng mǎn mù	形容美好、完美的事物很多。琳琅：美玉，比喻珍贵的东西。
3. 接地气	jiē dìqì	挨着地面才能接收大地之气。
4. 不二选择	bú èr xuǎnzé	唯一的选择。不二：没有第二个，唯一。
5. 慕名而来	mù míng ér lái	指仰慕名声而来。
6. 异军突起	yì jūn tū qǐ	比喻一支新生力量突然出现。
7. 泼冷水	pō lěngshuǐ	比喻败别人的兴头，打击别人的热情。
8. 漫不经心	màn bù jīngxīn	随随便便，不放在心上。
9. 花言巧语	huā yán qiǎo yǔ	多指用来骗人的虚伪动听的话。
10. 不得而知	bù dé ér zhī	不能够或没有办法知道。得：能。
11. 一概而论	yí gài ér lùn	指处理事情或问题不分性质，不加区别，用同一标准来对待或处理。一概：完全。
12. 一棍子打死	yí gùnzi dǎsǐ	比喻认为没有丝毫可取之处而全盘否定。

第十一课

1. 合而为一	hé ér wéi yī	合并成为一个整体。
2. 方方面面	fāngfāngmiànmiàn	各个方面。
3. 不请自来	bù qǐng zì lái	没有受到邀请而来。
4. 未尝不可	wèi cháng bù kě	不是不可以。
5. 万无一失	wàn wú yì shī	非常有把握，绝对不会出差错。
6. 因噎废食	yīn yē fèi shí	比喻要做的事情由于出了点小毛病或怕出问题就索性不去干。噎：吃东西卡住。废：停止。

第十二课

1. 偷工减料　tōu gōng jiǎn liào　指商人为了牟取暴利而暗中降低产品质量，削减工料。

2. 不堪一击　bù kān yì jī　形容力量薄弱，经不起一击。堪：能忍受。

3. 防患于未然　fáng huàn yú wèi rán　防止事故或祸害于尚未发生之前。患：祸。于：在。未：没有。然：这样。

4. 一扫而光　yì sǎo ér guāng　一下子就扫除干净。

5. 手足无措　shǒu zú wú cuò　手脚不知放到哪儿好。形容举动慌张，或无法应付。措：放。

6. 坐视不管　zuò shì bù guǎn　形容一个人对一件与自己有一定关联的某事不关心。视：看。

7. 苦不堪言　kǔ bù kān yán　痛苦或困苦到了极点，已经不能用言语来表达。堪：能。

8. 居高不下　jū gāo bú xià　形容某种情况保持在较高的水平或者状态，没有下降的趋势。主要用于形容价格、股票等。一般是希望其向下发展。

9. 独善其身　dú shàn qí shēn　指在污浊的环境中能不受干扰地坚持自己的美好品格。也比喻只顾自身而不管他人。

10. 事半功倍　shì bàn gōng bèi　形容做事所花力量较小而收到的效果很大。

附录 2

练习参考答案

第一课

一、A

二、（略）

三、1. B　　2. C　　3. A　　4. A　　5. D

四、1. B　　2. C　　3. B　　4. A　　5. D

五、1. CDAB　　2. BCDA　　3. DCBA 或 BADC　　4. DBAC　　5. CABD

六、赞成派：观点一（D），观点二（B）
　　反对派：观点一（A），观点二（E）
　　中立派：观点一（F），观点二（C）
　　未婚派：

　　　　徐静——赞成派——用心换心就没问题
　　　　小艳——反对派——妈妈都不行，更不用说婆婆了
　　　　方菊——中立派——可以先试、先约定
　　　　秋娟——中立派——很为难，不知怎么办

七、（略）

八、1. ×　　2. ✓　　3. ✓　　4. ✓　　5. ×

第二课

一、C

二、（略）

三、1. A　　2. B　　3. D　　4. C　　5. A

四、1. B　　2. D　　3. D　　4. A　　5. C

五、1. DACB　　2. BCAD　　3. DABC 或 ABCD　　4. DCBA　　5. BDAC

六、0（C）　1（B）　2（D）　3（A）

七、（略）

八、（略）

第三课

一、B

二、（略）

三、1. A　2. D　3. B　4. C　5. C

四、1. C　2. C　3. A　4. B　5. D

五、1. DBAC　2. DBCA　3. CBDA　4. BADC　5. BCDA

六、0（C）　1（B）　2（D）　3（E）　4（A）

七、1. ×　2. √　3. √　4. √　5. ×

八、（略）

单元复习一

一、1. 履行　2. 计较　3. 接纳　4. 退化　5. 产生
　　6. 认可　7. 沉迷　8. 遭遇　9. 讲究　10. 遵守

二、1. 因势利导　2. 精疲力竭　3. 无拘无束　4. 闷葫芦　5. 海市蜃楼
　　6. 甜言蜜语　7. 不可或缺　8. 大相径庭　9. 繁文缛节　10. 不一而足

三、1. 从而　2. 归纳起来　3. 恰恰相反　4. 不然　5. 再说
　　6. 换言之　7. 总之　8. 而　9. 或者　10. 否则

四、1. 鸿沟：原指中国古代最早沟通黄河和淮河的人工运河。引申为两个人在思想上有分歧、价值观有距离等。

　　2. 相去甚远：相差很大。

　　3. 枷锁："枷"和"锁"是旧时的两种刑具。比喻所受的压迫和束缚。

　　4. 前卫派：紧跟时尚的所作所为。

　　5. 灌水：原意指向容器里面注水。进入互联网时代后，由于电子论坛BBS的出现，又多了一个"向论坛中发大量无意义的贴子"的

19

意思。"灌水"的英文是"add water"。

秀：展示，来自英文"show"。

微博：即微博客（MicroBlog）的简称，是一个基于用户关系的信息分享、传播以及获取平台。

6. 宅男宅女：指每天憋在屋子里不出去，每天玩游戏、上 BBS 的这群人。其特点是不出门，交往不多。

7. 潜水：指只浏览页面、只看帖子而不发表意见，与潜在水下不露头的潜水动作类似。

8. 晒：分享，来自英文"share"。

9. 抢沙发：网上第一个发帖的，称为楼主，也就是 first floor，简称 lz。第一个回帖的，称为 second floor，简称 sf，即沙发。

奥特曼：来自英文"outman"，指落伍的人。

10. 马甲：坎肩、背心，又指网络论坛上最卖力的人。

五、（略）

六、（略）

七、（略）

第四课

一、B

二、（略）

三、1. D   2. D   3. B   4. B   5. A

四、1. C   2. D   3. B   4. A   5. D

五、1. CADB   2. DBAC   3. BAECD   4. CDAB   5. BDAC

六、0（D）   1（B）   2（A）   3（C）

七、1. 打造电影知名度   2. 功夫片   3. 王小帅   4. 现状   当代社会   商业市场

5. 60 多万   叫好不叫座

八、1. √   2. √   3. ×   4. ×   5. √

第五课

一、A

二、（略）

三、1. B 2. C 3. D 4. A 5. C

四、1. C 2. C 3. B 4. D 5. A

五、1. CADB 2. ACDB 3. DACB 4. DBCA 5. BCAD

六、0（B） 1（D） 2（A） 3（C）

七、（略）

八、（略）

第六课

一、C

二、（略）

三、1. A 2. D 3. C 4. D 5. C

四、1. B 2. D 3. A 4. D 5. C

五、1. DBAC 2. BADC 3. CBDA 4. DCBA 5. BDCA

六、0（C） 1（A） 2（D） 3（B）

七、（略）

八、1. √ 2. √ 3. × 4. √ 5. ×

单元复习二

一、1. 突破 2. 实现 3. 建立 4. 超越 5. 设立
    6. 注入 7. 打破 8. 移植 9. 演唱 10. 充满

二、1. 喜结连理 2. 急功近利 3. 相提并论 4. 方兴未艾 5. 此消彼长
    6. 忧心忡忡 7. 不约而同 8. 五花八门 9. 受宠若惊 10. 小有名气

三、1. 其中 2. 进而 3. 同时 4. 而是 5. 例如 6. 继奥运会之后
    7. 毫无疑问 8. 从这一点上来说 9. 反而 10. 可以说

21

四、1. 热土：原指有感情的地方，这里指向往的地方。

2. 乖张之举：不适当的行为。

3. 匮乏：缺乏。

4. 一夜春风：比喻给某方面的发展带来有利的条件。

5. 软实力：指文化、价值观、影响力、道德准则、文化感召力等无形的力量。

6. 出炉：比喻把事物公布出来，与世人见面。

7. 引擎：原指发动机。比喻动力。

8. 过度包装：原指对商品的豪华包装。这里比喻对选手的商业操作。

9. 火：形容词，指受到大众追捧和认可。

10. 吸引眼球：吸引人们的注意力。

五、（略）

六、（略）

七、（略）

第七课

一、B

二、（略）

三、1. C   2. D   3. A   4. B   5. D

四、1. A   2. C   3. B   4. B   5. D

五、1. BADC   2. BDAC   3. EDBAC   4. CEADB   5. EACBD

六、0（C）   1（B）   2（A）   3（D）

七、1. B   2. C   3. B   4. A   5. A

八、（略）

第八课

一、C

二、（略）

练习参考答案

三、1. D　　2. C　　3. D　　4. A　　5. B

四、1. C　　2. A　　3. D　　4. B　　5. B

五、1. BDAC　　2. BDCA　　3. CADB　　4. CDAB　　5. BADC

六、（略）

七、（略）

八、1. ×　　2. √　　3. ×　　4. √　　5. √

第九课

一、C

二、（略）

三、1. B　　2. C　　3. B　　4. D　　5. A

四、1. B　　2. B　　3. A　　4. C　　5. D

五、1. BADC　　2. CBDA　　3. DACB　　4. ADCB　　5. BDCEA

六、0（C）　　1（A）　　2（D）　　3（B）

七、（略）

八、（略）

单元复习三

一、1. 出版　　2. 刊发　　3. 描绘　　4. 反映　　5. 遵循
　　6. 保持　　7. 削减　　8. 申请　　9. 建立　　10. 名列

二、1. 偃旗息鼓　2. 忍无可忍　3. 举足轻重　4. 一无所知　5. 水涨船高
　　6. 大惊小怪　7. 各抒己见　8. 座无虚席　9. 乏人问津　10. 软实力

三、1. 而是　　2. 而且　　3. 实际上　　4. 分别　　5. 以便
　　6. 由此　　7. 从这个意义上说　　8. 只是　　9. 即　　10. 的确

四、1. 高潮：比喻事物高度发展的阶段。

　　2. 指南：比喻辨别正确发展方向的依据。

　　3. 买账：承认或屈从于对方的实力或长处。

　　4. 软肋：形容人或事的薄弱环节。

23

5. 另类：怪异，与众不同。
6. 回炉：比喻人重新接受教育和培养。
7. 高压线：这里比喻上限或最高额度。
8. 砸钱：形容不计成本或不惜代价地花钱。
9. 添了一把火：比喻为原本很热的话题增加材料。
10. 冲刺：原指赛跑临近终点时突然加速向前猛冲。这里比喻奋力向前。

五、（略）

六、（略）

七、（略）

第十课

一、A

二、（略）

三、1. D　　2. C　　3. A　　4. C　　5. D

四、1. B　　2. C　　3. D　　4. B　　5. D

五、1. DABC　　2. BADC　　3. CBDA　　4. CBDEA　　5. DBEFAC

六、1（B）　2（A）　3（C）

七、（略）

八、（略）

第十一课

一、（略）

二、（略）

三、1. C　　2. A　　3. B　　4. B　　5. A

四、1. A　　2. D　　3. C　　4. B　　5. B

五、1. CBAD 或 DBAC　　2. DCAB　　3. BADC　　4. BDCA　　5. FDEABC

六、1（D）　2（C）　3（B）　4（A）

小贴士：1. 密码不同　　2. 数字+字母+符号　　生日、身份证号码、

24

手机号码

3. 登录　支付　　4. 木马　　5. 网络支付账户　　6. 账户安全等级

7. 单笔支付额度或者每日支付累计　　8. 信用卡信息

七、（略）

八、（略）

第十二课

一、B

二、（略）

三、1. C　　2. B　　3. A　　4. C　　5. D

四、1. B　　2. A　　3. D　　4. D　　5. B

五、1. DCBA 或 CBAD　　2. BCDA　　3. BDCA　　4. DACB　　5. DAEBC

六、（略）

七、（略）

八、1. √　　2. √　　3. √　　4. √　　5. ×

单元复习四

一、1. 签署　　2. 出台　　3. 涵盖　　4. 登录　　5. 窃取

6. 达到　　7. 迎接　　8. 导致　　9. 拯救　　10. 结合

二、1. 顺藤摸瓜　2. 漫不经心　3. 一棍子打死　4. 合而为一　5. 不请自来

6. 因噎废食　7. 偷工减料　8. 手足无措　9. 不堪一击　10. 事半功倍

三、1. 从而　　2. 以　　3. 并且　　4. 比如说　　5. 在这种情况下

6. 从传统意义上来讲　　7. 那么　　8. 事实上　　9. 仍然　　10. 假如

四、1. 触角：原指昆虫重要的感觉器官。这里比喻监测的范围。

2. 风波：比喻纠纷。

3. 屏障：起遮挡或保护作用的东西。

4. 垃圾：比喻不需要的东西。

5. 漏洞：比喻不周密的地方。

6. 钓鱼：比喻引诱或欺骗的行为。

7. 出轨：原指有轨车辆行驶时脱离轨道。这里指进入不正常的状态。

8. 战役：在一定的空间和时间内进行的一系列大小战斗的总和。

9. 勾勒：用线条画出轮廓。也指用简练的文笔叙述大概情况。

10. 不啻于一个警钟：就像敲响警示的钟一样。

五、（略）

六、（略）

七、（略）

5. 提到美国大学，读者熟悉的大概是哈佛、耶鲁或者麻省理工等研究型大学。这些大学无论对美国还是对全世界都产生了巨大影响。但是，美国还有其他类型的大学，其中的两种颇为"另类"，国内对它们的介绍也较少。

   另类：

6. 其实，在当前的教育环境下，发挥职业院校的作用，让本科生"回炉"读职校，促进本科生高质量就业和创业，不失为一种良策。

   回炉：

7. 据英国媒体日前报道，许多大学最新公布的学费标准直指9000英镑的"高压线"。

   高压线：

8. 当前美国教育改革也突出了竞争，联邦政府不再像以往那样只是一味地"砸钱"，而是通过竞争性拨款、大学生贷款等，在教育领域引入更多的竞争机制。

   砸钱：

9. 不知是有意还是巧合，在此次英国国际教育年会召开前一天，英国《泰晤士报高等教育副刊》发布了一份世界大学学术声誉排行榜，为大学排名这个热门话题又添了一把火。

   添了一把火：

10. 中国对高等教育的财政支持有目共睹，在不久的将来，中国顶级院校完全可能向排名最前端冲刺。

    冲刺：

五 家庭教育和学校教育在每个人成长的过程中起的作用不同。请你参考本单元材料做一个口头表达，题目是：

   家庭教育和学校教育

六 说话练习

1. 请列出你自己国家关于教育的一些名言，并谈谈你对这些名言的理解。

2. 找中国的大学生帮忙，或通过因特网，了解一下中国大学排名前十位的学校，并了解一下排名所依据的标准，然后向大家报告。

3. 你觉得教育国际化对发达国家和发展中国家带来的影响一样吗？请谈谈你的看法。

单元复习三 教育篇

七 写作练习

找三至五名中国的小学生或中学生，了解一下他们对父母教育的感受和看法，然后写一份调查报告。

笔 记

非传统安全篇

话题导图

非传统安全

食品安全	信息安全	其他非传统安全
规范化	网购	洪水
添加剂	网站	海啸
防腐剂	病毒	灾害
签署	黑客	飓风
监管	钓鱼	核泄漏
环节	支付	海盗
包装	密码	艾滋病
召回	欺诈	风险
保质期	花样	预测
转基因	账户	抵御
……	……	……

第十课　食品安全

话题解读

食品安全（food safety）指食品无毒、无害，符合应当有的营养要求，对人体健康不造成任何急性、亚急性或者慢性危害。根据世界卫生组织的定义，食品安全问题就是"食物中有毒、有害物质对人体健康影响的公共卫生问题"。

课前讨论

- 你会不会尽量避免买有转基因标志的蔬菜、水果或食用油？为什么？
- 请写出几种有食品添加剂的食物，并说说你会不会特别在意这些添加剂对健康的影响。
- 在你的国家有没有发生过食品污染事件？这些事件可能是由哪些原因造成的？

从"田头"到"餐桌"
——欧美发达国家的食品安全保障系统

食品安全是一个全球性难题，在欧美发达国家，食品安全事故也时常发生，但这些国家总体而言已经建立起了较为完整的"从田头到餐桌"的食品安全保障系统。

监管体系与时俱进

今年1月，<u>美国总统奥巴马签署《食品安全现代化法案》</u>，美国食品安全监管体系迎来一次大变革。奥巴马政府的这次改革是根据不断变化的现实对美国食品安全体系进行的一次调整。100多年来，美国的食品安全体系在不断改进中日渐成熟。

1906年，美国国会通过《食品药品法》和《肉类制品监督法》，美国食品安全开始纳入法制化轨道运转。上世纪50至60年代，随着经济的高速发展，美国在食品加工和农业方面出现了滥用食品添加剂、农药、杀虫剂和除草剂等化学合成制剂的情况。为规范食品添加剂和农药的使用标准，美国政府先后出台了《食品添加剂修正案》、《色素添加剂修正案》、《联邦杀虫剂、杀真菌剂和灭鼠剂法》等多部法律。近年来，美国多次发生食品污染事件，奥巴马政府又及时调整食品监管体

系，赋予<u>美国食品和药物管理局（FDA）</u>更大的权力。

英国和德国的食品监管体系也经过了几十年甚至上百年的积累和发展。<u>英国食品安全监管机构食品标准署成立于2000年</u>。此前，英国在1990年颁布《食品安全法》，对食品质量和标准等方面进行了详细规定。而《食品安全法》又是在1984年的《食品法》基础上修改而成的。再往前追溯，还可以找到一些与食品安全相关的法律。而德国食品法的历史则最早可追溯到1879年。迄今，德国关于食品安全的各种法律法规多达200多个，涵盖了原材料采购、生产加工、运输、<u>贮藏（zhùcáng）</u>和销售所有环节。

监管触角伸向产地

美国的食品安全监管机制按照联邦、州和地区分为三个层面监管。三级监管机构大多聘请相关领域的专家，采取进驻饲养场、食品生产企业等方式，从原料采集、生产、流通、销售和售后等各个环节进行全方位监管，从而构成覆盖全国的立体监

管网络。

不过，这种监管体系由于管理权分散，近年来暴露出效率低、部门之间缺乏协调等诸多弊端，这也是奥巴马政府推动食品安全体系改革的原因所在。这次的新法案扩大了美国食品和药物管理局的监管权力和职责，强调食品安全应以预防为主。根据新法案，FDA 除了可以直接下令召回存在安全隐患的食品外，还有权检查食品加工厂，以及对进口食品制定更为严格的标准，尽量将食品安全的隐患消灭在端上餐桌之前。

消灭食品安全的隐患同样是英国食品标准署的基本职能之一。英国食品标准署不仅监测着市场上的各种食品，还将触角延伸到了食品产地，并且这种工作还往往是长期持续的。比如，1986 年的切尔诺贝利核事故使得大量放射性物质飘散到欧洲上空，有不少放射性物质在英国养殖绵羊的一些高地地区沉降。20 多年过去了，食品标准署还一直监控着当地绵羊的情况，2009 年发布的公告说还有 369 家农场的绵羊产品受到限制。

为每份食品"建档案"

面对不断出现的食品安全危机，欧盟于 2002 年首次对食品生产提出了"可溯性"概念，以法规形式对食品、饲料等关系公众健康的产品强制实行从生产、加工到流通等各阶段的溯源制度。2006 年，欧盟推行从"农场到餐桌"的全程控制管理，对各个生产环节提出了更为具体、明确的要求。

在德国，食品的食物链原则和可追溯性原则得到了很好的贯彻。以消费者在超市里见到鸡蛋为例：每一枚鸡蛋上，都有一行红色的数字，比如 2-DE-0356352，第一位数字用来表示产蛋母鸡的饲养方式，"2"表示是圈（juàn）养母鸡生产；DE 表示出产国是德国；第三部分的数字则代表着产蛋母鸡所在的养鸡场、鸡舍或鸡笼的编号。消费者可以根据红色数字传递的信息视情况选购。

如果出现食品安全危机，也可以根据编码迅速找到原因。2010 年 12 月底，德国安全食品管理机构在一些鸡蛋中发现超标的致癌物质二恶英，引起德国上下极大关注。通过对有毒鸡蛋的追查，有关机构顺藤摸瓜，将焦点快速锁定在了石勒苏益格—荷尔施泰因州的一家饲料原料提供企业身上。这家公司将受到工业原料污染的脂肪酸提供给生产饲料的企业，才导致了其下游产业产品二恶英超标。随后，德国政府迅速隔离了 4700 个受波及的养猪场和家禽饲养场，强制宰杀了超过 8000 只鸡。

英国食品标准署对食品的追溯能力也在去年的克隆牛风波中得到展示。去年有媒体披露，一些英国农场主表示饲养了克隆牛及其后代，并将其牛奶和牛肉制品拿到市场上销售。由于公众对克隆动物食品还存在一些不同看法，特别是不少人在食用安全问题上存有疑虑。食品标准署很快查明报道中的牛是一头从美国进口的克隆牛的后代，并据此确认了其后代 8 头牛所在的农场，以及是否有相关奶制品或肉制品进入市场。这些结果公布后，公众掌握了相关事实，一场风波逐渐消散。

召回（zhàohuí）构筑最后屏障

问题食品召回制度是发现食品质量存在缺陷之后采取的补救措施，是防止问题食品流向餐桌的最后一道屏障。

奥巴马食品监管改革要点之一就是授予美国药管局强制召回权，可以直接下令召回而无需要求生产厂家自愿。日前，美国FDA推出了食品召回官方信息发布的搜索引擎，以提高食品安全信息披露的及时性和完整性。通过搜索，消费者可以获得自2009年以来所有官方召回食品的详细动态信息。

在英国食品标准署网站上，可以查询到问题食品的召回信息，包括食品生产厂家、包装规格和召回原因。比如，在3月22日的一条公告中，写明召回Natco公司生产的400克装咖喱鹰嘴豆，原因是未在标签中注明其含有芥末，可能会引起对芥末过敏人群的不适。像这种并不算很严重的原因都得到清晰监管，对那些大的食品安全问题公众也就更放心。

对于不合格食品召回，德国食品安全局和联邦消费者协会等部门联合成立了一个"食品召回委员会"，专门负责问题食品召回事宜。2004年，在"食品召回委员会"监督下，亨特格尔公司调查发现，该公司生产的孕产妇奶粉和婴儿豆粉中有"坂歧氏肠杆菌"，威胁消费者尤其是婴儿健康。事件发生后，亨特格尔公司以最快速度召回了产品，还向消费者支付了1000万欧元的赔偿金。

2008年9月5日，位于日本大阪的粮食加工公司三笠食品公司被发现将工业大米当做食用米销售的勾当，从而引发了震惊日本全国的"事故米事件"。即使误食"事故米"制成的食品也不会影响健康，但将"事故米"用做食用米使用的行为违反了日本食品卫生法的相关规定，因此包括朝日啤酒等流通商企业相继展开了自主召回活动。同时，为补偿在不知情的情况下购入"事故米"的企业，日本政府在负担部分回收费用外，还对因营业额骤减而导致经营困难的企业实施了经营支援政策。截至2009年8月，日本政府共为此付出了27亿日元的代价。

今年2月26日，英国食品标准署公布报告宣布，该国第一食品公司正在召回Loyd Grossman牌瓶装"西红柿辣酱"，因为酱中可能混有玻璃碎片。在英国国家新闻和网上公告里，食品标准署逐项列出该产品的名称、规格、批次编码、保质期、包装形式等重要信息，并且告诉民众，如果买了这样的西红柿辣酱，请不要食用，而应立刻与英国客户关系部联系，退回产品，并将获得全额退款。

（选自《民生周刊》，作者于婷）

练习

一、本文的主要内容是

A. 介绍欧美日的食品安全监管体系

B. 介绍欧美日的食品召回制度

C. 介绍欧美的食品安全监管制度

二、回答下列问题

1. 本文一共谈论了哪几种食品安全监管的具体措施？
2. 根据奥巴马政府颁布的新法案，美国FDA可以行使哪些食品安全方面的监管权力？
3. 如果你看到德国鸡蛋上有"2-DE-0356352"的字样，你能解释这组数字的意思吗？
4. 根据本文内容，欧美国家"问题食品"的召回都是厂家自愿的吗？
5. 日本在处理"事故米事件"时采用了哪几个措施？

三、选择正确答案

1. 本文谈论了多个国家的食品监管体系，下列哪个国家的情况没有谈到？　　（　　）

　　A. 英国　　　B. 德国　　　C. 日本　　　D. 法国

2. 下面哪个是美国奥巴马政府调整食品监管体系的原因？　　（　　）

　　A. 为了规范食品添加剂和农药的使用标准

　　B. 为了赋予美国食品和药物管理局（FDA）更大的权力

　　C. 近年来多次发生了食品污染事件

　　D. 因为出现了滥用化学合成制剂的情况

3. 文中提到的几个国家，哪个国家的食品法律历史最悠久？　　（　　）

　　A. 德国　　　B. 英国　　　C. 美国　　　D. 日本

4. 下面哪一项符合德国食品安全制度的实际情况？　　（　　）

　　A. 德国食品安全采用三个层级的监管机制

　　B. 1984年制定了《食品法》

　　C. 德国关于食品安全的各种法律法规多达200多个

　　D. 德国药管局拥有法律规定的食品强制召回权

5. 英国的食品安全制度建设不包括下面哪一项？　　　　　　　　　　（　　）
   A. 1990年颁布了《食品安全法》，对食品质量和标准等方面进行了详细规定
   B. 2000年成立了食品标准署
   C. 在英国食品标准署网站上，可以查询到问题食品的召回信息
   D. 成立了一个"食品召回委员会"，专门负责问题食品召回事宜

四、理解下列句子或语段，选择正确答案

1. "奥巴马政府的这次改革是根据不断变化的现实对美国食品安全体系进行的一次调整。"这句话主要告诉我们这次改革的：　　　　　　　　　　　　（　　）
   A. 作用　　　　B. 原因　　　　C. 目标　　　　D. 成果

2. "美国的食品安全监管机制按照联邦、州和地区分为三个层面监管。三级监管机构大多聘请相关领域的专家，采取进驻饲养场、食品生产企业等方式：从原料采集、生产、流通、销售和售后等各个环节进行全方位监管，从而构成覆盖全国的立体监管网络。"这段话主要告诉我们美国食品安全监管的：　　　　　　　（　　）
   A. 优点　　　　B. 法律　　　　C. 方式　　　　D. 机构

3. "根据新法案，FDA除了可以直接下令召回存在安全隐患的食品外，还有权检查食品加工厂，以及对进口食品制定更为严格的标准，尽量将食品安全的隐患消灭在端上餐桌之前。"这段话主要告诉我们FDA的：　　　　　　　　　　　（　　）
   A. 执法方式　　B. 检验标准　　C. 权利　　　　D. 权力

4. "问题食品召回制度是发现食品质量存在缺陷之后采取的补救措施，是防止问题食品流向餐桌的最后一道屏障。"这段话主要告诉我们问题食品召回制度的：（　　）
   A. 定义　　　　B. 作用　　　　C. 步骤　　　　D. 程序

5. "美国FDA推出了食品召回官方信息发布的搜索引擎，以提高食品安全信息披露的及时性和完整性。"这句话主要告诉我们美国FDA推出搜索引擎的：（　　）
   A. 目的　　　　B. 原因　　　　C. 结果　　　　D. 过程

五、给下列句子排序，组成语段

1. A. 此前，英国在1990年颁布《食品安全法》，对食品质量和标准等方面进行了详细规定
   B. 而《食品安全法》又是在1984年的《食品法》基础上修改而成的

C. 再往前追溯，还可以找到一些与食品安全相关的法律
D. 英国食品安全监管机构食品标准署成立于 2000 年

2. A. 还有权检查食品加工厂
B. 根据新法案，FDA 除了可以直接下令召回存在安全隐患的食品外
C. 尽量将食品安全的隐患消灭在端上餐桌之前
D. 以及对进口食品制定更为严格的标准

3. A. 才导致了其下游产业产品二恶英超标
B. 通过对有毒鸡蛋的追查，有关机构顺藤摸瓜，将焦点快速锁定在了石勒苏益格—荷尔施泰因州的一家饲料原料提供企业身上
C. 2010 年 12 月底，德国安全食品管理机构在一些鸡蛋中发现超标的致癌物质二恶英，引起德国上下极大关注
D. 这家公司将受到工业原料污染的脂肪酸提供给生产饲料的企业

4. A. 从而构成覆盖全国的立体监管网络
B. 三级监管机构大多聘请相关领域的专家
C. 美国的食品安全监管机制按照联邦、州和地区分为三个层面监管
D. 采取进驻饲养场、食品生产企业等方式
E. 从原料采集、生产、流通、销售和售后等各个环节进行全方位监管

5. A. DE 表示出产国是德国
B. 以消费者在超市里见到鸡蛋为例：每一枚鸡蛋上，都有一行红色的数字
C. 第三部分的数字则代表着产蛋母鸡所在的养鸡场、鸡舍或鸡笼的编号
D. 在德国，食品的食物链原则和可追溯性原则得到了很好的贯彻
E. 比如说：2-DE-0356352，第一位数字用来表示产蛋母鸡的饲养方式
F. "2" 表示是圈养母鸡生产

六、阅读理解（一）

● 下面分别是文章的小标题：
A. 算下来花得多，其实省下了更多
B. 城市里"赶集"渐成"时尚"
C. "有机"成为一种生活态度

请你在阅读后把以上标题填在合适的数字旁边。

如今,"有机"正逐步融入中国人生活的细节里
"赶集"渐成城市人周末时尚生活方式

"我已经成功买到了纯手工辣椒酱、苹果酱和米酒,还有香甜的玉米,味道棒极了,辣椒酱尤其美味啊。"

"每周末赶个集,生活真美好!从最小的事做起,爱这世界。"

"我要带上我的手工米酒参加市集,找到家乡赶集的感觉。"

……

微博上网友们热烈讨论着周末"赶集"的大收获,然而此赶集并非古时候农村的原始贸易市场,而是城市人自发组织兴起的"有机"农夫市集。

1(   )

最近一次"有机"市集于27日在望京NOVO一个开放式食堂举行。创意无限的市集徽标,精心布置的小摊位,精致讨巧的有机食物像艺术品一样在市集里陈列起来。新鲜的蔬菜水果、健康的干货和杂粮、纯天然手工作坊的点心、有机环保的日用品琳琅满目。

"这是一个不大的市集,但是热闹异常,这里的货品不多,但是非常火暴。"参加过北京有机农夫市集的网友duonuo在个人博客上描述了市集活动的盛况。

如今,在城市里"赶集"渐渐成为一种"时尚"生活方式,"有机"也逐步融入中国人的生活理念。

所谓有机食品,是指来自于有机农业生产体系,根据国际有机农业生产要求和相应标准生产加工并通过相关认证机构认证的一切农副产品及其加工品,包括粮食、蔬菜、水果、奶制品、禽兽产品、蜂蜜、水产品、调料等。由于有机食品在生产加工中不使用化学农药、化肥、化学防腐剂和添加剂,也不使用基因工程生物及其产物,因此它是安全食品。

北京有机农夫市集以民间活动为原型,于2010年5月由"有机食品、自然生活"理念推广者张映辉首次策划举办,2010年9月,日本艺术家植村绘美开始推广并使之成为一种形式固定下来,"有机"爱好者纷纷加入农夫市集组织。

张映辉的个人经历是她追求自然生活方式的原动力。在家乡北大荒度过的头18年，使她养成接地气、遵循自然生活的习惯；大学毕业后在国外居住9年，让她亲密接触有机产品；2001年第一个孩子的出生，使她真正开始践行有机生活方式，并将这种理念通过专栏写作、演讲等公益方式带给更多国人。

2（   ）

10～20元一斤的西红柿，15元一斤的桃子，40元左右的奶酪……尽管价格有些昂贵，但健康绿色使有机食品依然魅力十足。

"如果一个月都吃'有机'食品，算下来会多花1000元钱，其实省下了更多，少上馆子少看病，吃得更放心和健康。"一位市集活动参与者说。

据统计，现在全世界每年因癌症死亡的人数约500万，其中有一半左右与食品中含有的有毒有害物质有关。

食品安全问题日益严峻，安全、放心成为城市人选择食物的标准，鲜美可口、不添加抗生素和催化剂的有机食物，自然成为他们的不二选择。

"有了孩子后，更加关注食物的健康和营养，在市集里可以买到无添加的牛奶，营养价值更高。"当了妈妈的宋小姐说。

"无害、天然……"慕名而来的上班族和都市白领越来越多，纷纷加入市集大军，成为"有机"一族。

"有机农夫市集活动的理念是'可持续性'。通过食品实现农夫和消费者直接交流和学习，增强消费者对'有机'的认同感。"农业与贸易政策研究所中国项目负责人、有机农夫市集的核心组织者常天乐说。

据了解，北京农夫市集活动已经举办过9次，不定期，也没有固定的地点，活动提前通过微博、媒体、用户分享交流。参与者从几百位发展到最多4000人，健康生活的理念深入人心，辐射范围渐渐增大。

3（   ）

"让都市人回归田园生活，感受最自然真实的生活。"蒲公英农社农户童佳说，农夫市集正成为城市人的时尚生活方式，"有机"也成为一种生活态度。

经济的飞速发展，热闹**喧嚣**（xuānxiāo）的城市环境，扰乱了城市人的生活节奏，人们更愿意回归自然，享受"有机"慢生活。

"国外'有机'生活大行其道，已成为一种时尚标志。"在上海一家外企工作的Maggie认为，一些白领都出于对国外潮流的追随而选择"有机"生活。

如今，超市里随处可见的"有机"食品，大城市悄然兴起的"有机菜"定期上门服务，淘宝网"有机"食品的热销，都折射着"有机潮"的异军突起。

调查显示，2010年中国有机食品销售额近12亿元，"有机"消费持续升温。

随着"有机"生活备受欢迎，有机生活方式也逐渐群体化，这些热爱"有机"食物、选择"有机"生活、崇尚"有机"理念的人，被称为"有机人"。

"与'有机'生活亲密接触后，会不自觉地想要做一些利于健康和环保的事情。""有机人"汪夏已养成外出就餐自带筷子、随身携带购物袋的习惯。

中国政府即将出台的"十二五"节能环保产业发展规划，将按节能、环保、资源综合利用三类，对相关行业进行政策扶持。

这契合了国人对"有机"生活的追求，将引领低碳环保、节约资源、热爱自然理念的生活品质。

如今，主张垃圾分类、用节能灯替换高瓦灯泡、使用低亮度电脑的人不在少数；城市里素食主义者、拼车上班族、二手货爱好者不断涌现……"有机"，正在融入中国人生活的细节里。

"人们不一定要弄明白有机产品的真正含义，但这种寻求尽可能自然的东西的过程就是值得赞叹的。"张映辉说。

（新华每日电讯，作者黄玥、任沁沁）

● **读后回答问题或完成任务：**

1. 有机食品究竟是什么样的食品？请根据自己的理解作一个说明。
2. 如果有机食品的价格是普通食品的三倍，你会不会坚持购买有机食品？调查五个同学或朋友的态度，并请他们说明理由。
3. 有人认为，有机农业生产体系需要环境的保障，在污染的环境下，不存在真正的有机农业生产。你同意这样的观点吗？为什么？
4. 文中提到的"主张垃圾分类、用节能灯替换高瓦灯泡、使用低亮度电脑的人不在少数；城市里素食主义者、拼车上班族、二手货爱好者不断涌现"和文章的主题有没有关系？
5. 请列举五种你所认为最安全的食品，并与同学互相交流。

七、阅读理解（二）

● 我们相信有机食品，但也不必太迷信它。下面这篇文章中，专家告诉我们应该如何正确认识有机食品。

寻常蔬菜五六块钱一斤，有机蔬菜要贵上一两倍甚至好几倍，尽管这样，在这个"吃什么都不太放心"的年代，越来越多的人把有机食品当成了解决食品安全问题的"终极出路"；又有许多人以"贵"为"好"，认为有机食品更有营养——这些想法对吗？在最近举办的一场科普讲座上，上海食品研究所副所长、总工程师马志英"泼冷水"：对于食品，人们无非有三点期待：安全、营养和口味，但在2009年，英国食品标准局发布的一项研究的结论称，"有机产品和常规产品在营养方面并无差异"。

有机种植的初衷是保护环境

有机食品，要求在农业生产中完全不使用农药、化肥等化学物质，不使用基因控制技术。它对土壤和水源也有要求，相对于"绿色食品"和"无公害食品"，要求最为严苛（yánkē）。

按理说，农业生产该是农业部门管的事，可"有机食品"却是1994年由国家环保部门提出的。"人类种植有机食品的初衷，并不是为了得到更好的食物。这是一部分人为了保护环境，自愿放弃现代农业的技术手段，回归古代的种植方式。"复旦大学公共卫生学院营养专家厉曙光教授解释。

不施化肥、不用农药，种出来的作物营养更好吗？未必，对此英国人已有研究结论。

还有口味问题，厉曙光说，许多有机作物农场配送的蔬菜枯黄，果实瘦小，且有虫洞，一些吃了这些果蔬的买家感觉口味较差，而不是更好。

2001年一个有关苹果口味的测试结果称：有机苹果"更甜，也更紧实"。但厉曙光认为，这个结果不能排除被测试者的心理因素。口味感觉，很大程度上取决于人们的心理，它与指标分析结果会有偏差。

纯天然不一定更安全

人们支持有机食物的很重要的理由，是认为它安全。它不用农药、化肥以及添加剂，可免受化学污染，可人们似乎忘记了：依照传统方式种植的农作物也可能遭受污染。

有机农业生产中用粪便代替化肥滋养作物，粪肥中有大肠杆菌之类，很可能滞留，特别像西瓜、生菜、番茄、菠菜一类的低矮作物。至于现在人们普遍担心的食品添加剂，其实只要规范使用，不仅无害，在某些情况下甚至有利于食品安全，例如，经过防腐处理的肉、经过辐射处理的调料、经过消毒处理的蔬菜。需要提醒的是，许多人对有机食品"过于放心"，清洗时漫不经心，这会加大感染细菌的概率。

"越来越多的人迷信纯天然、排斥人为处理过的东西，这有点走偏了。"厉曙光说。

是否真的"有机"就凭良心

为什么初衷是"保护环境"的有机农业，让多数人以为它是为"保护人"而生的？商家的花言巧语，抓住人们对食品安全问题的担忧，大肆宣传有机食品有益健康，而有意无意隐瞒传统农业生产方式的缺点，这正是商家的营销手段。

花大价钱买的有机食品是否物有所值，消费者不得而知，甚至连能否买到真正的有机食品这件事，也心里没底，唯一可依凭的，似乎就是种植者的"良心"。"特别当订购的人多起来，农场为了利益是否能坚持有机生产，是个问题。"厉曙光说。

苛刻的种植标准制约着有机食品的大规模商业化。上海知名的有机农产品供应商、"多利农庄"创办人张同贵说："建一座真正的有机农庄，光处理水土就要花费三年以上时间……"我国每年使用130万吨农药，八成以上渗透进了土壤和水，如果仅仅按照有机方式种植，而不事先处理土壤和水，不可能达到有机标准。

厉曙光认为，有机农业的存在价值，是"对自然环境的保护"而非"对食品安全的保证"。能将有机食品作为解决食品安全问题的"终极出路"吗？恐怕它做不到。

（选自《文汇报》，作者沈湫莎）

● 读后回答问题或完成任务：

1. 这篇文章的主要观点和上一篇文章一致吗？为什么？
2. 关于有机食物的安全、营养、口味三个方面，本文的主要观点是什么？请简要写出来。
3. 你认为，用什么方法可以确认一种食品是用"有机"的方式生产出来的？
4. 根据本文观点，用传统方式进行的有机农业生产会不会产生污染？
5. 请根据上一篇文章和本篇文章，分成两组进行辩论。

　　正方观点：解决食品安全的出路是大力发展有机农业，提倡有机食品

　　反方观点：有机农业和有机食品不是解决食品安全的出路，有机并不可靠

八、阅读理解（三）

● 下面这篇文章是关于转基因的。

针对社会各界对转基因食品提出的种种质疑，3月3日，全国政协委员、"杂交水稻之父"袁隆平在接受采访时表示，对转基因食品不能一概而论，对抗病虫的转基因品种，在推广时应持慎重态度。

"转基因食品不能全否定，也不能全肯定，它们中有的不存在安全问题，但也有的还要对其安全性作进一步的深入研究。"袁隆平说，通过转基因技术，人类可以获得更符合自己要求的品质好、产量高、营养丰富和抗病虫强的优良品种，但也可能会造成生物遗传基因污染。

"比如说毒蛋白基因，对于防虫效果非常好，但人们担心对人体的健康也可能产生不利影响。"袁隆平表示，这是有道理的，国家对这一问题也很慎重，到现在抗病虫转基因品种并没有放开生产市场，仍处于试验阶段。

"但我们不能将转基因食品一棍子打死，认为转基因食品都是坏的。有部分转基因食品并没有毒性，不能一概认为都是有问题的。"袁隆平介绍，水稻和小麦属于碳3植物，玉米、甘蔗属于碳4植物，后者的光合效率要比前者高30%～50%，现在他们已将玉米的碳4基因转移到水稻身上，以提高其光合效率。"对于这样的转基因品种，我认为就不存在食品的安全问题。"

袁隆平说，利用生物技术开展农作物育种是今后的发展方向和必然趋势，转基因技术是分子技术中的一类，因此必须加强转基因技术的研究和应用。对待转基因食品，特别是可直接食用的转基因品种应持科学慎重的态度，但也不能简单拒之。

他表示，由于转基因食品存在潜在风险以及基因污染、增殖、扩散及清除途径不确定等因素，因此一旦转基因生物出了问题，根本无法控制，谁也担不了责任。"转基因食品对于人体是否有伤害，需要非常长的时间来考察，至少需要两代人才能得出结论。"

袁隆平坦言，公众对转基因作物之所以存在安全顾虑，主要是有些转基因作物特别是抗病虫的转基因品种，其基因是来自一种细菌中的毒蛋白。由于虫子吃了毒蛋白可以被毒死，因此长期摄入该物质对人是否有害很难说。"现在的实验不能让人来做，都是通过小白鼠。但人是人，白鼠是白鼠，对白鼠没有任何危害，但对人不一定就没害，人与它们的机体是不一样的，所以对一些抗病抗虫的转基因食品要慎之又慎，要做好系统的安全评价。"

非传统安全篇

"如果转基因抗病虫的水稻要人体做实验,我将第一个报名。"袁隆平说,只要两代人不出现问题,就说明这种转基因食品是安全的。

（选自《人民政协报》,作者刘洋）

● 读后回答问题或完成任务：

1. 上网查找一下"袁隆平",了解有关他的大致情况。
2. 袁隆平说的"转基因食品不能全否定,也不能全肯定",依据是什么？
3. 袁隆平认为公众对转基因作物不放心的原因是什么？
4. "如果转基因抗病虫的水稻要人体做实验,我将第一个报名。"对袁隆平的这句话你是怎么理解的？
5. 你每天的生活中会不会吃到转基因的食品？请你列举出几种转基因食品。

第十一课　信息安全

话题解读

信息安全包括的范围很大。网络环境下的信息安全体系是保证信息安全的关键，包括计算机安全操作系统、各种安全协议、安全机制（包括数字签名、信息认证、数据加密等），直至安全系统，其中任何一个安全漏洞都可能威胁全局安全。信息安全服务至少应该包括支持信息网络安全服务的基本理论，以及基于新一代信息网络体系结构的网络安全服务体系结构。

课前讨论

- 你收到过垃圾邮件吗？你一般用什么方法来应对垃圾邮件？
- 你的电脑有没有中木马病毒的经历？你现在用什么样的方法来防范电脑病毒？
- 你有没有网购的经验？你认为网上支付是否存在风险？

课文

网络安全访谈

为加强互联网法律知识普及教育，推进互联网站健康发展，营造文明和谐的网络环境，北京邮电大学人文学院院长李欲晓应邀作客新华网，跟广大网友共谈"网络安全"。

网络安全问题主要包括四方面内容

主持人：现在网络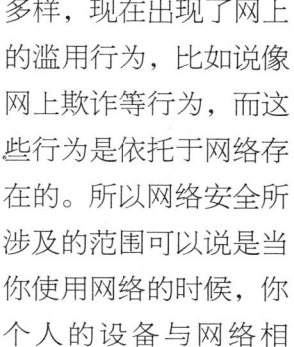安全是大家经常提到的一个热词，但是很多普通网民对网络安全的概念、它的内涵和外延还不是很清楚，您能不能从专业的角度为我们解答一下？

李欲晓：因为现在网络的使用越来越普及，大家会遇到网上各种各样的问题，包括现在有很多的概念比如说微博、垃圾邮件等等，还有云计算、物联网、移动互联网等等。如何判断网络安全问题呢？现在的网络安全发展和传统的网络安全也有变化。我们考虑比较多的是四方面的内容。第一是物理安全等硬件的东西。第二是运行安全，比如说网上的操作系统、网上的应用软件、负责提供网络功能实现的各式各样的支撑设备。第三就是信息安全，包括可靠性、一致性、不可抵赖性，这些信息都是真实的。第四是内容安全，也就是说我们现在涉及的网上的大量信息，有的信息是垃圾性的，有的是暴力的，这些东西属于在我们的一些法律法规中明确予以禁止或者规范的。

随着网络的发展，网络行为更加复杂多样，现在出现了网上的滥用行为，比如说像网上欺诈等行为，而这些行为是依托于网络存在的。所以网络安全所涉及的范围可以说是当你使用网络的时候，你个人的设备与网络相连，或者是你个人在使用网络当中所遇到的各种安全问题。网络的信息和活动给你带来的生活问题可能都与网络安全相关。

网络安全呈现全民化、平面化特点

主持人：我们看到最近几年社交网站、微博等等，给我们的生活带来特别多的改变。您认为它在互联网安全上带来的变化是什么呢？

李欲晓：我认为使得互联网安全变得非常复杂，变成了全民化、平面化的形式，这种麻烦的角度我觉得有三个方面。第一，我们的网络安全的个人使用当中的网络安全意识还没有全方位地形成，从个体来讲，如何去保护自己的安全利益？第二，我们的网络产品，比如说微博或者移动互联网，要大量使用软件，在此当中对于个人安全性的保护标准协议其实并没有完全地建立起来。这个过程，目前来讲我们可能会关注到安卓的使用量比较大，已经有大量的病毒撰写者在上面去实践，随着新的手机平台出现，会慢慢地扩散到智能终端上面。第三，网络安全的技术方面的防范措施，不仅包括专业的队伍，而且也要让公众可以有自我识别的手段，这些都是需要同步去进行的。

主持人：我们现在从这些现象可以看到，网络安全对实际真实生活的影响也是很大的。

李欲晓：我个人有一个观点，我认为社会的形态正在逐步走向网络社会的形态，我认为就是网络的这种社会是现实社会的一个组成部分，不要把它单独地去和现实社会剥离开，其实已经合而为一了，你的精神世界、虚拟世界发生的东西是和你的现实生活联系在一起的，方方面面的权益都可能通过虚拟的形式出现。在这种情况下，两者是必然地要相互联系的。

防范"垃圾邮件"的关键在于识别

主持人：我们在登录邮箱时总会收到许多垃圾邮件，这不仅影响网民正常的收发信件，还带来许多安全隐患。针对垃圾邮件的问题，有什么相关法规来进行约束？

李欲晓：其实这里涉及了一个更模糊的概念，就是所谓的"垃圾邮件"。谈到垃圾邮件的时候，往往可能这个东西对我是垃圾，可能对你不是垃圾，可能今天是垃圾，明天就不是垃圾了。实际上，大家比较通行的看法是，一种是不请自来的商业电子邮件，包括现在的垃圾信息，还包括垃圾短信等等；另一种就是含有有害内容的色情邮件或者是含有有害信息的电子邮件。第二种是比较好处理的，因为有关部门是可以采取措施进行处理的。但是对于第一种不请自来的商业电子邮件如何防范是一个很大的问题。对于这些电子邮件服务企业来说，他要给你提供一个反垃圾邮件的措施，也可能会出现一些把好的邮件给过滤掉的情况，这个我们可能是不赞成的。在垃圾邮件的处理当中，可能会造成一定的问题。

在这种情况下，中国和国外面临的是同样的问题。美国2003年设立了一个反垃圾邮件法，在处理垃圾邮件的时候，他们一定要得到用户的授权。当然这里面又存在一个问题，就是第一封到底算不算垃圾邮件，这个在国际上是有争议的。有的国家认为算，有的国家认为可以不算。2002年我国的互联网协会在推动反垃圾邮件的活动，我们认为邮件地址的大量泛滥，这个问题得不到解决的话也是一个很大的漏洞。其次，这种垃圾邮件可能会自动存储转发。2006年的时候原来的信息产业部颁布了一项管理办法，就是关于邮件地址的买卖是不允许的。就是要采用固定的IP地址提供服务，不能使用大量的动态IP。把邮件服务器的存储转化功能进行关闭，使得邮件的来源可以认证，之后大家就可以知道什么东西是可信的，起码我知道这个来源是可信的，就避免了采取随意组合的方式去发送垃圾邮件了。而且也对那些伪造邮件的行为做了相关的规定。

专门对电子邮件进行规范的，实际上就是《互联网电子邮件管理办法》。目前工业信息化部也有一个反垃圾邮件中心，主要是通过行业自律方式，设立白名单的机制,你也不给我发,我也不给你发,两个服务商之间要作各自的承诺和保证,对于用户要提供可以进行垃圾邮件过滤的功能。所以我们的垃圾邮件数量从2003年全球前几名,已经到现在的15名左右。全球邮件大国一直是美国,而且垃圾邮件的技术也是从美国过来的。

在垃圾邮件的防范上面是要把垃圾邮件进行尽可能的识别,在这个过程当中尽量少地出现误杀的问题。这也是国际上大家公认的原则。

对黑客技术应有专门的规范和管理

主持人:说完垃圾邮件,我们有些网民认为黑客问题只属于技术层面。这种行为违法吗?黑客的行为对网络安全会产生什么影响?

李欲晓:黑客的出现本身是因为网上运行的各式各样的操作系统,包括安全防护体系当中存在的漏洞。黑客的出现本身是利用了这种缺陷,去体现或者展示他的技术和能力。从传统意义上来讲,很多国内外的黑客,一般做了破坏性的东西,有但是比较少。近年来也存在大量的利用黑客手段去进行盗用、窃取个人信息的行为。在我们的相关法律法规里面是有明确规定的,包括刑法中也进行了相应的规定。反过来说,2007年左右也有一些黑客培训学校的出现,这涉及安全技术方面的问题,也是涉及多数人的利益,涉及每一个用户的权益。实际上,对于黑客技术的这种研究和培训,应该进行专门的管理,应该有特别的许可或者管理的机制,包括认证的方式和培训的内容,这些都应该是合理的规范的东西。

所以现在有一些网站上面还有教授大家怎么破解的内容,这些实际上也是侵犯了他人的合法权益在里面。所以,其实是应该有这种意识,我们的公安部门的培训学校不是你想办就能办的,黑客掌握的技术是可以和他们类比的,所以必须以规范和许可的方式进行。

网上交易要谨慎防范"网络钓鱼"

主持人:我们再来说一下适应的问题。现在除了微博和社交之外,购物也很重要。随着网购的流行,"网络钓鱼"案件也屡有发生,这方面国家相关的法律是如何界定的?网民遇到这类事件该如何**甄别**(zhēnbié)?

李欲晓:"钓鱼网站"就是假冒已有的知名网站的外型形态,包括入口等等,尽可能达到一种模拟或者是神似的地步。网络普及之后肯定有人要利用这个空子。用户在进行网上交易的行为时要慎重,用户名和密码都是要进行依次核实的。很多的购物网站都有服务电话,多一个核实环节,就会避免自己的损失。网络"钓鱼"很多采取的形式和手法都是中奖信息、求助信息、慈善信息等,让你感觉好玩或者是有占便宜的心态,在这种情况下应该去尽快地先作核实,不要冲动地去消费。

因为一旦你的交易行为发生,那么资金交易就同时完成了,你的损失也可能就同时出现了。对于网民来讲,要加一些核实,多一些慎重。从我们相关的部门的管理来讲,包括我们相关的主管部门,包括工商、公安等等,他们在相关的这种行政管理当中和立法推动方面还是应该加大力度。我们现在在这个电子商务的发展当中，存在一个很大的问题就是我们的信用体系还没有完整地建立起来，使得人们觉得出现这种事也算正常。但是在电子商务发展当中信用体系是基础。我们应该加速信用体系的建设，加速电子商务的相关立法的建设。我想我们的相关部门还是要加大法制建设。

（选自新华网）

练习

一、请上网搜索一下访谈中提到的"垃圾邮件""钓鱼网站"和"黑客"这三个概念的定义，并记录下来

二、回答下列问题
1. 网络安全大体包括哪四个方面的内容？
2. 主持人认为网络安全对实际真实生活的影响很大，这是为什么？
3. 反垃圾邮件的措施会不会有一些负面的影响？
4. 在中国，私人办黑客培训学校合不合法？
5. "钓鱼网站"的目的是什么？

三、选择正确答案
1. 关于网络安全变得非常复杂化的原因，下面哪个方面访谈者没有提到？　　（　　）
   A. 个体的网络安全意识没有全方位形成
   B. 个人安全性的保护标准协议没有完全建立
   C. 网络犯罪的立法问题尚未解决
   D. 技术方面的防范措施和专业的队伍没有跟上

2. 在李欲晓看来，网络社会和现实社会的关系是：　　（　　）
   A. 网络社会和现实社会密切相关　　B. 现实社会是网络社会的一部分
   C. 网络社会是虚拟社会　　D. 网络社会反映人们的精神世界

3. 下面哪种邮件算是真正的垃圾邮件？　　　　　　　　　　　　　　　（　　）
   A. 不请自来的朋友的邮件
   B. 含有有害内容的色情邮件或者是含有有害信息的电子邮件
   C. 第一次收到的陌生的邮件
   D. 有动态 IP 地址的电子邮件

4. 关于黑客，下面哪种说法是正确的？　　　　　　　　　　　　　　　（　　）
   A. 黑客做了大量破坏性的东西
   B. 黑客的出现是因为网络安全防护体系当中存在漏洞
   C. 教授大家破解密码的技术没有法律问题
   D. 黑客问题只属于技术层面，不属于法律层面

5. 为了防范"钓鱼网站"，下面哪种做法是正确的？　　　　　　　　　（　　）
   A. 要多加一些核实，要多一些慎重
   B. 报告公安机关，通过法律途径来解决
   C. 既然立法没跟上，就只好算了
   D. 不相信任何网上的中奖信息、求助信息、慈善信息等

四、理解下列句子或语段，选择正确答案

1. "网络安全所涉及的范围可以说是当你使用网络的时候，你个人的设备与网络相连，或者是你个人在使用网络当中所遇到各种安全问题。"这句话的意思是：（　　）
   A. 网络安全的范围很广　　　　　　B. 网络安全与每个人的生活相关
   C. 网络安全与使用网络有关　　　　D. 网络安全与个人设备有关

2. "谈到垃圾邮件的时候，往往可能这个东西对我是垃圾，可能对你不是垃圾，可能今天是垃圾，明天就不是垃圾了。"这段话告诉我们：（　　）
   A. 垃圾邮件的概念是比较清楚的　　B. 垃圾邮件是一种电子邮件
   C. 定义垃圾邮件是一件容易的事情　D. 垃圾邮件是一个相对的概念

3. "专门对电子邮件进行规范的，实际上就是《互联网电子邮件管理办法》。"这句话的意思是：（　　）
   A. 《互联网电子邮件管理办法》对垃圾邮件进行管理
   B. 《互联网电子邮件管理办法》对电子邮件进行监督
   C. 《互联网电子邮件管理办法》是唯一对电子邮件进行管理的文件
   D. 《互联网电子邮件管理办法》是对电子邮件进行管理的法律之一

11 信息安全　　　　　　　　　　　　　　　　　　非传统安全篇

4. "'钓鱼网站'就是假冒已有的知名网站的外型形态，包括入口等等，尽可能达到一种模拟或者是神似的地步。"这句话告诉我们钓鱼网站的：　　（　　）
   A. 经营方式　　　　B. 欺诈方式　　　　C. 防范方式　　　　D. 管理方式

5. "我们应该加速信用体系的建设，加速电子商务的相关立法的建设。"这句话的主要意思是：　　　　　　　　　　　　　　　　　　　　　　　　　　　　（　　）
   A. 我们目前还没有建设好信用体系和电子商务的相关立法
   B. 我们要尽快建设好信用体系和电子商务的相关立法
   C. 信用体系和电子商务的相关立法不是一件容易的事
   D. 信用体系和电子商务的相关立法应当逐步推进

五、给下列句子排序，组成语段

1. A. 还带来许多安全隐患
   B. 这不仅影响网民正常的收发信件
   C. 针对垃圾邮件的问题，有什么相关法规来进行约束
   D. 我们在登录邮箱时总会收到许多垃圾邮件

2. A. 这方面国家相关的法律是如何界定的
   B. 网民遇到这类事件该如何甄别
   C. 随着网购的流行，"网络钓鱼"案件也屡有发生
   D. 现在除了微博和社交之外，购物也很重要

3. A. 让你感觉好玩或者是有占便宜的心态
   B. 网络"钓鱼"很多采取的形式和手法都是中奖信息、求助信息、慈善信息等
   C. 不要冲动地去消费
   D. 在这种情况下应该去尽快地先作核实

4. A. 因此对于网民来讲，要加一些核实，多一些慎重
   B. 一旦你的交易行为发生
   C. 你的损失也可能就同时出现了
   D. 那么资金交易就同时完成了

174

5. A. 第一，物联网的核心和基础仍然是互联网，是在互联网基础上的延伸和扩展的网络
   B. 第二，其用户端延伸和扩展到了任何物品与物品之间，进行信息交换和通信
   C. 由此，顾名思义，"物联网就是物物相连的互联网"
   D. 其英文名称是"the Internet of things"
   E. 这有两层意思
   F. 物联网是新一代信息技术的重要组成部分

六、阅读理解（一）

● 下面是文章的小标题：
  A. 其他门道：有优惠时不妨当下"小白鼠"
  B. 绑定手机，使用手机动态口令
  C. 使用数字证书、支付盾等安全产品
  D. 设置单独、高安全级别密码

请你在阅读后把以上标题填在合适的数字旁边。

网上安全支付　教你三招搞定

微博、社交网络、看视频、聊天、玩游戏，随着各类网络服务的日渐普及，一些副作用也逐渐显现。此前索尼的电脑网络被入侵后，就发生了大量用户密码外泄事件，一些黑客发现，很多用户的游戏密码和邮箱密码、支付密码都一致，这对用户利益造成了更大的威胁。在国内，各类网络破坏事件也时有发生，对自己最重要的网络服务——网络支付进行保护，其必要性也越来越凸显出来。

网上支付如何保障安全？记者咨询了一些电子支付行业的专业人士，他们从现有的支付产品特点出发，提供了几条建议。

1（　　）

跟一般的网络服务不同，网络支付账户、网银账户保管的是大家的钱袋子，因此支付宝、网银等常用支付工具的密码要特别对待。如果邮箱、SNS 网站（如微博、人人网、开心网）等登录名和支付宝账户名一致，务必要保证密码不同。

支付工具的密码最好使用数字＋字母＋符号的组合，尽量避免选择用生日、身

份证号码、手机号码等易于破解的数字作为密码。另外像支付宝、财付通等第三方支付工具，都有登录密码和支付密码两个密码，这种设计是为了提供"双保险"，因此，登录密码和支付密码务必不能相同，否则就起不到这种效果。

账户与密码不要保存于联网的电脑中，防止木马病毒窃取。平时上网时，对于一些不熟悉的网站，填写信息要谨慎，如涉及相关网络支付账户，尽量不要填写。

不要把鸡蛋放在同一个篮子里，更不要用一个简单的密码保护你所有的账户。

2（　　）

数字证书、支付盾、安全控件等产品能够帮助提升账户的安全等级。安装了这些安全产品，用户即使密码被盗，盗用者在没有证书的情况下也无法操作资金，用户可以避免资金损失。

支付宝的数字证书可以免费安装，在不同电脑上使用时，通过手机校验码的方式重新安装或删除也很方便，建议用户务必安装。

一些网银的专业版也要求在安装数字证书后才能使用，如果没有证书，只能使用支付限额有限的大众版，这也能在一定程度上避免用户利益受到更大损失。

3（　　）

手机现在几乎人手一部，通过手机也能帮助保障账户安全。现在几乎所有网银和第三方支付工具都提供了绑定手机功能，并支持设定手机动态口令。用户可以设定当单笔支付额度或者每日支付累计额度超过一定金额时就需要进行手机动态口令校验，从而增强资金的安全性。具体的设置措施，可以查看各家支付工具的官网。

4（　　）

除了上述措施外，有时候厂商为了推广一些新服务，会推出额外的优惠措施；有些措施也会给用户带来实惠。例如，支付宝不久前推出的**快捷**（kuàijié）支付服务，直接提出了72小时无理由赔付制度。

用户只要是通过快捷支付进行的付款操作，遭遇**欺诈**（qīzhà）等资金损失，支付宝都会全额赔付。快捷支付本身集合了信用卡信息、支付宝密码和手机校验码认证等安全措施，在一定程度上也提高了用户账户的安全性。

对于这类新服务，通常要观望一段时间，看看是否有"实惠"的优惠措施。如果能给自己带来实惠，做一做"小白鼠"也未尝不可。

（选自《新京报》）

非传统安全篇　　　　　　　　　　　　　　　11　信息安全

◉ 根据上文，请将下面的小贴士填写完整：

上网安全小贴士

1. 如果邮箱、SNS网站（如微博、人人网、开心网）等登录名和支付宝账户名一致，务必要保证_____。
2. 支付工具的密码最好使用_____的组合，尽量避免选择用_____等易于破解的数字作为密码。
3. _____密码和_____密码务必不能相同。
4. 账户与密码不要保存于联网的电脑中，防止被_____病毒窃取。
5. 对于一些不熟悉的网站，填写信息要谨慎，如涉及相关_____，尽量不要填写。
6. 最好安装数字证书、支付盾、安全控件等能够帮助提升_____的产品。
7. 可以设定当_____超过一定金额时就需要进行手机动态口令校验，从而增强资金的安全性。
8. 可以尝试一下集合了_____、支付宝密码和手机校验码认证等安全措施的新支付方式。

七、阅读理解（二）

◉ **背景知识**："钓鱼网站"通常是指伪装的银行及电子商务等网站，主要危害是窃取用户提交的银行账号、密码等私密信息。下面这篇文章的题目是：**钓鱼网站一年暴增十倍　第三方支付全力封堵**。

近年来，我国网络购物市场呈现消费群体不断扩大，消费规模快速增长的良好局面。但与此同时，变种类型的网购诈骗问题也日渐凸显，尤其是近期钓鱼网站**肆虐**（sìnüè），不仅威胁着消费者的财产安全，也给第三方支付的健康发展带来了不小的冲击。作为网络交易中资金流转的枢纽环节，第三方支付平台本身也正通过更加完善的风险控制体系来**抑制**（yìzhì）可能发生的支付欺诈。

随着电子商务模式以强劲的势头进入普通消费者中，网络购物、网上理财逐渐被用户所接受。但与此同时，网络交易安全成为人们不得不面对的问题。遭到木马攻击并被"钓鱼"的人正在增多，并且现在"钓鱼"的花样不断翻新，识别起来也更加困难。近日，国内某知名杀软企业发布了《2011年上半年中国网络购物安全报告》，报告显示，今年上半年，新增钓鱼网站的数量和拦截量均比去年同期增长了10倍左右，

11 信息安全　　　　　　　　　　　　　　　　　　　　　非传统安全篇

钓鱼网站的拦截量是病毒木马报警次数的 15～20 倍，钓鱼网站已经超过病毒木马，成为最严重的安全威胁。然而并不是所有钓鱼网站都能被杀毒软件拦截，一旦用户接触了钓鱼网站并误信了其内容，第三方支付平台就成为了最后一道屏障。

第三方支付平台迅付信息科技有限公司（环迅支付）的风险控制中心近期多次在其官网和合作网站发布预警信息，要求网民在进行网购时提高警惕。与此同时环迅支付也设立了 7*24 客服系统。通过这一系统，持卡用户在网上交易中如果遇到问题，可以在第一时间得到解决或引导，同时也保证了一旦持卡人遭遇网络欺诈可将损失降到最低，不至于出现"网上被骗没人管的现象"。

作为国内最早成立的第三方支付企业，环迅支付是国内唯一一家曾经同时获得 VISA 和 MasterCard 颁发的"最佳风险控制奖"的支付企业，并于今年获得了央行颁发的首批《支付业务许可证》。环迅支付在多年前就成立了风险控制中心，并通过了国际 PCI-DSS CLASS 1 信用卡安全认证。目前，环迅支付已经构建了以风险控制中心为主体，A.N.T. 信用卡反欺诈系统、NetScreen 硬件防火墙、MD5 数字签名、PCI-DSS 认证、SSL 数字证书加密以及密码安全控件相结合的金融级的安全控制体系，以此大幅提升了通过其平台资金的安全级别。

来自环迅支付的有关负责人表示，第三方支付作为在线交易的核心环节，其安全性尤为重要。但限于目前的网络交易环境，仅靠第三方支付抵御网络钓鱼和其他欺诈，万无一失几乎是没有可能的，那么第三方支付企业最需要做的就是在为网民和企业提供资金流转服务时平台自身的风险控制必须无懈可击，此外更要在客户遭遇欺诈时提供第一时间的帮助，并通过与银行、监管部门等各方面的密切合作，尽快封死可能造成网络欺诈的交易漏洞。

（选自新民网）

◉ **读后请回答问题或完成任务：**

1. 根据本文的内容，中国最严重的网络安全威胁是什么？
2. 第三方支付平台在对付钓鱼网站时可以起什么样的作用？
3. 如果需要一个法律来监控或者惩罚钓鱼网站，那么需要拟定哪些法律条款？请在讨论的基础上提供一个建议。
4. 你可以用什么样的方法来鉴别出钓鱼网站？请交流经验。
5. 请互相合作或在老师的提示下找出一个钓鱼网站，并向同学分析其风险。

八、阅读理解（三）

● **背景知识**：支付宝（alipay）最初作为<u>淘宝网</u>公司为了解决网络交易安全所设的一个功能，该功能为首先使用的"第三方担保交易模式"，由买家将货款打到支付宝账户，由支付宝向卖家通知发货，买家收到商品确认后指令支付宝将货款放于卖家，至此完成一笔网络交易。下面这篇文章的题目是：**密码泄露账号被盗　支付宝快捷支付全额赔付**。

人在外面唱歌，支付账号里的钱却突然给划走了。幸好支付宝快捷支付有全额赔付的承诺，最终才没有造成资金损失。张先生昨天来电现身说法，提醒大家一定要注意网上支付账号的安全。

张先生介绍，前天晚上，他跟朋友到歌城唱歌，突然收到一条短信："您使用支付密码解除了手机绑定，该手机的手机服务都将被停止。"张先生十分纳闷，自己没有做过任何操作，怎么会突然收到这条短信。于是他赶紧拨通支付宝客服热线0571-88156688，客服告诉张先生，他的账号刚刚被人创建了四笔各9.16元的交易，其中有一笔已经支付完成。客服人员表示，几笔交易购买的都是游戏点卡，那笔支付完成的交易款项已经划转出去。

自己没有操作过，怎么会无端多出几笔交易？支付宝不是需要"确认收货"，款项才会最终支付出去吗？张先生对自己的遭遇很不理解。

记者联系了支付宝公司，相关负责人向记者表示，从支付宝这边情况来看，张先生账号的解除手机绑定、支付等操作是输入了正确的支付宝密码的。如果张先生确认不是本人操作，那很可能是密码泄露了。

相关人士表示，支付宝的交易模式分为"担保交易"和"即时到账"两种。淘宝之外的很多网站使用的都是支付宝的即时到账模式，款项一经支付就直接到了该网站的账号里，不经过支付宝的中间担保，因此付款时要格外注意风险。

支付宝方面人士表示，从接到的投诉看，盗用者获取受害人的账号密码后一般都用于在销售虚拟产品的网站购买点卡、充值卡等产品，这些虚拟产品不需要物流发货，很难通过发货途径追查到盗用者。为了防止超过限额，需要短信验证，盗用者一般都采用小额多笔、"蚂蚁搬家"的方式行窃。

张先生的支付宝账号里没有余额，被盗的一笔交易是通过快捷支付从绑定的银行卡里支付的，余下的三笔则被支付宝系统拦截而没有盗用成功。支付宝方面表示，支付宝对于快捷支付有72小时全额赔付的承诺，不管用户是因为什么原因造成资金损失，只要资金是通过快捷支付付出去的，支付宝都会给予全额赔付。因此支付宝会在

179

11 信息安全 非传统安全篇

三个工作日内联系张先生，完成先行赔付的。

张先生虽然最终挽回了损失，但如何避免被盗事件再次发生？安全专家提醒，除了要给支付宝、网银设置单独的高强度密码之外，用户还应该尽量选用数字证书、支付盾（U盾）等高级别安全产品。张先生被盗也是因为他的账号没有使用数字证书等安全产品，处于"裸奔"状态。

此外，像张先生这样，账号里不留余额，通过快捷支付付款，支付宝会有全额赔付的保障，这样可以保证即使账号被盗也不会造成实际的资金损失。业内人士表示，只要做到必要的安全防护，网上支付的安全性还是完全没问题的，大家无需因噎废食。

（选自《南方日报》）

◉ 读后回答问题或完成任务：

1. 这篇文章中有哪些内容在前两篇文章中已经提到过？请画线指出。
2. 文中张先生碰到了什么问题？是什么原因造成的？
3. 张先生损失不大的主要原因是什么？
4. "裸奔"一词在本文中是什么意思？
5. 很多人认为淘宝网相对其他使用"支付宝"的网站来说更安全一些。你能从本文中找出原因吗？

第十二课　其他非传统安全因素

话题解读

除了食品安全、信息安全，非传统安全还包含很多其他方面的因素。如经济安全、金融安全、生态环境安全、资源安全、恐怖主义、武器扩散、疾病蔓延、跨国犯罪、走私贩毒、非法移民、海盗、洗钱等。

非传统安全问题有以下主要特点：一是跨国性。非传统安全问题从产生到解决都具有明显的跨国性特征，常常是关系到其他国家或整个人类利益的问题。二是不确定性。非传统安全威胁不一定来自某个主权国家，往往由非国家行为体如个人、组织或集团等所为。三是转化性。非传统安全与传统安全之间没有绝对的界限，如果非传统安全问题矛盾激化，有可能转化为依靠传统安全的军事手段来解决，甚至演化为武装冲突或局部战争。四是动态性。非传统安全因素是不断变化的。五是主权性。国家是非传统安全的主体，主权国家在解决非传统安全问题上拥有自主决定权。六是协作性。应对非传统安全问题应加强国际合作，旨在将威胁减少到最低限度。

课前讨论

- 请回顾并讨论一下近五年来世界上有没有发生过重大的环境事件、自然灾害事件、公共卫生事件、经济金融事件和资源事件，选出五个事件，在讨论后按照危害的大小给它们排个序。
- 请说明一下电影《后天》和《2012》分别描述的是什么样的自然灾难。
- 非传统安全是相对于传统安全而言的，那么传统的安全观指的是什么？请运用网络资源对比传统的安全观和非传统的安全观。

灾害频繁和城市应对

地震、海啸、火山爆发、洪水、干旱、热带**飓风**（jùfēng）……各种各样的灾难事件在世界各地持续发生。

但是，联合国秘书长全球减灾事务特别助理、联合国减灾战略秘书处主任玛格丽特·瓦尔斯特伦女士对灾害有着不同看法："灾害不是自然的。灾害是不恰当的社会经济发展政策和实践的后果。"

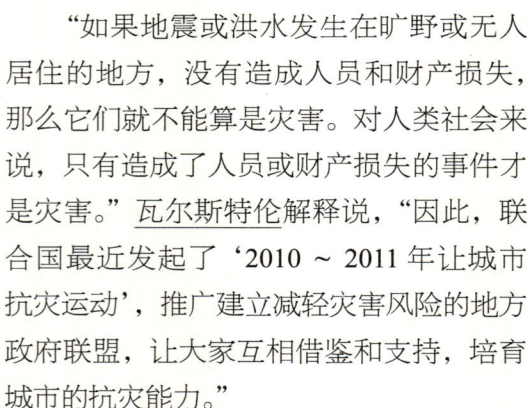

"如果地震或洪水发生在旷野或无人居住的地方，没有造成人员和财产损失，那么它们就不能算是灾害。对人类社会来说，只有造成了人员或财产损失的事件才是灾害。"瓦尔斯特伦解释说，"因此，联合国最近发起了'2010～2011年让城市抗灾运动'，推广建立减轻灾害风险的地方政府联盟，让大家互相借鉴和支持，培育城市的抗灾能力。"

8月2日，瓦尔斯特伦在京参加由中国民盟中央组织的"灾害与社会管理专家论坛第八届年会"，发表了主题演讲，并在会后接受了《科学时报》记者的专访。

脆弱的城市

城市让生活更美好——这也是今年上海世博会的主打理念。

联合国资料显示，为寻找更好的机会或迫于农村的贫困、环境退化等原因，今天，向城市迁移的人口数量比历史上任何时期都要多；现在，30多亿人口，也就是全球有一半人口生活在城市。

2007年的数据显示，城市不只是30多亿人口的住所，而且还是我们社会经济发展的引擎和大多数国家的财富所在地。事实上，全球GDP中的大部分是在城市环境中创造的。

然而，这只是城市生活的一面。如今，世界上还有10亿人口生活在城市贫民窟和赤贫中。当极端气候的影响和贫困增长结合在一起时，城市的日益拥挤也带来了新压力。瓦尔斯特伦说，如何让迅速增长的城市人口获得服务、得到治理，对发展和减轻灾害风险具有举足轻重的影响。

联合国资料指出，在高收入国家，一个完善的基础设施和机构网帮助减轻了灾害风险和灾害损失，能在地震和风暴中保护其居民；但是在中低收入国家，只有极少数中心城市有可比拟的机构、基础设施、服务和制度网络。在城市治理薄弱的地方，地方政府无力提供相关的基础设施，不能迎接灾难的挑战。

联合国人居署预计，到2015年，全球15个最大城市中的12个将在发展中国家。许多城市的扩建没有遵循建筑法、土地开发和土地转让等法规。没有规划的城市发展、薄弱的城市治理、不适当的建筑、腐败和偷工减料、生态系统的退化、在规划中没有充分考虑到灾难风险等等，所有这一切驱动了城市灾难风险的增加。

瓦尔斯特伦在演讲中说："从2008年的汶川地震到2010年的玉树地震，中国是最容易发生灾难的国家之一。多年来，中国一直在努力提高其抗击灾难的能力和灾害管理能力，但是，要减少人们在灾难面前的脆弱性，仍然是中国各级政府面临的一个挑战。"

"在地震、洪水和干旱等自然灾难面前，脆弱的人群和基础设施基本不堪一击，在中国的不同地区，这样的情况导致毁灭性灾难事件经常发生。生命和经济损失——灾难的代价是沉重的。的确，中国这些年为灾难付出的费用在直线上升。"

她强调，在今天的世界，灾难让发展中国家的社会经济发展推迟甚至出轨。在发展中国家，大约85%的人口暴露在地震、飓风、洪水和干旱的威胁中。灾难的巨大成本给贫穷国家人民在2015年前实现联合国《千年发展目标》造成严重障碍。

"过去10年中，灾难造成的损失成本增加了大约13倍，从20世纪60年代的755亿美元，增加到过去10年中的10万亿美元。即使这些惊天数据也不能补偿人们和社区因严重灾难造成的长久损失……通常情况下，灾难实际的损失远远大于表面的物质和基础设施损失，它们的中长期后果包括对经济增长和税收的影响、失业、短期内国外投资和旅游收入的急剧减少。"瓦尔斯特伦指出。

"一盎司的预防胜过一英镑的治疗"

如果灾难不能让我们在社会经济发展的正常轨道上前进，那么，我们现在就需要变化，防患于未然。

瓦尔斯特伦说："我们要确保灾难风险的评估成为城市发展规划和项目中的一个关键因素。减少灾害风险并不难，但很重要。一次飓风、洪水或地震，就能将开发项目的投资和收益一扫而光。灾难风险的减少不仅增加了社区发展的可持续性，也降低了用于救灾和重建的资源。"

"对减灾风险的成本和收益的研究显示，对减灾风险的投资将产生非常正面的经济回报。投资于减灾风险的每一美元，将在避免或减少灾难的冲击中产生2～4美元的回报。正如古代谚语所说：'一盎司的预防胜过一英镑的治疗。'"瓦尔斯特伦说。

联合国减少灾难风险运动始于2005年1月，当时正值印度洋海啸发生后仅3周，168个成员国聚集在日本兵库县，通过了《2005～2015年兵库行动框架》，确定了2005～2015年间世界减灾战略和行动重点。《框架》指出，5项优选领域对城市发展同等重要：在城市活动中把减轻灾害风险作为一项优先任务；了解城市风险、采取行动；增进对城市风险的了解和意识；减轻城市风险；城市作好准备应对。

联合国减灾战略协调员、高级顾问瑞德·巴舍尔曾表示，实施《兵库行动框架》

有助于减少当前的危险,并为不断恶化的未来作准备。他说:"减灾战略不是什么火箭技术,它的道理很简单,应该修建更牢固的房子、建立预警中心、普及防灾减灾知识。这样,在灾害到来之时,我们便不会手足无措。"

联合国减灾战略是一个伙伴关系,旨在推动提高国家和社区的抗灾能力,拯救生命,减少灾害损失。为倡导可持续发展、提高公民防灾意识,2010年初,联合国减灾战略与伙伴一道,掀起一场新运动:让城市抗灾。运动的目的,是让城市领导人和地方政府对"让城市抗灾十项要素自查清单"作出承诺,与地方活动家、基层组织和国家政府一道开展工作。

瓦尔斯特伦说:"'让城市抗灾'运动有助于落实《兵库行动框架》。城市和地方的善治是提高抗灾能力的关键!"

在她看来,减少城市风险会带来诸多好处。比如,具有抗灾能力的城市能够减少贫困、促进发展和就业,还带来更多的社会公平、新的商机、更平衡的生态系统、更完善的健康和教育,从而化为可持续发展城市的一部分。

"《兵库行动框架》的第一重点是,让减少灾难风险成为一个联合国国家和地区的当务之急。要点是方法和政策变化、责任和资源分担过程中,确保减少灾难风险的政治承诺。"瓦尔斯特伦说,"为减少灾难冲击,在任何发展项目的制定之初,都必须进行灾难风险评估。灾难风险管理措施应贯穿于项目制定、执行、监督和评估的整个过程。"

她呼吁,将减灾风险整合到中国的发展规划和项目中;通过促进政策调整,增加国家对减灾风险的投入;贯彻执行建筑更安全学校、医院和城市的法律;鼓励中国民盟成员采取行动,共同构建抗灾国家和社区。

她也呼吁市长和地方政府首脑参加"让城市抗灾运动","因为他们是最贴近市民的机构,他们的参与和领导是关键"。

促进中国可持续发展

灾害流行病学研究中心(CRED)的统计数据显示,在21世纪头10年(2000~2009年),地震死亡人数占灾害死亡总人数的60%。

如今,与气候有关的灾难,如洪水、暴洪、热带飓风、干旱、野火、热流等,影响着全球越来越多的人口,而当这些极端气候影响与贫穷增长结合在一起的时候,城市的压力日益增加。

"适应气候变化应始于灾难风险的减少。"瓦尔斯特伦说,"减少灾难风险和适应气候变化贯穿于整个发展过程。二者的目的均是通过降低面对灾难的脆弱性实现可持续发展;二者都需要承担责任,多方开展协作。"

瓦尔斯特伦建议中国从三个方面采取行动,她说:"我相信这是促进中国和谐社会建设和可持续发展的动力。"

第一,让所有学校在面对灾难时更加安全,将减少灾难风险列入学校课程中。为了让学校在灾难中屹立(yìlì)不倒,减少灾难风险应该成为未来领导人的关键议事日程之一。

第二,确保医院在灾难中的弹性复建能力,当灾难发生之后需要它们时,它们能立即行使其功能。

第三，让城市具有应对灾难和气候变化的弹性力。联合国减灾战略刚启动了一项全球战役：让城市在灾难中更安全。

瓦尔斯特伦对这次中国之行感到欣慰。在参加上海世博会组织的城市抗灾会上，成都市签署参加了名为"2010～2011年让城市抗灾：我的城市准备好了"的运动，成为世界上第63个签署这一运动的城市。另外一个签署这一运动的中国城市是河南省平顶山市宝丰县。

在北京，她高兴地看到"防灾减灾与可持续发展"成为中国民盟中央"灾害与社会管理专家论坛"第八届年会的主题，她说："对世界上每一个面临灾难威胁的国家来说，这都是一个非常重要的议题。"

（选自《科学时报》，作者王丹红）

练习

一、下面哪一项可以概括说明本文的主要内容？

    A. 中国城市的可持续发展

    B. 城市社会经济发展和城市抗灾防灾

    C. 城市发展和气候灾难

二、回答下列问题

1. 瓦尔斯特伦的演讲只是针对中国城市的吗？
2. 瓦尔斯特伦认为灾害是由什么引起的？她为什么这么说？
3. 发展中国家的城市扩建存在哪些问题？
4. 为什么"防患于未然"是重要的减灾战略？
5. 在减灾方面，瓦尔斯特伦给中国提出了哪三个方面的建议？

三、选择正确答案

1. 联合国发起"2010～2011年让城市抗灾运动"的原因是：（　　）

    A. 推广建立减轻灾害风险的地方政府联盟

    B. 灾难事件在世界各地持续发生

    C. 灾难事件持续发生并且造成了巨大损失

    D. 培育城市的抗灾能力

2. 下面哪一项不符合本文对世界城市现状的描述？　　　　　　　　（　　）
　　A. 城市是 30 多亿人口的住所
　　B. 大部分城市分布在发达国家
　　C. 大部分 GDP 是在城市环境中创造的
　　D. 10 亿人口生活在城市贫民窟和赤贫中

3. 关于城市灾难风险增加的原因，下面有哪一项在文中没有提到？（　　）
　　A. 政府的抗灾经费投入不够
　　B. 城市发展规划没有充分考虑到灾难风险
　　C. 不适当的建筑、腐败和偷工减料
　　D. 城市扩建没有遵循合理的法规

4. 关于中国的灾难情况，以下哪一项在本文中没有提到？　　　　　（　　）
　　A. 中国各级政府面临灾难的挑战
　　B. 中国这些年为灾难付出的费用在直线上升
　　C. 中国的灾害是全世界最多的
　　D. 多年来，中国一直在提高抗击灾难的能力和灾害管理能力

5. 关于《2005～2015 兵库行动框架》，下面哪种说法是不正确的？（　　）
　　A. 确定了 2005～2015 年间世界减灾战略和行动重点
　　B. 指出了 5 项优选领域对城市发展同等重要
　　C. 让减少灾难风险成为联合国国家和地区的当务之急
　　D. 协调发达国家和发展中国家预防灾害的资金投入

四、理解下列句子或语段，选择正确答案

1. "联合国资料指出，在高收入国家，一个完善的基础设施和机构网帮助减轻了灾害风险和灾害损失，能在地震和风暴中保护其居民；但是在中低收入国家，只有极少数中心城市有可比拟的机构、基础设施、服务和制度网络。"这段话用的修辞方法是：　　　　　　　　　　　　　　　　　　　　　　　　　　　　　（　　）
　　A. 比喻　　　　B. 对比　　　　C. 讽刺　　　　D. 排比

2. "过去 10 年中，灾难造成的损失成本增加了大约 13 倍，从 20 世纪 60 年代的 755 亿美元，增加到过去 10 年中的 10 万亿美元。即使这些惊天数据也不能补偿人们和社区因严重灾难造成的长久损失。"这段话的主要意思是：（　　）

A. 过去10年中,灾难造成的损失是惊人的

B. 灾难造成的损失成本增加是一个天文数字

C. 真正的损失比那些惊人的数字还要厉害

D. 10年中损失了10万亿美元,这是惊人的

3. "一盎司的预防胜过一英镑的治疗。"这句谚语在文中的意思是: ( )

A. 预防疾病比治疗疾病更重要

B. 提早发现问题比事后处理问题更重要

C. 减少灾害风险并不难,但很重要

D. 投资减灾风险的钱,将在面临灾难的冲击中产生几倍于投资的回报

4. "减灾战略不是什么火箭技术,它的道理很简单,应该修建更牢固的房子、建立预警中心、普及防灾减灾知识。这样,在灾害来到之时,我们便不会手足无措。"这段话的主要意思是: ( )

A. 减灾需要巨大的政府投入,不是一件容易的事

B. 减灾的道理大家都明白,但是做起来很难

C. 减灾跟先进技术不一样,道理要简单得多

D. 减灾不需要先进技术,但需要防范意识和相关措施

5. "她呼吁将减灾风险整合到中国的发展规划和项目中。"这句话的主要意思是: ( )

A. 她建议中国要在发展规划和项目中有整体的眼光

B. 她建议中国的城市发展规划应该包括防范风险规划

C. 她建议中国要在整个联合国的体系下考虑自己的发展规划和项目

D. 她建议中国要在灾难中磨练自己的毅力

五、给下列句子排序,组成语段

1. A. 那么它们就不能算是灾害

    B. 没有造成人员和财产损失

    C. 如果地震或洪水发生在旷野或无人居住的地方

    D. 对人类社会来说,只有造成了人员或财产损失的事件才是灾害

2. A. 在城市治理薄弱的地方,地方政府无力提供相关的基础设施,不能迎接灾难的挑战

B. 在高收入国家，一个完善的基础设施和机构网帮助减轻了灾害风险和灾害损失

C. 能在地震和风暴中保护其居民

D. 但是在中低收入国家，只有极少数中心城市有可比拟的机构、基础设施、服务和制度网络

3. A. 这样，在灾害到来之时，我们便不会手足无措

B. 减灾战略不是什么火箭技术

C. 应该修建更牢固的房子、建立预警中心、普及防灾减灾知识

D. 它的道理很简单

4. A. 比如，具有抗灾能力的城市能够减少贫困、促进发展和就业

B. 从而化为可持续发展城市的一部分

C. 还带来更多的社会公平、新的商机、更平衡的生态系统、更完善的健康和教育

D. 在她看来，减少城市风险会带来诸多好处

5. A. 当时正值印度洋海啸发生后仅三周

B. 通过了《2005～2015年兵库行动框架》

C. 确定了2005～2015年间世界减灾战略和行动重点

D. 联合国减少灾难风险运动始于2005年1月

E. 168个成员国聚集在日本兵库县

六、阅读理解（一）

● 下面是《中外对话》北京办公室执行编辑孟斯对联合国减灾事务特别代表瓦尔斯特伦的采访，原题是：**预防灾害需要公民行动**。

六月初，正值中国与美国遭遇严重的洪灾之时，各国政府、非政府组织与国际机构齐聚挪威首都奥斯陆，共赴南森会议。此次会议的主题为"二十一世纪的气候变化与迁移"。在会议期间，<u>联合国减灾事务特别代表玛格丽塔·瓦尔斯特伦接受了孟斯的采访</u>，表示预防气候灾害，不止关乎贫穷国家，也不仅是政府责任，而是所有个人、所有国家都必须参与的事务。

孟斯（以下简称孟）：为什么各国政府——尤其是发展中国家，在面对各种繁杂事务以及众多经济投入的情况下，却要把防灾工作放在第一位呢？

玛格丽塔·瓦尔斯特伦（以下简称瓦）：我认为有两个显著的原因。首先是人道主义方面的：任何国家的政府都应该保护自己的人民远离危险。这是最简单的道理，我想各国政府都会说：对，我们必须这样做。第二是要维持社会稳定。即使人们生活贫苦，政府也不富裕，他们也依然相信政府不会坐视不管。

此外，当然还有经济因素。每一场灾难都会损耗金钱，每一场灾难都会对经济发展与投资环境造成影响。假使每一年都发生洪灾，也许我们就要面临更惨重的后果，比如，每一年或许都会发生路基损坏、桥梁断裂、医院被毁等情况。这都得不断贴钱。于是简洁有效的国民经济考虑就显得十分必要了。防洪就是一个例子。

不同国家的基础设施不同，但是基础设施的质量应该依据该国标准而建。我相信没有人会说，这必须遵循某个国际标准，因为其取决于当地实际的地理、气候及目标要求。

孟：自人类文明起始，就有因环境变化而迁移的现象。在您看来，今天的气候移民有什么特别之处呢？

瓦：今天地球上的人口是有史以来最多的，拥挤不堪。我们能迁往的地方——有适宜的水文、农作条件的地方——已经越来越少了。其次，由于人人都涌向城市，我们都挤在狭小的空间里。实际上住在城市里是十分经济的：我们充分利用了每一寸空间。但是由于世界上的许多大城市都沿海而建，在飓风、台风、风暴面前不堪一击，尤其是三角洲地带，无法抵挡海水侵蚀。以上种种原因赋予这个时代很多独特之处。

世界上大部分城市都在持续快速发展，规模甚至超过了最初的构想。因此城市原先的基础建设根本适应不了这种发展和规模。

全世界范围都存在着基础设施缺乏维护和整修的问题。这就是为什么我们会时不时地看到美国桥梁坍塌。世界上几乎没有哪个国家在基础设施的整修与维护上有足够的投入。

孟：您认为这是由于国家没有远见而导致的吗？

瓦：国家是由个人组成的。那么你我能在资产维护工作上投入多少呢？你会花多少钱照管、打理、清洁自己的自行车呢？各国政府跟个人一样——都会选择捷径，只考虑下一个五年，不考虑20年后的事，更别说50年后了。因此，政府不愿意修建新桥，因为太贵了。

孟：在您看来，迁移对于个人来说意味着什么，尤其当政府的准备不充分的时候？

瓦：迁移通常都是突发性的：人们失去了个人财产和家庭财产，必须迅速离开，什么都顾不上带。因此，这一过程中压力巨大。不确定性就是压力。他们不知道是不是还能回去，能不能与亲人团聚，能不能继续上学。因此信息就尤为重要了——无论

12 其他非传统安全因素

是从当局还是其他人得到的消息——能让大家知道目前的情况，大家是不是可以回家了，或是还要在外寄居多久。当然，人们也在担心所遭受的损失：我们有保险吗？谁会帮助我们重建家园？

孟：假如政府在灾难防御方面准备不足，民众在个人层面上应该做什么呢？

瓦：一种办法是在给个人财产和生命安全上保险。还有，我认为人们应该熟知自己所居住地区的风险：是不是处于地震带？离海岸多远？最近的医院在哪儿？是否想过<u>撤离</u>（chèlí）？是否知道如何从建筑物中逃离？假如发生地震，应该做些什么？这些都是非常重要的个人层面上的准备。

你看日本——他们都有撤离工具箱，假如要迅速撤离，他们带上这个就够了。这在地震地区是非常好的预备方式。它让你随时警觉。

孟：您在减灾工作上经验丰富。在灾难防御方面有没有比较成功的案例呢？或者有哪些经验教训？

瓦：3月11日发生在日本的大地震算是一例。假如没有日本多年来的前期准备和预警工作，更多的人将因此丧命。他们在建筑标准上十分严格。在这场极强的地震中，倒塌的房屋并不多。在东京，建筑物摇摇晃晃，但并没有倒塌，因为它们都是按照最高抗震级别的标准修筑的。在其他国家，这样的地震会带来更可怕的后果。但是日本在核电站的影响方面失算了。这就是一个惨痛的教训。

另一个成功的案例发生在孟加拉国。上世纪70年代，孟加拉国的一场大飓风几乎导致超过20万人丧命。在这之后，他们开始修建防御体系，并称这样的灾难决不能再发生。40年前在他们开始进行防御工作的时候，他们并不富裕。但是在这些年里，他们已经系统地修建了预警体系。他们也训练和教育人民如何应对此类情况。他们还修建了疏散营地。直到现在，虽然孟加拉国的许多自然灾害还是会让数以千计的人遇难，但人数再也不会是20万了。在一开始，他们从国际组织方面得到了很多援助。但是真正的转折点还在于孟加拉国政府开始进行自主投入。

孟：中国的情况如何呢？

瓦：我认为中国也逐渐发生转折了，这就是为什么我觉得<u>四川汶川</u>地震如此重要，因为人们开始对豆腐渣校舍提出了抗议。你也知道，任何政府对于公众的质疑都十分敏感。

当然了，中国人比起以前来说富裕多了。他们也能更好地获取信息。因此他们并不单单关心富裕问题，也关心能否有更好更安全的生活。这也是因为人们要考虑如何保证可持续性的经济稳定。他们得持续关注自己的投资、基础建设以及能源服务。因此经济动机仍然占非常大的比重。

中国的洪灾和旱灾非常严重。中国在消费、农业、工业等各方面都承受着巨大的水文压力或是水源匮乏压力。因此水资源管理就成为政府的当务之急。管不好的话就会影响经济发展。因此人们或许没意识到自己在进行防御工作或是减灾工作，但他们确实在做。

孟： 现在看起来，不仅发展中国家的防御工作不到位，发达国家也有所欠缺。比如卡特里娜飓风、2003年欧洲热波等。在灾难发生后，这些地方在能力建设方面做了哪些工作呢？

瓦： 欧洲热波过后，死难人数最多的法国已经建立了一个更好的预警系统，能预报热波的动向。这样，他们就能提前警告民众，尤其是那些老弱病残者。

在2003年，一些重要的公共场所没有安装空调，比如医院。许多人因为无法降温而苦不堪言甚至丧命。有两点非常重要：一是能够提前通知；二是能及时应对——补充水分、避免日照、尽量待在室内阴凉处等等。

卡特里娜飓风的严重后果很大程度上是制度缺陷。现在已经有所改观了：建设更好的基础设施，开除不称职人员。如果这些能够兑现，那么假使下回再发生此类灾难，你会发现情况有所不同。

另外，水坝的质量也值得一提。你看现在美国密西西比河洪水泛滥。这不仅仅是基础设施的质量问题，还与投资、改良能力以及当下的性能有关。这些水坝都修建于四五十年前，而河流与海洋的状况都发生了变化。而美国在河流水文变化研究与基础设施更新上的投入还不够。我认为他们将来会逐步去做，但毫无疑问，他们现在会更加注意这个问题。在这一点上，所有地区都遭遇过困境——无论国力穷富。

（选自《中外对话》）

● 读后回答问题或完成任务：

1. 政府应该把防灾工作放在第一位的三个原因是什么？
2. 世界上的许多大城市在地理方面有什么特征？
3. 根据瓦尔斯特伦的看法，个人在防灾上应该怎么做？
4. 为什么瓦尔斯特伦认为日本和孟加拉国在防御灾难方面属于成功的案例？
5. 你的居住地或学习地是否存在地震、旱灾、风灾、水灾等自然灾害的风险？讨论一下：作为个人，可以有哪些防御灾难的措施？

七、阅读理解（二）

> 下面的文章核心概念是"全球风险社会"。

从金融危机到"甲流"疫情，从全球气候变化到这次日本遭遇地震、海啸及核泄漏的三重灾难，我们不难发现，人类无论是在自然灾害面前，还是面对社会系统突发的极端事件，都显得十分脆弱。即便是依靠现代技术构筑的社会网络，如互联网、航空网、电力网、输油管道、海上航运等等，在灾难面前也都十分脆弱。

这就引发我们思考：人类依托的地球到底出了什么问题？人类社会到底出了什么问题？难道人类真会面临好莱坞大片《2012》描述的那种大灾难吗？

早在1986年，从苏联切尔诺贝利核电站发生重大事故开始，哲学家就十分关注由现代技术引起的巨大风险。同年，德国慕尼黑大学哲学家乌尔里希·贝克（Ulrich Beck）教授出版了《风险社会——走向新的现代性》，书中提出了"风险社会"（risk society）的概念，并提出我们已进入了风险社会，或者更恰当地说是"全球风险社会"。他从特定的角度，把握了现代社会的本质，为我们更好地理解当前社会的非传统安全，制订相应的政策和措施，提供了独特的参考。

贝克指出，"风险"（risk）本身并不是"危险"（danger）或"灾难"（disaster），而是一种危险和灾难的可能性。当人类试图去控制自然和由此产生的种种难以预料的后果时，人类就面临着越来越多的风险。风险在人类社会中一直存在，但它在现代社会中的表现与过去已经有本质的不同。现代风险的表现形式多种多样，如环境和自然风险、经济风险、社会风险、政治风险等等，它几乎影响到人类社会生活的各个方面。现代风险是隐形的，并且具有高度的不确定性和不可预测性。现代风险不是孤立的，它的影响将波及全社会，而且是以一种"平均化分布"的方式，影响到社会中的所有成员，包括穷人和富人。风险一旦转化为实际的灾难，它的涉及面和影响程度都将大大高于传统社会的灾难。更为重要的是，由于现代信息技术的高度发达，由风险和灾难所导致的恐惧感和不信任感，将通过现代信息手段迅速传播到全社会，引发社会的动荡不安。

现代风险与科学技术的发展有着密切的联系。科学技术的高度发展，大大提高了人类的生活水平，但与此同时，它所带来的后果也变得越来越难以预测与控制。科学技术就像一柄双刃剑，它既给人类带来巨大**福祉**（fúzhǐ），同时也**蕴藏**（yùncáng）着对人类社会的各种威胁，成为现代社会风险的重要根源。科学技术发展到今天，已经成为一个高度复杂的系统。这不仅表现在其内部学科分化和涉及内容的高度复杂性，也表现在科技对人类社会生活影响的高度复杂性。这种高度复杂性的直接后果，就是人们对科技发展后果的控制能力越来越低。由此可见，科学技术一方面推动了现代社会的进步，一方面又产生了大量的不可预测的副作用，即技术和生态风险，而且有些风险已经超出现代社会的管理能力。

我们生活在一个全球化（globalization）的时代，也就是"所有那些世界各民族融合成为一个单一社会和全球社会的变化过程"。现代风险社会和"全球化"有着密不可分的联系。随着我们用与技术发展相同的速度创造出无法测算的不确定性时，我们就进入了"全球风险社会"。

随着全球化进程的逐步展开，国家之间的交流越来越频繁，国家之间的联系也越来越紧密；而面对灾难，人类更需要相互依存，相互帮助。当下，人们在为日本同胞平安祈祷的同时，包括我们中国在内的许多国家和国际组织都伸出了援助之手，以生命的名义尊重生命，国际人道主义精神令人动容。

然而，在共御灾害的背景下，人类不仅需要感同身受的同情心，不仅要持有战胜灾难的信心，国际社会更应加强合作，共商预防灾难的良策，还要积极防止因疏忽和应对失策而加大灾害的后果，以应对"全球风险社会"的到来。

（选自《中国青年报》，作者安慧）

● 读后回答问题或完成任务：

1. 本文提到了德国慕尼黑大学哲学家乌尔里希·贝克教授关于"风险社会"的观点，请上网查找他关于"风险社会"的定义，然后讨论一下贝克教授说的"风险"主要来源于自然的方面还是人为的方面。
2. 贝克教授认为，现代国家建立的各种制度为人类的安全提供了保护。但是任何制度都会存在运转失灵的风险，这就是他说的"制度化"风险。请根据你阅读上面几篇文章获得的信息，举出一些"制度化"风险的例子。
3. 贝克在后来又提出了"全球风险社会"的概念，并认为这些全球风险有两个特征：一是世界上每一个人在原则上都可能受到它们的影响或冲击，二是要应对和解决它们需要在全球范围内共同努力。请在本文中找出跟"全球风险社会"相关的内容，并用下画线标示出来。
4. 关于科学技术，本文强调的是其正面影响还是负面影响？你同意本文关于科学技术的观点吗？
5. 你认为本文的内容以评论为主还是以介绍为主？

八、阅读理解（三）

正在维也纳举行的世界艾滋病大会，发布了艾滋病防治领域让人鼓舞的科研成果。但令人担忧的是，全球艾滋病防治的现状和前景并非乐观。

联合国艾滋病规划署在会议期间公布的数字，勾勒出全球艾滋病防治的"两个世界"：一个世界是发达国家，艾滋病已成为一种"可控疾病"，患者死亡率、母婴传染率都明显降低，大多数患者已能在药物的帮助下长期带病生活；而另一个世界是发展中国家特别是最不发达国家，艾滋病患者数量持续攀升，死亡率、青少年感染率和母婴传染率居高不下。

2008年，北美地区感染艾滋病的患者总数是140万，当年感染者是5.5万，患者死亡数是2.5万，成年人口感染率是0.4%。与之形成鲜明对比的是，在撒哈拉以南非洲地区，艾滋病患者总数达2240万，当年感染者是190万，患者死亡数是140万，成年人口感染率超过5%。

"两个世界"的形成不难理解：发达国家拥有先进的医疗技术、完善的卫生体系，经济基础足以承担防治艾滋病的支出；而贫困国家不仅缺乏药物和进行治疗的卫生体系，脆弱的经济也难以承受艾滋病治疗的重负。就以疗效最显著的抗逆转录病毒药物为例，病人服用这类药物中最便宜的沙奎那韦，每年费用也需近3000美元，超出了多数发展中国家的人均国民收入。

在全球化的时代，人与人的联系交往空前密切，疾病蔓延没有国界，面对艾滋病，没有哪个国家能独善其身。艾滋病规划署的统计显示，原来艾滋病发病率较低的东欧和中亚地区，近年来发病率明显增高，这不啻（búchì）于一个警钟。正因如此，发达国家对贫困国家在艾滋病防治领域的援助，不仅是道义和责任所在，也是利益所在。事实也已证明，发达国家的少量援助，对艾滋病蔓延的贫困国家能产生显著的效用。

令人忧虑的是，在国际金融危机的背景下，许多发达国家率先削减了对贫困国家治疗艾滋病的援助，造成全球抗击艾滋病的资金缺口，危及近年来的成果。联合国秘书长潘基文在艾滋病大会上表示，一些国家削减艾滋病防治支出是人们的主要担忧。南非大主教图图也在美国《纽约时报》上发表文章，对美国政府削减给非洲的抗艾滋病援助表示"悲哀"。

对贫困国家而言，如何改善抗击艾滋病的策略也值得深思。多年来，发达国家和大医药公司主导了艾滋病领域的研究，昂贵的专利药物似乎是唯一的应对办法，而这些药物的价格已早是贫困国家不可承受之重。如果根据各自的国情把重点转向预防、致力于消除艾滋病蔓延的社会土壤，可能起到事半功倍的效果。艾滋病大会期间，世界银行发表的有关在马拉维的一项研究的报告表明，每月给当地青少年女性少量现金补贴，就可以有效减少卖淫的人数，将青少年女性感染艾滋病的比例降低一半以上。

自30年前首次发现艾滋病侵袭人类以来，这一致命疾病已夺去了全球2500多万人的生命，迄今还没有根治这一疾病的药物或有效的预防疫苗。然而，只要人类能够共同应对，与疾病共存并不可怕。"两个世界"只会损害全人类共同应对艾滋病的努力，危及人类的生存和未来，每个国家都应致力于消除这一不合理的现状。

（选自新华网，作者陈勇）

● **读后判断正误：**

1. 艾滋病蔓延的问题具有全球化的特征，国与国之间有较深的相互影响。（　　）
2. 帮助贫困国家进行艾滋病防治，虽不是发达国家的利益，但却是应尽的义务。（　　）
3. 抗艾滋病毒药物的研究需要强大的经济实力支撑，贫穷国家基本无力研制。（　　）
4. 本文用"两个世界"来表示发达和不发达国家之间在艾滋病防治方面的巨大差异。（　　）
5. 发达国家减少对贫穷国家在艾滋病方面的援助是因为政治原因。（　　）

单元复习四

一　选择合适的动词填空

> 迎接　涵盖　达到　结合　签署　导致　登录　出台　拯救　窃取

1. 今年 1 月，美国总统奥巴马 _____《食品安全现代化法案》，美国食品安全监管体系迎来一次大变革。

2. 为规范食品添加剂和农药的使用标准，美国政府先后 _____ 了《食品添加剂修正案》、《色素添加剂修正案》、《联邦杀虫剂、杀真菌剂和灭鼠剂法》等多部法律。

3. 迄今，德国关于食品安全的各种法律法规多达 200 多个，_____ 了原材料采购、生产加工、运输、贮藏和销售所有环节。

4. 我们在 _____ 邮箱总会收到许多垃圾邮件，这不仅影响网民正常的收发信件，还带来许多安全隐患。

5. 近年来也存在大量的利用黑客手段去进行盗用、_____ 个人信息的行为。

6. 钓鱼网站就是假冒已有的知名网站的外型形态，包括入口等等，尽可能 _____ 一种模拟或者是神似的地步。

7. 在城市治理薄弱的地方，地方政府无力提供相关的基础设施，不能 _____ 灾难的挑战。

8. 在地震、洪水和干旱等自然灾难面前，脆弱的人群和基础设施基本不堪一击，在中国的不同地区，这样的情况 _____ 毁灭性灾难事件经常发生。

9. 联合国减灾战略是一个伙伴关系，旨在推动提高国家和社区的抗灾能力，_____ 生命，减少灾害损失。

10. 如今，与气候有关的灾难，如洪水、暴洪、热带飓风、干旱、野火、热流等，影响着全球越来越多的人口，而当这些极端气候影响与贫穷增长 _____ 在一起的时候，城市的压力日益增加。

非传统安全篇　　　　　　　　　　　　　　　　　　　　　单元复习四

二　选择合适的熟语填空

> 手足无措　漫不经心　合而为一　事半功倍　一棍子打死
> 不请自来　偷工减料　顺藤摸瓜　因噎废食　不堪一击

1. 2010年12月底，德国安全食品管理机构在一些鸡蛋中发现超标的致癌物质二恶英，引起德国上下极大关注。通过对有毒鸡蛋的追查，有关机构_____，将焦点快速锁定在了石勒苏益格—荷尔施泰因州的一家饲料原料提供企业身上。

2. 需要提醒的是，许多人对有机食品"过于放心"，清洗时_____，这会加大感染细菌的概率。

3. 我们不能将转基因食品_____，认为转基因食品都是坏的。有部分转基因食品并没有毒性，不能一概认为都是有问题的。

4. 我认为社会的形态正在逐步走向网络社会的形态，我认为就是网络的这种社会是现实社会的一个组成部分，不要把它单独地去和现实社会剥离开，其实已经_____了。

5. 谈到垃圾邮件的时候，往往可能这个东西对我是垃圾，可能对你不是垃圾，可能今天是垃圾，明天就不是垃圾了。实际上大家比较通行的看法是，一种是_____的商业电子邮件，包括现在的垃圾信息，还包括垃圾短信等等；另一种就是含有有害内容的色情信息或者是含有有害信息的电子邮件。

6. 业内人士表示，只要做到必要的安全防护，网上支付的安全性还是完全没问题的，大家无需_____。

7. 没有规划的城市发展、薄弱的城市治理、不适当的建筑、腐败和_____、生态系统的退化、在规划中没有充分考虑到灾难风险等等，所有这一切驱动了城市灾难风险的增加。

8. 减灾战略不是什么火箭技术，它的道理很简单，应该修建更牢固的房子、建立预警中心、普及防灾减灾知识。这样，在灾害到来之时，我们便不会_____。

9. 由于世界上的许多大城市都沿海而建，在飓风、台风、风暴面前_____，尤其是三角洲地带，无法抵挡海水侵蚀。

10. 如果根据各自的国情，把重点转向预防、致力于消除艾滋病蔓延的社会土壤，可能起到_____的效果。

单元复习四 非传统安全篇

三 选择合适的连接词语填空

> 比如说　在这种情况下　假如　以　那么　仍然
> 从而　从传统意义上来讲　并且　事实上

1. 三级监管机构大多聘请相关领域的专家，采取进驻饲养场、食品生产企业等方式，从原料采集、生产、流通、销售和售后等各个环节进行全方位监管，_____构成覆盖全国的立体监管网络。

2. 日前，美国FDA推出了食品召回官方信息发布的搜索引擎，_____提高食品安全信息披露的及时性和完整性。

3. 在英国国家新闻和网上公告里，英国标准局逐项列出该产品的名称、规格、批次编码、保质期、包装形式等重要信息，_____告诉民众如果买了这样的西红柿辣酱，请不要食用，而应立刻与英国客户关系部联系，退回产品，并将获得全额退款。

4. 第二是运行安全，_____网上的操作系统，网上的应用软件负责提供网络功能实现的各式各样的支撑设备。

5. 我认为社会的形态正在逐步走向网络社会的形态，我认为就是网络的这种社会是现实社会的一个组成部分，不要把它单独地去和现实社会剥离开，其实已经合而为一了，你的精神世界、虚拟世界发生的东西是和你的现实生活联系在一起的，方方面面的权益都可能通过虚拟的形式出现。_____，两者是必然要相互联系的。

6. 黑客的出现本身是因为网上运行的各式各样的操作系统，包括安全防护体系当中存在的漏洞。黑客的出现本身是利用了这种缺陷，去体现或者展示他的技术和能力。_____，很多国内外的黑客，一般做了破坏性的东西，有但是比较少。

7. 如果地震或洪水发生在旷野或无人居住的地方，没有造成人员和财产损失，_____它们就不能算是灾害。

8. 2007年的数据显示，城市不只是30多亿人口的住所，而且还是我们社会经济发展的引擎和大多数国家的财富所在地。_____，全球GDP中的大部分是在城市环境中创造的。

9. 多年来，中国一直在努力提高其抗击灾难的能力和灾害管理能力，但是，要减少人们在灾难面前的脆弱性，_____是中国各级政府面临的一个挑战。

10. 你看日本——他们都有撤离工具箱，_____要迅速撤离，他们带上这个就够了。

四 解释下列句中带点的词语

1. 英国食品标准署不仅监测着市场上的各种食品，还将触角延伸到了食品产地，并且这种工作还往往是长期持续的。

   触角：

2. 这些结果公布后，公众掌握了相关事实，一场风波逐渐消散。

   风波：

3. 问题食品召回制度是发现食品质量存在缺陷之后采取的补救措施，是防止问题食品流向餐桌的最后一道屏障。

   屏障：

4. 谈到垃圾邮件的时候，往往可能这个东西对我是垃圾，可能对你不是垃圾，可能今天是垃圾，明天就不是垃圾了。

   垃圾：

5. 黑客的出现本身是因为网上运行的各式各样的操作系统，包括安全防护体系当中存在的漏洞。

   漏洞：

6. 钓鱼网站就是假冒已有的知名网站的外型形态，包括入口等等，尽可能达到一种模拟或者是神似的地步。

   钓鱼：

7. 她强调，在今天的世界，灾难让发展中国家的社会经济发展推迟甚至出轨。

   出轨：

8. 联合国减灾战略刚启动了一项全球战役：让城市在灾难中更安全。

   战役：

9. 联合国艾滋病规划署在会议期间公布的数字，勾勒出全球艾滋病防治的"两个世界"。

   勾勒：

10. 艾滋病规划署的统计显示，原来艾滋病发病率较低的东欧和中亚地区，近年来发病率明显增高，这不啻于一个警钟。

    不啻于一个警钟：

五 本单元我们从食品安全、信息安全等角度学习了有关非传统安全方面的内容，请你做一个口头表达：

　　人类生活的不安全因素

六 说话练习

1. 请写一份你认为的最安全食品的清单，并与同学交流，说明选择这些食品的原因。

2. 分组讨论并排出名列前十位的影响人类安全的因素。

3. 调查或上网查找一下你所居住的城市或地区最近100年发生自然灾害的情况，以及发生传染性疾病的情况，然后与邻桌结对报告。

七 写作练习

关于人类的安全和人类的未来，一直有乐观和悲观两种看法。你怎么看？任选一个题目写作：

　　1. 乐观的未来
　　2. 悲观的未来

Embark on your Chinese learning from the website of Beijing Language and Culture University Press

北京语言大学出版社网站：www.blcup.com

从这里开始……

International online orders
TEL: +86-10-82303668
　　　+86-10-82303080
Email: service@blcup.net

这里是对外汉语精品教材的展示平台

汇集2000余种对外汉语教材，检索便捷，
每本教材有目录、简介、样课等详尽信息。

It showcases BLCUP's superb textbooks of TCFL (Teaching Chinese as a Foreign Language)

It has a collection of more than 2,000 titles of BLCUP's TCFL textbooks, which are easy to be searched, with details such as table of contents, brief introduction and sample lessons for each textbook.

这里是覆盖全球的电子商务平台

在任何地点，均可通过VISA/MASTER卡在线购买。

It provides an e-commerce platform which covers the whole world.

Online purchase with VISA/MASTER Card can be made in every part of the world.

这里是对外汉语教学/学习资源的服务平台

提供测试题、知识讲解、阅读短文、教案、课件、教学示范、教材配套资料等各类文字、音视频资源。

It provides a services platform for Chinese language learning for foreigners.

All kinds of written and audio-visual teaching resources are available, including tests, explanations on language points, reading passages, teaching plans, courseware, teaching demo and other supplementary teaching materials etc.

这里是数字出版的体验平台

只需在线支付，即刻就可获取质高价优的全新电子图书。

It provides digital publication service.

A top-grade and reasonably-priced brand new e-book can be obtained as soon as you pay for it online.

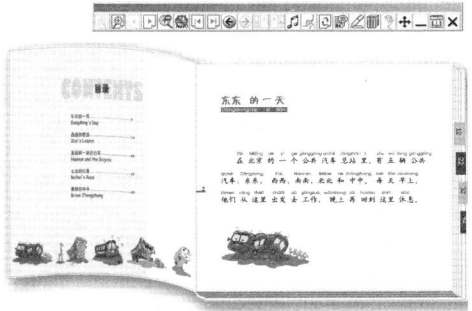

这里是沟通交流的互动平台

汉语教学与学习论坛，使每个参与者都能共享海量信息与资源。

It provides a platform for communication.

This platform for Chinese teaching and learning makes it possible for every participant to share our abundant data and resources.

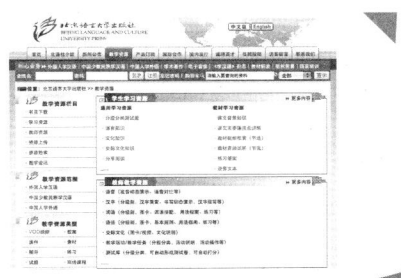

TIMES 时代

读懂中文报刊　　了解当代中国

对外汉语选修课教材——报刊汉语阅读教材

时代——中级汉语报刊阅读教程　上册（含附录手册）
ISBN 978–7–5619–1665–0
定价：36.00元

时代——中级汉语报刊阅读教程　下册（含附录手册）
ISBN 978–7–5619–1778–7
定价：38.00元

时代——高级汉语报刊阅读教程　上册（含附录手册）
ISBN 978–7–5619–2602–4
定价：39.00元

时代——高级汉语报刊阅读教程　下册（含附录手册）
ISBN 7–5619–3225–4
定价：42.00元

○ 话题突出时代性、国际化
○ 对同一话题从不同角度解读
○ 重视汉语报刊语言特点教学

适用对象：来华留学本科生；进修生；参加汉语水平考试（HSK）的学生